公共管理博士文库

我国区域基本养老保险协调发展研究

Study on Coordinative Development of Basic Pension in Different Regions of China

吴湘玲 著

U0949860

WUHAN UNIVERSITY PRESS
武汉大学出版社

“公共管理博士文库”编委会名单

（按姓氏笔画为序）

丁　煌　丁俊萍　邓大松
冯显威　李　珍　李和中
彭宇文　虞崇胜　黎　民

总　序

经过多方面的共同努力，我们很高兴地看到“公共管理博士文库”的顺利出版。

公共管理学（Public Administration or Public Management），是运用管理学、政治学、经济学等多学科理论与方法专门研究公共组织尤其是政府组织的管理活动及其规律的学科体系，是促进公共管理主体更有效地提供公共物品和公共服务从而增进社会公共利益的知识体系。公共管理学能使公共管理主体从理论上了解自己应该做什么、不应该做什么、应该如何去做、为什么要做等问题。公共管理学对经济、社会发展具有重要作用：在经济发展方面，公共管理学“亲市场”的学科立场，有助于促进市场经济的健康发展，有利于有效指导公共管理主体履行职能、弥补市场缺陷；在社会发展方面，公共管理学的民主平等、科学务实精神，有利于促进社会协调发展。

现代公共管理学的兴起，是 20 世纪 70 年代末以来公共领域发生的重要事情。从形式上看，公共管理学的产生，是西方国家政府在财政上摆脱赤字困难、在组织上摆脱僵化的官僚制弊病、在政治上摆脱信任危机的直接产物，但其实质，是在科技革命和全球化的时代背景下，人类寻求与知识经济时代相适应的公共治理形态的一种积极努力。具体地说，西方国家摆脱政府管理困境的需要，是公共管理学产生的直接动因；科技革命和全球化，是公共管理学产生和发展的宏观背景；化解以韦伯官僚制思想为基础的行政体制的困境与改善西方国家民主的要求，加速了公共管理学的产生和发展。

在西方国家，公共管理学产生于20世纪初形成的传统公共行政学和20世纪60～70年代流行的新公共行政学，并于70年代末期最终突破公共行政学的视野和学科范式脱颖而出。与此同时，公共管理人才教育培养工作，也逐渐发展起来。1924年，美国希拉丘斯大学麦克斯韦尔公民与公共事务学院首开公共管理研究生教育之先河。第二次世界大战以来，各种社会问题日益增多，对公共机构管理人员的专业素质提出了挑战，这进一步推动了公共管理人才教育培养工作的蓬勃发展。目前，欧洲、北美的许多发达国家都举办了公共管理教育，公共管理教育已成为很多国家培养高层次、应用型公共管理人才的主要途径。

在我国，公共管理学的前身是行政管理学。行政管理学最初隶属于法学类一级学科政治学门下，1997年研究生培养学科调整后才正式成为管理学大门类下的一级学科。目前，它包含行政管理、社会医学与卫生事业管理、教育经济与管理、社会保障、土地资源管理等五个二级学科。这种将公共管理列为管理学门类中与工商管理平行的一级学科的举措，是一个颇具战略眼光的决策。在我们看来，做出这种决策是出于这样一种共识：在中华民族的伟大复兴中，不仅需要从传统的农业经济向工业经济与知识经济转型，需要从计划经济体制向社会主义市场经济体制转型，还需要从人治的专政政府向法治的民主政府转型，需要改造几千年积淀下来的官本位文化，并不断锻造新的政治文明和社会管理文明。只有这样，政府和其他公共组织才有可能真正担负起历史赋予的特殊重任。

公共管理学作为一门新兴学科，除了从相关学科的理论和实践中获得养分外，一个非常重要的特点，就是通过解决公共管理中的新问题、新难题来夯实自己的基础和拓展自己的空间。我国正处在社会变革转型时期，公共管理实践不断呼唤公共管理理论研究的深入。我们公共管理学科团队本着学习、吸收、借鉴现代公共管理研究成果的态度，本着求真务实、勇于探索的精神，在武汉大学出版社的大力支持下，编写这套丛书，以期对我国公共管理的理论研究与改革实践的发展创新有所裨益。

本套丛书的作者均为最近几年获得公共管理博士学位的年轻学者，其选题来源于他们的博士论文。在丛书的写作过程中，作者对其博士论文作了大量的修改与补充，力求反映其研究领域的最新发展趋势与自己的最新研究成果。尽管每位作者在其著作的写作中付出了诸多努力，但是，由于各种主客观条件的限制，其研究成果中的不足也是在所难免的。对于本丛书存在的缺失和疏漏之处，我们诚请各位专家、读者予以指正。

我们希望该丛书的各位作者能够在其各自的研究领域继续大胆探索、开拓创新，积极推动我国公共管理研究的深入发展。我们也希望这套丛书能够起到抛砖引玉的作用，能够吸引更多的学者加入到我们的学术团队中来，一起推动公共管理学科的发展。

“公共管理博士文库”编委会

目　　录

内容摘要 …………………………………………………… 1
Abstract …………………………………………………… 1
绪　论 …………………………………………………… 1
第一章　区域基本养老保险协调发展的相关概念界定 …………………………………… 13
第一节　区域与区域差距的含义 ………………………… 13
第二节　区域协调发展的含义 …………………………… 21
第三节　基本养老保险制度的含义与功能 ……………… 26
第四节　区域基本养老保险协调发展的含义与评估体系 …………………………………… 32

第二章　区域基本养老保险协调发展的理论依据 ……… 45
第一节　区域基本养老保险协调发展的必要性（一）——从纵向划分政府权力的视角分析 ……… 45
第二节　区域基本养老保险协调发展的必要性（二）——从维护市场经济高效运行的视角分析…… 61
第三节　区域基本养老保险协调发展的可行性 ……… 74

第三章　全面建设小康社会的要求与现实情况的差距 …………………………… 92
第一节　全面建设小康社会的内涵与区域协调发展的要求 …………………………… 92
第二节　各区域基本养老保险制度的统一程度现状 …………………………… 98
第三节　各区域基本养老保险水平的均等程度现状 …………………………… 108
第四节　各区域基本养老保险负担的公平程度现状 …………………………… 144
第五节　各区域基本养老保险制度功能的实现程度现状 …………………………… 161

第四章　区域基本养老保险协调发展的思路 ………… 168
第一节　六种基本养老保险制度改革思路的评述 … 168
第二节　我国基本养老保险制度改革的现实选择 … 183
第三节　区域基本养老保险协调发展思路的制度设计 …………………………… 190
第四节　区域基本养老保险协调发展思路的实施 … 202

第五章　区域基本养老保险协调发展的难点分析 …… 212
第一节　经济发展水平的区域差距与城乡差距过大 …………………………… 212
第二节　养老保障的城乡分割与人群分割严重 …… 223
第三节　地方政府的利己主义行为 ………………… 236

第六章 区域基本养老保险协调发展的保障措施 …… 245
第一节 将区域、城乡经济差距缩小到适度水平 … 245
第二节 消除养老保障的城乡分割、人群分割 …… 249
第三节 消除地方政府利己主义行为 ……………… 260

小结 ……………………………………………… 272
附录 ……………………………………………… 275
参考文献 ………………………………………… 331

内容摘要

本书针对目前我国城镇基本养老保险制度的区域分割、人群分割等现实问题，探讨适合我国国情的、能推进各区域基本养老保险协调发展的模式。首先，本书界定了区域基本养老保险协调发展的含义，提出了评估区域基本养老保险发展是否协调的指标体系，分析了区域基本养老保险协调发展的理论依据；然后，依据基本养老保险发展协调程度的评估体系，实证分析了我国目前各区域基本养老保险的协调发展现状，并针对我国各区域基本养老保险协调程度较差的现实，提出了建立适合我国国情的、能推进各区域基本养老保险协调发展的全国统筹的、全民性的、随收即付的基本养老保险模式；最后，为了保障新模式的顺利建立与运行，本书分析了目前我国存在的主要障碍，并提出了消除这些障碍的对策措施。

第一章对“区域基本养老保险协调发展”等概念作出明确的界定，是本书研究的基础。本书从区域、区域协调、区域经济协调、区域社会协调、基本养老保险等概念的阐释比较中，来界定“区域基本养老保险协调发展”的含义。区域基本养老保险的协调发展，是在基本养老保险制度的建立、运行中，能促成区域之间化解冲突、增进合作以达到全国社会福利最大化的有序状态。它要求全国各区域基本养老保险制度必须统一，各区域公民都能享受大体均等的基本养老保险待遇，各区域间的缴费主体承担公平的养老负担，各区域能实现基本养老保险制度的基本功能、并尽可能多地兼顾其他功能。

第二章论证区域基本养老保险协调发展模式建立的必要性与可行性。基本养老保险的管理决策权、筹资权是中央政府的事权与财权范围，客观上要求我国基本养老保险制度必须实行全国统筹；我国社会主义市场经济的高效运行，客观上也要求我国必须建立打破区域分割、人群分割的全国统筹的、全民性的基本养老保险制度；我国实行的单一制国家结构形式、强调树立和落实科学发展观、实行公共财政体制与分税制、地方政府的特定发展历史，为我国建立各区域协调发展的基本养老保险制度提供了许多便利条件。

第三章分析全面建设小康社会的要求与现实情况的差距。本书既从全国人民小康生活水平实现程度来衡量我国目前的区域协调程度，更从各区域之间基本养老保险制度的统一程度、基本养老保险水平的均等程度、基本养老负担的公平程度、基本养老保险制度功能的实现程度等方面，实证分析目前我国基本养老保险的区域协调发展程度。分析结果表明：目前我国区域发展的协调程度较差。这主要体现为：各区域之间基本养老保险制度的统一程度差，各区域之间基本养老保险水平的差距大，各区域之间基本养老负担的公平程度很低，各区域之间基本养老保险制度的功能难以实现。

第四章提出我国区域基本养老保险协调发展的思路。

我国区域基本养老保险协调程度差的现实，迫切要求设计出适合我国国情的、能推进各区域基本养老保险协调发展的模式。本书依据基本养老保险制度区域协调发展程度评估体系，在比较目前常用的基本养老保险模式与我国现有六种养老保险改革思路利弊的基础上，认为“全国统筹的、全民性的、随收即付的基本养老保险制度”是一种适合我国国情的基本养老保险模式。它既能克服我国各区域之间基本养老保险制度的统一程度差、基本养老保险水平的差距大、基本养老负担的公平程度差等缺陷，又能保证实现基本养老保险制度的基本功能，并能适当兼顾实现基本养老保险运行管理功能与附属功能。为保障新制度具有可操作性，需要精心的制度设计，需要关注实施中的关键问题。

第五章分析区域基本养老保险协调发展制度建立与运行过程中存在的主要难点。我国各区域基本养老保险协调发展的难点主要是以下几个方面：区域经济发展水平的差距过大；基本养老保险的城乡分割、人群分割状况严重；地方政府的利己主义行为。这一切加剧了基本养老保险制度的区域分割，进一步扩大了各区域间的基本养老保险水平差距，使各区域间的政府、企业、个人负担更为不公平，也使基本养老保险制度的功能更难以实现。逐一研究这些难点的种种表现及其产生的原因，有利于探寻相应的对策措施。

第六章探讨克服区域基本养老保险协调发展制度建立与运行过程中所存难点的对策措施。缩小区域、城乡经济差距到适度水平的对策措施，是取消不合理制度与政策对欠发达区域和农村的歧视性限制；消除基本养老保险城乡分割和人群分割状况的主要措施，是减少既得利益者的阻碍，建立并实施全民性的基本养老保险制度；消除地方政府利己主义行为的主要思路，是对其进行有效的预防、惩罚、监督，并提高中央政府的经济协调能力。

关键词：基本养老保险　区域发展的协调程度评估　区域基本养老保险协调发展

Abstract

This book is aimed at probing a basic pension pattern which is geared to China's present situation and can improve the coordinative development of inter-regional basic pension. Firstly, the coordinative development of inter-regional basic pension is defined and the evaluation system of the coordinative development of inter-regional basic pension is brought out. Secondly, the book analyses the present situation of inter-regional basic pension according to the evaluation system and advocates constructing a new basic pension pattern which can integrates all local regions in China into a whole, is beneficial for the entire old people, and is a pay-as-you-go system. Lastly, this book analyses the main obstacles as well as related solution in order to build and operate the new pattern smoothly.

In the first chapter, the book gives a series of precise definitions which make up the foundation for this research. By comparing these conceptions such as "region", "inter-regional coordinating", "inter-regional economic coordinative development", "inter-regional social coordinative development", the book defines the term "the coordinative development of basic pension in different regions". The coordinative development of basic pension in different regions is an orderly state in which different regions will eliminate disagreement, increase co-operation and reach maximize of the national welfare. It calls for a unified basic pension system in the whole country, nearly equal basic pension level, relatively fair responsibility among local regions, and good performance in basic pension system.

In the second chapter, the book expounds and proves the theory basis of building the coordinative development of inter-regional basic pension pattern from necessity and possibility. It objectively requires that the basic pension system of all local regions in China is integrated into a whole and the power of the decision-making and raising-money about the basic pension belongs to the central government. Highly efficient operation of market economy also calls for building up an integrated system which totally counters against the local region separation. Unitary form of state structure, carrying out of the public financial system and the system of tax distribution, as well as emphasizing on setting up and implementing scientific development view and the particular history of local governments have provided many convenient conditions of building the integrated basic pension system in the whole country.

In the third chapter, the book analyses the gap between the demands of building a well-off society in an all-round way and the present situation of the inter-regional basic pension. The book evaluates the present situation from the integrated degree of inter-regional basic pension system, the equal degree of the basic pension level, the fair degree of the basic pension responsibility and the realization degree of the system function. A conclusion can be drawn that the coordinative degree of the basic pension among regions is considerably low. It is specifically shown following four aspects among local regions: very bad unified degree in the basic pension system, large disparity in the basic pension level, poorly fair responsibility and great difficulty in realizing system's functions.

In the fourth chapter, the book gives the new pattern of the inter-regional coordinative development of basic pension. It is urged for us to set up a new system which will be suitable for the present conditions of China and will further the reform of basic pension system smoothly. The book compares the advantages and disadvantages of the basic pension systems, and evaluates six patterns of basic pension which have been put forward by China's scholars recently. On the basis of these, the book advocates that we should set up a new pattern which can integrates all local regions in China into a whole, is beneficial for entire the old people, and is a pay-as-you-go system. This new system will not only avoid such disadvantages as the bad unification, the great disparity and the poorly fair responsibility about the inter-regional development of basic pension, but also have many new functions of the basic pension such as management and attached functions as well as its basic functions. In order to implement the new system successfully, we should design perfect regulations and pay close attention to the key problems during its execution.

In the fifth chapter, the book analyses the main obstacles in the process of the system's rebuilding and running in order to reshape and execute the new system smoothly. There are three main barriers in this new system as following: the great disparity in the level of economic development among local regions, the urban-rural division and the separation of the covered people by pension which means that different people enjoy different pension system and pension treatment, and the egoism of local governments. All of these barriers will enlarge the disparity of the pension level among local regions, aggravate the burden of local governments, citizens and corporations. In the meantime, the functions of the basic pension will be more difficult to go into effect. The research of these barriers will be beneficial for us to find out effective solutions.

In the end, the book gives us some suggestions about how to resolve the obstacles in setting up and executing the new system. We must abolish all the unreasonable public systems and policies which may bring to the discrimination to the undeveloped regions and rural areas. Only by this way, can we narrow the gap of the economic development between urban and rural areas and among local-regions at a reasonable extent. What's more, we should eliminate the barriers from the beneficiaries of the present basic pension system, for the present basic pension system is not beneficial for the entire people. At last, we should take effective measures to prevent, punish and supervise local governments, and had best to strengthen the capacities of central government's economic control, so as to eliminate local governments' serious egoism.

Key words: the basic pension; the evaluation system of the coordinative development in regions; the coordinative development of basic pension in different regions

绪　论

一、问题的提出与研究意义

小康社会，是中国古代思想家描绘的诱人的理想社会，也是现代普通百姓所追求的宽裕、殷实的理想生活。全面建设小康社会，意味着中国将走出发展低水平、不平衡、不和谐的社会状态，意味着中国的区域发展战略将由区域的非均衡发展向协调发展转变，区域经济一体化将成为未来发展的重要政策趋向。对此，全国人民为之欢欣鼓舞。欣喜之余，我们也很有必要冷静思考目前中国的区域发展现状与全面建设小康社会要求间的差距。

目前，我国区域间的协调发展程度非常差，已经造成许多负面影响。从基本养老保险的视角分析，我国区域发展的现实与全面建设小康社会的要求到底有多大差距？其产生的原因是什么？如何运用公共政策工具来缩小差距？这些是人们日益关心的问题。

从基本养老保险的视角分析，我国的区域协调发展程度还很低。目前，我国基本养老保险虽然已结束了各行业部门主办的“条条分割”局面，但“地方统筹、地方管理”的基本养老保险管理体制，又导致了我国基本养老保险的

“块块分割”。这直接导致了区域之间的基本养老保险筹资、管理、计发模式不统一，区域居民之间的基本养老保险水平差距巨大，区域之间的地方政府、个人、企业的养老负担不公平。这些不仅使各区域基本养老保险制度独立运行、互不衔接，为区域之间的制度衔接整合设置了诸多障碍，使劳动者跨区域变换工作单位时难以接转养老保险缴费关系；使个人账户的跨区域转移成为一个难以操作的难点；而且也使各区域的地方政府、个人、企业面临不公平的竞争环境，最终会损害市场经济的竞争效率，危及我国的政治安定和社会稳定。

另外，各区域养老保险制度的多样化又造成社会保险立法难度的增加。由于社会保险立法的前提条件是制度的统一和政策的统一，制度的多样化显然会成为立法的障碍。同时，正是由于社会保险统一立法难度的增加，致使我国至今还没有全国统一的基本养老保险法，各区域养老保险工作依靠的是地方政府行政权力的推动，都以部门规章与地方政府法规为依据，缺乏权威的法律依据，这严重阻碍了中央政府制定的养老保险制度与政策的有效实施。

以下案例能非常具体地说明目前“地方统筹、地方管理”的基本养老保险制度下的区域分割现状及其带来的危害。

2004 年 7 月 1 日《南方周末》报有一篇报道：《我该到哪里领养老金?》，写的是这样一件荒诞的怪事：2002 年 4 月，年满 60 岁的深圳市一家外企员工蒋乃群正式退休。他在深圳的实际缴费年限是 7 年，此前，他在南京市一家国有企业工作 30 年，南京市 1987 年起实施企业养老统筹时，蒋乃群所在企业“同步加入，并按规定缴纳养老保险费”。

按照国务院的规定，他在南京工作的30年应该属于“视同缴费”年，再加上在深圳缴费7年，他的缴费年限累计为37年。但是，根据《深圳经济特区企业员工社会养老保险条例》第23条规定，非深圳户籍员工必须实际缴费年限累计满15年，才能享受按月领取养老金的待遇。因此，他不具备在深圳市按月领取养老金的条件。与此同时，南京市劳动与社会保障局也拒绝给蒋乃群办理退休手续，理由是国家劳动和社会保障部办公厅《关于对户籍不在参保地的人员办理退休手续有关问题的复函》（劳社厅函［2002］190号文）明确规定，参保人员达到法定退休年龄时，其退休手续由其最后参保地的劳动保障部门负责办理，并由最后参保地的社会保险经办机构支付养老保险待遇。

蒋乃群老人的退休金问题就这样在南京和深圳的社会保障部门之间推来踢去，同时他也多次到中央政府相关部门上访，可是至今也没有一个解决的办法。已经工作了一辈子的蒋乃群老人，该到哪里去领取他的养老金①？

这是一个值得我们深思的案例。国家建立基本养老保险制度的目的，就是要实现“老有所养”的社会理想。但作为具体执行机构的南京和深圳的社会保障部门，为什么要把蒋乃群老人的养老金问题推来踢去呢？背后隐藏的是养老保险制度设计层面的问题，还是仅为实际操作层面的问题？是基本养老保险利益的区域争夺，还是仅为基本养老保险水平的区域差异？虽然蒋乃群老人的问题目前还只是个案，似乎只是个别人的问题，但事实上却是将来许多人需要面临的一个普遍性的问题。因为随着社会主义市场

① 何雪峰. 我该到哪里领养老金？南方周末，2004年7月1日.

经济的发展，工作人员的跨区域流动会越来越频繁，他们的个人养老账户如何跨区域“衔接”以减少区域间的冲突？我国现行的养老保险制度本身能否解决“蒋乃群式”的问题？随着社会主义市场经济体制的完善，我国将有千千万万个蒋乃群会在全国各区域间流动，“蒋乃群式”问题迫切需要我们进行认真探讨，寻求解决的方法。

我国基本养老保险的区域协调发展，就是一种能解决这些问题的思路。区域基本养老保险协调发展，是在基本养老保险的建立、运行中，能促进区域之间化解冲突、增进合作以达到全国整体经济、社会福利最大化的有序状态。

我国地域辽阔，各区域（省、直辖市、自治区，地区行署、地级市，县、县级市、区等）的自然禀赋、人文历史等条件都不相同，区域之间的经济、社会发展水平存在很大的差距。目前我国基本养老保险的区域协调发展程度如何？我国各区域基本养老保险差异可能会对我国社会、经济发展产生哪些影响？如何构建基本养老保险体系以缩小现存的区域差异？我国区域基本养老保险协调发展的基本模式与实现途径是什么？如何促进我国各区域基本养老保险协调发展？对这些问题的思考，既是学术理论研究的需要，更是社会现实发展的需要。

基本养老保险实践不断要求社会保障理论做出相应的回应。我国是一个正在向现代化迈进的发展中大国，地域辽阔，各区域间自然、人文条件各异，把我国作为一个单质均一的客体而不考虑其区域差异性来研究我国基本养老保险问题，显然是有一定缺陷的。本书从我国区域基本养老保险的差异、影响及其整合思路的视角来研究区域基本养老保险体系的构建问题，研究区域基本养老保险的协调发展问题，能为建立中国特色的基本养老保险理论提供理论素材和基本范畴。因此，本书的研究具有一定的理论意义。

同时，本书的研究也为我国基本养老保险改革实践服务。我国正处在社会变革转型时期，基本养老保险实践提出了许多亟需解决的问题。例如，区域之间基本养老保险的统一问题，个人跨区域流动时的基本养老保险问题，基本养老保险的区域分割、城乡分割和人群分割问题，等等。本书正是针对我国基本养老保险实践中的这些问题展开探讨，并试图为正确解决这些现实问题提供理论支持与操作指导。

二、研究目标与文献回顾

1. 研究目标

本书的研究目标，一是针对目前我国城镇基本养老保险制度的区域分割、人群分割等现实问题，探讨适合我国国情的、能推进各区域养老保险协调发展的模式。二是从理论上分析一个国家选择某一种基本养老保险模式的依据，例如，建立一种评估区域基本养老保险发展是否协调的指标体系。

本书综合运用实证分析法、比较分析法，并通过实地调查、文献查阅等途径，达到研究的目标。

2. 文献回顾

关于基本养老保险及其发展研究，目前国内外研究成果主要集中于将一个国家当做没有区域差距的均一整体，集中于不同国家间的比较研究。而对于一个国家内部各区域之间基本养老保险的差距及其相互关系研究，对于我国区域之间基本养老保险的协调发展研究，不少学者在研究区域经济发展、社会养老保险时已注意到该问题，但国内外这方面系统的研究成果还没有。

国内外关于区域之间基本养老保险差异及其协调发展的研究，已有的研究成果主要有：

对我国区域之间基本养老保险差异的关注与评估：以下论著在研究我国基本养老保险水平如何与经济发展水平相适应的问题时，关注到了我国区域之间基本养老保险的差异问题。例如，胡鞍钢的《利国利民、长治久安的奠基石——关于建立全国统一基本社会保障制度、开征社会保障税的建议》①、林治芬的《我国养老保险的地区差异及其转移支付》②、朱庆芳的《1993年各省市区社会保障水平的比较与评价》③，等等。

对我国区域之间基本养老保险差异带来的影响分析：以下论著认为，我国各区域之间基本养老保险的巨大差异，会带来企业负担不公平、统一的劳动力市场难以形成、基本养老保险的运行管理成本高等负面影响。例如，冯兰瑞的《社会保障管理体制必须统一》④、郑功成的《加入WTO

---

① 胡鞍钢．利国利民、长治久安的奠基石——关于建立全国统一基本社会保障制度、开征社会保障税的建议．改革，2001 (4):12.

② 林治芬．我国养老保险的地区差异及其转移支付．财经研究，2002 (5):37.

③ 朱庆芳．1993年各省市区社会保障水平的比较与评价．社会学研究，1995 (5):86.

④ 冯兰瑞．社会保障管理体制必须统一．中国改革，1995 (10):28.

与中国的社会保障改革》①、湛新民的《劳动力流动和迁移成本偏高的制度分析》②、杨玉民的《我国社会保障制度存在的问题及对策》③、张晓青的《劳动就业和社会保障综合指标体系的构建》④，等等。

对我国各区域之间基本养老保险协调发展的实现途径的构想：例如，在黄范章的《建立全国统一的社会保障制度》、《从建立全国社会保障基金到“基金所有制”》⑤、冯兰瑞的《社会保障管理体制的统与分问题》⑥ 与《再论社会保障管理体制的统与分》⑦ 中，他们提出征收全国统一的社会保障税，建立全国统一的基本社会保障体系；在莫玲娜、郑卒的《对我国统一社会保障制度若干问题的思考》⑧、冯兰瑞的《社会保障社会化与养老基金省级统筹》⑨ 中，他们主张首先建立基本养老保险的省级统筹，然后过渡到全国统筹；在石忆邵、王克强的《长江三角洲地区协调发展

① 郑功成．加入 WTO 的社会保障建设．管理世界，2002 (4):37.

② 湛新民．劳动力流动和迁移成本偏高的制度分析．华南师范大学学报（社会科学版），1997 (1):98.

③ 杨玉民．我国社会保障制度存在的问题及对策．宏观经济管理，2002 (7):31.

④ 张晓青．劳动就业和社会保障综合指标体系的构建．南方人口，2002 (1):9.

⑤ 黄范章．从建立全国社会保障基金到“基金所有制”．中国工业经济 2000 (10)：5.

⑥ 冯兰瑞．社会保障管理体制的统与分问题．改革，1994 (4):73.

⑦ 冯兰瑞．再论社会保障管理体制的统与分．改革，1996 (2):70.

⑧ 莫玲娜、郑卒．对我国统一社会保障制度若干问题的思考．南京经济学院学报，1999 (4):27.

⑨ 冯兰瑞．社会保障社会化与养老基金省级统筹．中国社会保障，2002 (10):54.

的特征及问题探讨》①、吴永红的《试论我国区域经济发展中的社会保障制度》②、李卫平的《中国农村健康保障的选择》③ 中，他们主张根据区域经济发展的不同水平而建立不同的区域性的社会保障制度。

国外文献方面，对我国基本养老保险研究产生了许多很有价值的学术成果。但是，从我国各区域之间基本养老保险差异及其关系的视角来研究基本养老保险，还不多见。

综上所述，目前已有部分研究成果对我国区域之间基本养老保险差异的现状、影响、对策进行了分析探讨，他们的研究为本书的写作奠定了良好基础。但是，这些研究还有局限，有待于进一步深化。

第一，尽管他们注意到了我国基本养老保险某一个方面的区域差异（例如，保障水平），强调了某一个方面的负面影响，但是，总体而言，他们对我国各区域之间基本养老保险的差异与影响没有做全面的、系统的分析比较。

第二，虽然他们的研究提出了缩小区域之间基本养老保险差异的对策措施，但是，由于缺乏充足的相应理论依据分析，也没有相应的运行机制、实施方案与保障措施等设计，其可行性很容易被质疑、被否定。

三、基本思路与主要内容

本书首先界定区域基本养老保险协调发展的含义，提

---

① 石忆邵、王克强．长江三角洲地区协调发展的特征及问题探讨．同济大学学报（社会科学版），2002（6）:49.

② 吴永红．试论我国区域经济发展中的社会保障制度．经济师，2002（1）:28.

③ 李卫平著．中国农村健康保障的选择．中国财政经济出版社．2002.77.

出评估区域基本养老保险发展是否协调的指标体系；然后，实证分析目前我国各区域基本养老保险发展的协调程度，并针对现实中的问题，提出建立适合我国国情的、能推进各区域养老保险协调发展的基本养老保险模式；最后，为了保障新模式的顺利建立与实施，分析了目前我国存在的主要难点，并提出克服难点的对策措施。

本书的主要内容围绕以下方面展开：

第一，界定区域基本养老保险协调发展的含义：从区域、区域协调、区域经济协调、区域社会协调、基本养老保险等概念的阐释比较中，明确界定区域基本养老保险协调发展的含义。区域基本养老保险协调发展是一种能促成区域之间化解冲突、增进合作以达到全国社会福利最大化的有序状态。

第二，建立评估区域基本养老保险发展是否协调的指标体系：该指标体系包括各区域基本养老保险制度的统一程度、各区域基本养老保险水平的区域均等程度、各区域社会养老负担的公平程度、各区域基本养老保险制度功能的实现程度。

第三，论述区域基本养老保险协调发展的理论依据：从区域基本养老保险协调发展的必要性与可行性两方面论述我国建立区域基本养老保险协调发展模式的理论依据。

第四，实证分析目前我国区域基本养老保险发展的协调程度：从我国基本养老保险制度的区域统一程度、基本养老保险水平的区域均等程度、社会养老负担的区域公平程度、各区域基本养老保险制度功能的实现程度等方面，评估目前我国基本养老保险的区域协调发展程度。分析结果表明，目前我国城镇基本养老保险制度的区域协调程度非常差。

第五，提出能推进我国各区域基本养老保险协调发展的思路：在比较我国目前的基本养老保险模式与各种养老保险改革思路利弊的基础上，探讨适合我国国情的、能推进各区域基本养老保险协调发展的基本养老保险模式，“全民性的、全国统筹的随收即付制度”是一种适合我国国情的基本养老保险模式。

第六，分析新模式建立过程中的主要难点：为了保障我国区域基本养老保险协调发展模式的顺利建立与实施，分析新模式建立、运行过程中存在的主要障碍。这些障碍分别是：地方政府的利己主义行为、基本养老保险的城乡分割与人群分割严重、区域经济发展水平的差距过大。

第七，提出克服难点的对策措施：探讨克服区域基本养老保险协调发展制度在建立与运行过程中所存在难点的对策措施，这就是：消除地方政府利己主义行为、减弱基本养老保险的城乡分割和人群分割程度、缩小区域与城乡经济差距到适度水平。

四、力求做到的创新

本书从以下几方面努力，希望能有所创新：

1. 选题视角新颖

选题从一个国家内部各区域基本养老保险的差异及其相互关系的视角，分析我国各区域之间基本养老保险协调发展的现状，提出我国区域基本养老保险协调发展的基本模式。

2. 研究方法有特色

在研究方法上试图克服缺乏理论指导、仅就现实而论现实的弊病。本书在以下两方面力求做到有较多的理论分析：

一方面，本书所提出的结论（建立区域基本养老保险协调发展制度）是建立在相应的理论分析基础上的。本书从区域基本养老保险是否协调的评估标准出发，设计出区域基本养老保险是否协调发展的评估指标体系，并以此为依据，评估我国现行基本养老保险制度区域协调的现状，并针对现实弊端设计出能促进区域基本养老保险协调发展的制度模式。

另一方面，在说明为什么我国基本养老保险制度要突出全国统筹、全民性的制度特点时，进行了较为全面的理论分析。本书从纵向划分政府权力的视角、从维护市场经济高效运行的视角，分析了实行全民性的、全国统筹的基本养老保险制度的必要性。从政治法律基础、经济支持、民意基础三方面，分析了实行全民性的、全国统筹的基本养老保险制度的可行性。

3. 研究结论有新意

一是提出评估区域基本养老保险发展是否协调的指标体系，该体系包括：各区域基本养老保险制度的统一程度、各区域基本养老保险水平的区域均等程度、各区域社会养老负担的公平程度、各区域基本养老保险制度功能的实现程度。

二是将基本养老保险制度的功能划分为基本功能、管理运行功能、附属功能三种。在设计基本养老保险制度时，强调必须优先保证基本功能的实现，然后再适当兼顾其附属功能与管理运行功能。基本养老保险制度的基本功能包括：增加社会公平、具有人群间的社会再分配作用、具有区域间的社会再分配作用（缩小区域差距）、增强社会安全感；基本养老保险制度的一般管理运行功能包括：财务的可持续性、管理的简便程度、个人激励、个人权益的便携性；基本养老保险制度的附属功能是促进经济增长、促进资本市场发展、化解转制成本。

三是从区域发展是否协调、中央与地方政府财权事权的科学划分、市场经济高效运行的客观要求、区域基本养老保险协调发展的可行性等多方面，论证“全国统筹的、全民性的、随收即付的养老保险制度”是一种适合我国国情的基本养老保险模式。

第一章

区域基本养老保险协调发展的相关概念界定

对“区域基本养老保险协调发展”等概念做出明确的界定，是本书研究的基础。本书从区域、区域协调、区域经济协调、区域社会协调、基本养老保险等概念的阐释比较中，来界定“区域基本养老保险协调发展”的含义。区域基本养老保险的协调发展，是在基本养老保险制度的建立、运行中，能促成区域之间化解冲突、增进合作以达到全国社会福利最大化的一种有序状态。它要求全国各区域基本养老保险制度必须统一，各区域公民都能享受大体均等的基本养老保险待遇，各区域间的缴费主体承担公平的养老负担，各区域能实现基本养老保险制度的基本功能、并尽可能多地兼顾其他功能。

第一节 区域与区域差距的含义

区域是指有密切相关性的某一空间范围，这一空间范围具有同类性和联系性。本书中的“区域”，是指目前统筹我国城镇基本养老保险的各级地方政府所辖的行政区划范围。区域差距是指区域间所存差异的程度，常用定量指标来测量。如果要判断某种差距是否合理，就需要根据社会的容忍程度设置一定的数值范围，超过了该数值范围，即为非适度差距。区域差异在世界上许多国家都存在，一般来说，大国的区域差异要超过小国，发展中国家的区域差异要超过发达国家。

一、区域的含义

人类的生产生活活动通常都不能超越一定的时空条件，都必须在一定的区域内进行。在生产力水平低下时，人类通常是被动地适应区域的自然生存环境。在生产力水平和人类活动能力已经有极大提高的现代，人类可以主动地选择和利用环境，甚至可以重新建造区域的局部环境，以使区域内人们的生活更安全、更舒适。那么，什么是区域？各类文献对此作了各不相同的回答，因为区域是一个多侧面、多层次而且相对性极强的概念。按照自然的、经济的、行政的、历史的标准，可以界定出不同的区域定义，但是，所有的定义都有一个共同点，即把区域概括为“一个整体的地理范畴”。作为整体的地理范畴的区域，其内部具有同类性或联系性，区域之间则具有差异性。可见，区域是指有密切相关性的某一空间范围，这一空间范围具有同类性和联系性。具体地说，区域具有以下三方面的共同特征：

- 同类性或匀质性，即区域内自然条件、自然资源和社会经济状况大致类似，经济发展水平和所处经济发展阶段大致相同，等等。
- 联系性，即区域内部社会经济主体间生产联系合理，交通运输便捷，信息渠道和商品流通渠道畅通，等等。

- 管理上的合理性，即从管理机构的设置、管理层次的多少、管理幅度的大小等方面看，便于协调、控制等管理职能的实现。

区域的空间范围可大可小，它既可以是一国内的某一地域，也可以是许多国家共同组成的地域圈。

我国对区域的划分，主要有军事区域划分、经济区域划分和行政区域划分等类型。

中华人民共和国成立初期，全国被划分为华北、东北、华东、西北、中南、西南六大军事、行政区域（设置大区军政委员会及中央局），并据此布局经济，以谋求沿海与内地的均衡发展。

1958 年，全国被划分为七大经济协作区，成立大协作区委员会，试图建立不同水平、各具特色、工业体系相对完整的均衡发展的经济区域。后来又划分为三线地区、沿海与内陆地区。

20 世纪 80 年代以后，我国经济区域的划分有如下几种：

东部、中部、西部三大经济带：我国由于历史、自然、社会等多方面的原因，区域经济技术发展不平衡，东部、中部、西部三大地带间存在着经济技术水平的发展梯度，东部最高，中部次之，西部最低①。东部地区包括 12 个省、市、自治区，它们是：北京、天津、上海、河北、辽宁、江苏、浙江、福建、山东、广东、广西、海南。中部地区包括 9 个省、自治区，它们是：山西、内蒙古、吉林、黑

① 戈银庆、竹君．中国区域经济问题研究综述．甘肃社会科学，2004（1）：57.

龙江、安徽、江西、河南、湖北、湖南。西部地区包括10个省、市、自治区，它们是：重庆、四川、贵州、云南、西藏、陕西、甘肃、青海、宁夏、新疆。

六大经济区：根据全国生产力总体布局态势，在遵循区域内近似性和区域间差异性这一基本原则的基础上，把全国划分为六大一级经济区，即：东北区（东北三省及内蒙古东二盟一市）；黄河中下游区，也叫华北区（京、津、鲁、晋、冀、豫及内蒙古中西部）；长江中下游区，也叫华中区（沪、苏、浙、皖、赣、湘、鄂）；东南沿海区（闽、桂、粤、琼、港、澳、台）；西南区（川、贵、云、藏）；西北区（陕、甘、宁、青、新）。

九大城市经济区：东北沈阳城市经济区（辽、吉、黑及内蒙古东三盟一市）；华北京津城市经济区（京、晋、冀、鲁、苏北、皖北、豫东北及内蒙古锡盟）；西北西安城市经济区（晋、陕、宁及青东、甘东、内蒙古西部）；华东上海城市经济区（沪、赣、苏中南、皖中南、浙东北）；华中武汉城市经济区（湘、鄂、豫南、陕南）；西南重庆城市经济区（川、云、桂、贵西）；东南沿海广州城市经济区（闽、粤、琼、台湾省、港澳地区、桂东地区）；西北乌鲁木齐城市经济区（新疆、青海柴达木盆地及甘肃河西走廊、内蒙古阿盟）；青藏高原拉萨城市经济区（西藏、青海玉树自治州等）①。

我国的行政区划划分，自中华人民共和国成立以来，虽然也有局部变更和调整，但基本上保持相对稳定。目前，

---

① 顾朝林著. 城市经济区理论与应用. 吉林科学出版社. 1991. 31.

我国宪法与地方政府组织法规定的大陆行政区划中，纵向上有 3 级完整的地方政府，即：省（自治区、直辖市）、县（民族自治县、县级市）、乡（民族自治乡、城镇），同时，在省县之间、县乡之间分别设立地区行署与区公所，作为省、县的派出机构。但是，在我国行政区划的实际运行中，纵向上有 5 级地方政府，它们分别是：省（自治区、直辖市）、副省级市、地级市（地区行署、民族自治州）、县（民族自治县、县级市）、乡（民族自治乡、城镇）。这主要是 20 世纪 80 年代以来强调向地方政府改革放权、强调加速城市化等政策所导致的。

行政区划的区域，有时是指国际间的区域组织，有时是指一个国家内的区域。在本书中，我们分析的区域主要是指一个国家内的行政区域。

“国家内的区域”与“国家”这两个概念既有相似处又有区别点。从单一的区域或单一的国家来看，区域与国家的差别不太大，它们都有同类性、联系性、管理上的合理性等共同特征。例如，前苏联的多个区域被分割成十多个独立主权的国家，原民主德国、原联邦德国是统一后德国的组成区域。但是，“国家内的区域”与“国家”又是有差别的，这主要表现在区域间的关系与国家间的关系显著不同。首先，政治上，国家内的区域不是一个独立的政治单元，区域之间没有国界和边防，一般也不存在制度背景的差异。其次，经济上，国家内的区域比国家具有更大的开放性，不存在关税壁垒，不存在汇率障碍，因此，资本、劳动力、技术、信息等经济要素在区域之间比在国家之间具有更大的流动性。同时，国家内的区域经济利益从根本上来说与国家的经济利益是一致的，局部的利益需要服从整体的利益，而国家间的经济利益具有高度的独立性，因而，国家内的区域之间经济利益的协调，要比国家之间经济利益的协调容易得多。再次，历史和文化背景上，国家内的区域之间的差异要比国家间的差异小得多。

依据以上对区域含义的不同侧面的阐述，根据研究对象与研究任务的需要，本书中的“区域”，是指目前统筹我国城镇基本养老保险的各级地方政府所辖的行政区划范围，包括省（自治区、直辖市）级区域，地级市（地区行署、民族自治州）级区域，县（民族自治县、县级市）级区域，它们是我国行政区划基础上的一个地理空间概念。人们在这些区域空间内的经济活动就构成了本书所指的“区域经济”，人们在这些区域空间内的基本养老保险活动就构成了本书所指的“区域基本养老保险”。

二、区域差距的含义

区域差异与区域差距是两个关联密切的概念。区域差异是一区域与另一区域的差别，常用定性与定量两方面的指标来说明。区域差距是指区域之间所存差异的程度，常用定量指标来测量。在比较区域差异时，如果要具体比较彼此相差的程度，就常用反映区域差距的指标值来说明。如果要说明该差距是否合理，就需要根据社会的容忍程度设置一定的域值范围，来说明是适度差距还是非适度差距。

区域差异是影响区域发展以及整个国家发展的最基本的因素之一。区域差异是区域之间竞争与合作的基础，因为没有区域差异，就无所谓区域优势。区域差异反映质与量的不同，区域差距主要反映量的不同。

区域差异大致有以下几种类型：

自然差异：包括地理位置、气候、地质地貌、土壤、植被、地下矿藏、水流、森林资源等方面的差异。自然条件差异是区域发展差异出现的最初始原因。

人文差异（狭义）：包括人口的数量素质、民族宗教信仰、历史文化传统、社会发育程度、居民性格特征、语言、风俗习惯等方面的差异。区域之间的人文差异进一步强化和放大了区域之间的自然差异。

经济差异：包括劳动力、资金、技术等经济要素的赋存状况，生产发展水平与规模，产业结构与产业组织状况，市场容量与发育程度，生产成本与生产效率等方面的差异。区域之间的经济差异是区域差异的最明显的标志之一。

社会差异：包括人民群众生活水平、社会保障水平、精神文明和民主建设程度、社会稳定状态等方面的差异。区域之间的社会差异也是区域差异的最明显的标志之一。

组织制度差异：包括区域发展的微观组织基础和宏观政策制度环境的差异，这种差异对区域发展方向、速度、规模及其在区域联系中的相对地位有重要影响。

区域差异在世界上许多国家都存在，一般来说，大国的区域差异要超过小国，发展中国家的区域差异要超过发达国家。

从发达国家来看，西欧国家、美国、日本都有区域差异问题。例如，意大利的区域差异主要体现在北方与南方，整个南部占全国40%的领土、35%的人口，但其人均国民收入水平，1950年南部仅是北部的40%，到20世纪70年代初才仅是北部的一半稍多。在前联邦德国，46%的人口集中在只占全国土地面积7%的24个地区。统一后的德国，区域差异更为复杂，原联邦德国的经济处于强势，经济增长有力，国民储蓄显著高于国内投资，通货膨胀率较低，但原民主德国却面临着许多严重的、深层次的问题，包括工资、物价的严重扭曲，社会保障的水平低①。西班牙的东北部地区发达，西南部地区落后，其中巴斯科地区的面积不到埃克斯特雷马多罗的1/3，但工业总产值却是后者的10倍，平均单位面积产值是后者的46倍②。法国的中部、东北部与西部存在很大的差别，英国西南部与北部的北爱尔兰，荷兰西部沿海与北部也存在显著的差别。即使是一直被认为区域差异处理得较好的美国，东西部之间、南北部之间也仍然存在着明显的区域差异③。

发展中国家（尤其是大国）的区域差异更大。巴西东北部区域人均收入的水平低于全国平均收入水平的1/2，仅为东南部“心脏地带”人均收入的1/3；北部区域贫困，仍然保留着大庄园和农奴制时期的经济特征，主要经营农业；南部区域发达，有现代化的城市、工业和机械化的农业。在印度，学术界普遍认为，印度的地区之间经济发展差距非常大，一部分地区富裕发达，另一部分地区则贫困落后。土耳其、巴基斯坦、印度尼西亚、墨西哥、哥伦比亚等国家的区域差异问题也十分严重④。

---

① 国际货币基金组织著. 世界经济展望. 中国金融出版社. 1991.56.

② 张蕴岭等著. 西欧的区域发展. 中国展望出版社. 1998.101.

③ 韦伟著. 中国经济发展中的区域差异与区域协调. 安徽人民出版社. 1995.26.

④ 韦伟著. 中国经济发展中的区域差异与区域协调. 安徽人民出版社. 1995.27.

第二节 区域协调发展的含义

什么是区域协调发展？很少有人对此进行科学的界定。在大多数情况下，对于“协调发展”只是一种模糊的理解。区域差异在世界上许多国家都客观存在，它给区域的发展既带来一定正面影响，也带来许多负面影响。区域协调发展能促进区域兴利除弊。区域协调是一种能促进区域之间化解冲突、增强合作以达到全国整体经济、社会福利最大化的有序状态。区域协调可分为区域经济协调和区域社会协调两大类，本书主要探讨的是区域社会协调。

一、区域协调的含义

在世界上许多国家，不同区域由于自然条件、人文历史条件的差异，区域差距普遍存在，它给区域的发展带来许多正面、负面影响。一般来讲，区域差距通常包括合理差距和不合理差距两部分。所谓合理差距（主要指经济差距），是指经济系统内存在的与一定经济发展水平相适应的差距。在市场经济条件下，不应完全取消这种合理的、适度的区域差距，因为它是经济发展的固有属性，不同区域间的适度经济差距会产生一定的经济梯度，对欠发达区域造成一种压力，有利于激励低梯度区域的发展，迫使他们解放思想，锐意进取，最终有利于促进低梯度区域发展。同时，合理差距也能让一部分条件较好的高梯度区域发展起来，形成拥有强大发展能力的落差势能，积累和集聚实力，形成一种示范机制，带动低梯度区域的发展。

不合理差距主要是指超过社会容忍度、会带来社会稳定问题的差距。不合理差距是由外生的社会经济变量或一些偶然因素决定的差距，如我国现行的户籍管理制度和城镇就业制度的屏蔽、对非公有制经济的政策歧视、不同的区域发展政策、体制转轨过程中出现的垄断行为以及腐败等因素造成的区域差距。

在区域差距中，这种不合理差距所占比重越大，越不利于经济社会的持续稳定发展。如果不合理区域差距过大，就会产生一系列的负面影响。在政治上，就容易出现“仇富”心理，导致社会不稳定甚至动荡；在经济上，就容易出现资源配置不合理，最终损害全社会的总体效率；在道义上，就有违社会公平原则与人道主义精神。所以，一个有效运转的社会，通常是既保持一定的区域经济差距，又积极防止区域差距拉得过大。

如何有效地克服区域差距带来的负面影响？区域协调发展能促进区域兴利除弊，是能克服区域差距负面影响的有效对策。

经济学认为，由于资源短缺的约束，人们之间的相互关系是通过分工、交换、竞争、冲突等活动来实现的。同样，由于资源短缺的约束，区域之间的关系也是通过分工、交换、竞争、冲突等活动来实现的。在获取经济发展的要素资源中，各区域各有其区域自身利益，区域之间存在着竞争关系，存在利益矛盾或冲突的一面。但同时，由于人类相互依赖的本性，又迫使各区域必须相互依赖才能在资源稀缺的约束下使“福利得到增进”，获得福利的最大化。合理的、能体现区域间利益调整的制度安排，能确保区域间相互依赖或合作关系的形成与改善，能有效化解区域间的矛盾或冲突。区域协调就是这样一种能促进区域之间化解冲突、增强合作以达到全国整体经济、社会福利最大化的有序状态①。

从词义上看，协调的含义为协作、调解、和谐，其中协作、调解是工具、是过程，和谐是目的、是结果。

区域协调是一个综合性概念，它不仅仅意味着地区经济发展差距的缩小，地区居民享受的福利水平差距的缩小，而且还意味着全国市场的统一、地区产业分工的合理化、地区之间合作的加强和利益转移机制的形成。其基本内涵至少包括以下五个部分：一是各区域的比较优势和特殊功能都能得到有效发挥，有利于形成体现因地制宜、分工合理、优势互补、共同发展的特色区域。二是各区域之间人流、物流、资金流、信息流能够顺畅流通，有利于形成公正、公开、公平竞争的全国统一市场。三是各区域居民可支配购买力及享受基本公共产品和服务（基本口粮、卫生饮水、日用电力、初级卫生、初级教育等领域的人均供给水平）的人均差距在合理范围之内。四是各区域之间基于市场导向的经济、技术、文化等合作，能够得到广泛的发展。五是各区域国土资源的开发、利用、整治和保护能够统筹规划，各区域人口、经济增长与资源、环境承载容量相适应。

一般来讲，区域协调包含区域经济协调和区域社会协调。区域基本养老保险协调属于区域社会协调里的一种。

二、区域经济协调

区域经济协调是区域之间在经济交往上日趋密切、相

① 殷存毅．区域协调发展：一种制度性的分析．清华评论，2004（2）：34．

互依赖程度上日益加深、发展上日益关联互动，从而达到各区域的经济均持续发展的过程，是区域间的经济优势互补。

区域经济协调发展的手段有政府直接干预和市场引导。政府直接干预主要是中央政府采取以行政办法为主的手段，通过对发达区域的政策限制或者对欠发达区域的政策鼓励，以达到区域间低水平的均衡目标，这种手段常与中央政府高度集权体制相适应。市场引导是通过财政、税收、金融政策等宏观调控措施，作用于市场价格，引导资源向欠发达区域流动，从而缩小发达区域与欠发达区域的经济差异，这种手段是与市场经济相适应的。

区域经济协调发展模式主要有以下三种：

● 计划型区域协调模式：该模式产生于前苏联，是中央高度集权的计划经济体制的重要组成部分，对20世纪80年代改革开放之前的我国，有着重要的影响。该模式主要通过计划以实现区域均衡发展，制定计划的主要方法是平衡法，利用平衡法将全国各区域的物质资源、劳动资源、财政资源同社会需求进行横向和纵向比较，建立区域之间、区域与部门之间的相互依赖关系，防止区域比例的失调。该模式对于欠发达区域经济的发展起到过积极作用，但它否认了地方政府作为区域经济活动主体的地位和权益，市场机制在此模式中不能有效地协调区域差异，单一的计划协调降低了宏观经济管理效率。

● 完全市场型区域协调模式：该模式认为，如果资本、劳动力和技术进步等生产要素能够充分自由地流动，那么，市场机制的作用将使资本由高工资、高收入区域流向低工资、低收入区域，劳动力将由低工资、低收入区域向高工资、高收入区域转移。这样，低工资、低收入区域就会享有较高的资本积累率和更快的工资增长率，生产力要素收益倾向于区域均等化，区域发展趋于均衡。而区域差异的存在是市场不完善和制度缺陷引起的市场机制失灵的反映，从长期来看，区域差异将会缩小，因此主张对区域差异采取自由放任的态度。

● 政府干预型区域协调模式：该模式认为，在市场协调的基础上，政府还必须予以干预。美国著名发展经济学家艾伯特·赫希曼（Albert Hirschman）指出，在经济发展过程中，发达区域与不发达区域的联系，既有不发达区域作用于发达区域的极化效应（生产力要素向发达区域集中），也有发达区域作用于不发达区域的涓滴效应（生产力要素向不发达区域扩散回流），但通常极化效应强于涓滴效应，所以，如果没有周密的政府干预，区域差异会不断增长，出现穷区更穷、富区更富的马太效应。冈纳·缪尔达尔（Gunnar Myrdal）认为，在市场运行过程中，劳动力流动、资本运动和贸易以累积的方式相互作用，并引起一系列变化推动发达区域经济形成一种良性循环，而使不发达区域更加衰落，因此在累积因果进程中，市场力量的作用通常倾向于增加而不是减少区域差异。如果要缩小区域差异，就必须依靠政府干预①。

三、区域社会协调

广义的“社会协调”，包含着人与自然环境的协调，人

---

① 韦伟著．中国经济发展中的区域差异与区域协调．安徽人民出版社．1995.129.

与人的协调，人与社会的协调以及人、社会、自然环境三者之间的协调。狭义上的“社会协调”，通常指人口、教育、卫生、社会保障、科技、文化、环境污染、基础设施等方面的发展协调。在片面强调经济增长、轻视社会进步的发展观已走到尽头的今天，社会协调发展观得到了应有的重视。发展，不能以牺牲生态、资源等作为代价；发展，不仅仅是经济增长数字的积累，更重要的是社会的全面进步。

区域社会协调，要求各区域的人民群众生活水平、社会保障水平、精神文明和民主法制建设水平差距适度、协作共存。区域社会协调发展的基本指导思想是不断改善广大人民的生活，逐步缩小区域间居民在政治、文化生活领域和发展保障条件的人均差距。评估区域间社会协调程度，主要看区域间人均可享有基本公共产品和公共服务方面的协调程度，也就是区域间最大多数居民能够满足最基本生活条件的程度，具体体现为基本口粮、卫生饮水、日用电力、初级卫生、初级教育、就业率、基本社会保障等领域人均供给水平的区域协调程度。

第三节　基本养老保险制度的含义与功能

正确理解基本养老保险制度的含义与功能，是界定“区域基本养老保险协调发展”的基础。基本养老保险是国家和社会根据一定的法律和法规，在劳动者达到国家规定的解除劳动义务的劳动年龄界限，或因年老丧失劳动能力而退出劳动岗位时，为解决他们的基本生活而建立的一种社会保险制度。基本养老保险制度的基本功能包括：增加社会公平、具有人群间的社会再分配作用、具有区域间的社会再分配作用（缩小区域差距）、增强社会安全感。其一般运行管理功能包括财务的可持续性、管理的简便程度、个人激励、个人权益的便携性；其附属功能包括促进经济增长、促进资本市场发展、化解转制成本。我们在评估基本养老保险制度时，一定要优先关注它的基本功能，其次才去关注它的一般运行管理功能与附属功能。

一、基本养老保险制度的含义

社会保障是国家通过立法并依法采取强制手段对国民收入进行再分配，对暂时或永久失去劳动能力及因各种原因造成生活困难的社会成员提供基本生活保障，以保证劳动力再生产、社会安定、经济有序进行的措施、制度和事业的总称。养老保险是社会保障制度的重要组成部分，是养老、医疗、失业、工伤、生育五大社会保险险种之一。它是国家根据一定的法律和法规，在劳动者达到国家规定的解除劳动义务的劳动年龄界限，或因年老丧失劳动能力而退出劳动岗位时，为解决他们的基本生活而建立的一种社会保险制度。

一般来说，劳动者在退出工作岗位后的养老方式有如下几种：

第一，老年人即使到了退休年龄还继续工作，并获得劳动收入，并以这种收入为老年时期的生活费用。

第二，依靠老年人的子女等家属和亲属的帮助（送钱、共同生活等），以此来解决老年时期的生活费用，或者依靠邻居等当地居民自发地援助老年人。

第三，老年人在有收入的劳动时期为自己丧失劳动能力时做准备，自发地购买房地产等资产和私有保险并进行储蓄。

第四，单位内部的福利制度，如企业养老保险制度，雇主为每个雇员缴纳保险费，以此为基础，雇员在退休后的老年时期可以领取养老金，这个养老金可以用来弥补老年后的生活费用。

第五，对由于年老后挣钱能力的降低和个人储蓄不充分而陷入贫困的老年人，可以通过以一般财政收入为基础的社会救济制度来保障他们的最低生活水平。但该制度不仅仅是对老年人，也包括中青年人。

第六，把基本养老金作为老年时期的生活费用。每个人在中青年时期被强制地缴纳保险费（或者税收），只要符合法定领取条件，个人就可以领取养老金。

以上六种方式中的前四种是解决养老问题的“私有负担”方式，后两种是解决养老问题的“公共负担”①。

从公民权利的角度看，提供基本养老金是各国政府义不容辞的职责，由公共部门来负担养老是世界上绝大多数国家的普遍做法。究其原因，大致有：老年人寿命与老年人重大疾病的不确定性，短视性的个人与父权式的政府，私有养老保障计划无法代替基本养老保险，基本养老保险具有很强的收入再分配功能，等等。

基本养老保险制度是由政府部门参与负担的一种养老制度，也被称为国家基本养老保险。它由国家为解决退出工作岗位、没有工作收入的退休人员的基本生存问

① 钟仁耀著．养老保险改革国际比较研究．上海财经大学出版社．2004.8.

题而确定基本原则与措施，并通过法律、经济、行政手段付诸实施。例如，美国强制性的老年社会保险、澳大利亚全民普享的国家养老金项目、日本的国民养老保险与被雇用人员养老保险、英国的基础养老金制度与附加养老金制度。基本养老保险制度的三个根本性特征为：具有公平性的收入再分配功能、个人被强制加入、由政府来管理。

根据中青年时期缴纳的费用与老年时期被支付金额之间的关联性，基本养老保险可以分为以下三种形式：一是对所有老年人给予以税收为财源的统一的养老金支付，中青年时期缴纳的费用与老年时期被支付金额之间的关联性很弱；二是对中青年时期被强制缴纳了保险费的老年人支付其本金与利息，实行的是个人账户完全积累制，中青年时期缴纳的费用与老年时期被支付金额之间的关联性很强；三是对中青年时期强制缴纳了保险费的老年人支付以其缴费为基础的、包含了消除通货膨胀等不确定性影响的养老金，实行的是随收即付制，中青年时期缴纳的费用与老年时期被支付金额之间的关联性较强，是第一种、第二种方式的结合。

在我国，1990 年前，企业职工实行的是单一的企业养老保险制度。1991 年，《国务院关于企业职工养老保险制度改革的决定》（国发［1991］33 号）明确提出："随着经济的发展，逐步建立起基本养老保险与企业补充养老保险和职工个人储蓄性养老保险相结合的制度。"从此，我国逐步建立起多层次的养老保险体系。在这种多层次养老保险体系中，基本养老保险可称为第一层次。基本养老金用于保障职工退休后的基本生活需要。1997 年，《国务院关于建立统一的企业职工基本养老保险制度的决定》(国发[1997]26号)进一步明确:各级人民政府要把社会保险事业纳入本区域国民经济与社会发展计划,贯彻基本养老保险只能保障退休人员基本生活的原则,将未来基本养老保险目标替代率确定为58.5%。由此可以看出,我国基本养老保险制度的主要目的在于保障广大退休人员的晚年基本生活。

二、基本养老保险模式的功能定位

一项制度,它一定会有它的总目标,相应地,它一定也会有它的总功能,然后依据总目标与总功能,可以分解出许多具体的分目标与分功能。这些分目标与分功能中,一部分是为达到制度目标所必须具有的基本功能,另一部分是维持该制度正常运行、减少管理成本的一般运行管理功能,还有一部分是制度的附属功能。

基本养老保险制度的总功能是,国家通过立法并依法采取强制手段对国民收入进行再分配,对暂时或永久失去劳动能力及因各种原因造成生活困难的社会成员提供基本生活保障,以保证劳动力再生产、社会安定、经济有序进行。据此总功能,可以分解出基本养老保险制度的具体功能,其中,基本功能包括:增加社会公平、具有人群间的社会再分配作用、具有区域间的社会再分配作用(缩小区域差距)、增强社会安全感;一般运行管理功能包括财务的可持续性、管理的简便程度、个人激励、个人权益的便携性;附属功能是促进经济增长、促进资本市场发展、化解转制成本(见表1-1)。

表 1-1 基本养老保险制度的功能

基本功能	增加社会公平
	具有人群间的社会再分配作用
	具有区域间的社会再分配作用（缩小区域差距）
	增强社会安全感
运行管理功能	财务的可持续性
	管理的简便程度
	个人激励
	个人权益的便携性
附属功能	促进经济增长
	促进资本市场发展
	化解转制成本

我们在评估、设计某项制度时，一定要优先关注它的基本功能，其次才是去关注它的一般运行管理功能与附属功能，而不能与之相反，优先关注它的一般运行管理功能与附属功能，再去关注它的基本功能。即使在强调“以经济建设为中心”的背景下，也应如此，应遵循制度本身的固有属性与规律，而不能相反，本末倒置。否则，所设计出的制度有可能既不具有它的一般运行管理功能与附属功能，也不具有基本功能，当然就更不可能具有它的总功能，不可能达到它的总目标。基本养老保险制度是一项社会收入分配政策，我们在评估、设计它时，应该优先、重点考虑的是如何保证增加社会公平、具有人群间的社会再分配作用、具有区域间的社会再分配作用（缩小区域差距）、增强社会安全感等基本功能，尤其是评估、设计政府负责、

财政兜底的基本养老保险制度时，更是要优先、重点考虑这些基本功能，而不能将促进经济增长、促进资本市场发展、化解转制成本等附属功能与一般运行管理功能，优先地考虑到制度设计中。

第四节　区域基本养老保险协调发展的含义与评估体系

对“区域基本养老保险协调发展”这个概念做出明确的界定，是本书研究的基础。区域基本养老保险协调是在基本养老保险的建立、运行中，能促成区域之间化解冲突、增强合作以达到全国社会福利最大化的有序状态。依此基本内涵，我们将评估区域基本养老保险是否协调发展的指标体系设定为如下四个方面：各区域基本养老保险制度的统一程度、各区域基本养老保险水平的均等程度、各区域之间基本养老保险负担的公平程度、各区域基本养老保险制度功能的实现程度。

一、区域基本养老保险协调发展的含义

根据以上区域协调与基本养老保险的含义分析，区域基本养老保险协调发展的基本内涵可界定为：区域基本养老保险协调是在基本养老保险制度的建立、运行中，能促成区域之间化解冲突、增强合作以达到全国社会福利最大化的有序状态。它有以下基本要求：一是各区域基本养老保险制度必须统一，便于消除区域摩擦与损耗，便于区域间人口流动时的制度衔接。二是要求全国各区域公民都能享受大体均等的基本养老保险水平。三是各区域缴费主体

的负担必须公平，以便于维护市场经济的公平竞争环境。四是能实现基本养老保险制度的基本功能，并尽可能多地兼顾实现它的其他功能。

将基本养老保险的区域协调发展与经济的区域协调发展的协调依据、机制、目标、障碍、原则进行比较，更有利于明确区域基本养老保险协调发展的内涵。

基本养老保险属于国民收入再分配领域，其基本属性是政府提供的公共产品，具有国民收入再分配功能。作为一项社会政策，其基本价值取向应该是公平。建立在巨大区域经济差距上的区域基本养老保险，可能因各区域间的制度分割而缺乏衔接，导致各区域的保障水平存在非正常差异，各区域企业负担畸轻畸重，统一的劳动力市场难以形成，国家总体福利受损失，政治社会整合度差，基本养老保险制度运行管理成本高等负面影响，最终损害各区域乃至全国的经济社会发展。基本养老保险的区域协调，最关键的含义应该是调解，是基于国民待遇原则、公民基本权利保障、国家整体利益等基础上的调解。各区域间的基本养老保险的区域协调如果缺乏调解，就可能导致进一步拉大区域间的经济差距与社会福利差距，可能会进一步强化一个国家内不同区域间公民的不平等。因此，基本养老保险的区域协调应该成为一种必需、一种必然。

与基本养老保险协调发展相比，区域经济协调发展是区域间的经济优势互补，区域之间的合理分工是区域间经济技术合作的内在动力机制。区域经济协调发展依靠市场机制和政府支持两种作用力的结合。行政性协调是一种外来力量的推动，没有区域之间协调的内在动力机制（市场机制），其协调运作是难以持续的。但市场机制在短期的区域利益和企业利益的牵引下，还有可能拉大区域差距，因此需要政府采取对不发达区域进行资金、人才支持的措施。区域经济差距的过分扩大必然会导致区域经济的不可持续发展，并进而导致全国经济整体的不可持续发展。区域经济协调发展属于社会生产领域，其最关键的含义是协作，是各区域基于分工基础之上的经济协作。因为分工是效率的源泉，区域经济分工协作对各方都有利，这就使得区域经济协调成为可能。区域经济协调强调效率优先，也适度控制区域差距，以防止未来缩小区域经济差距时的调整成本加大（见表 1-2）。

表 1-2　　**两种区域协调方式比较**

	区域经济协调	区域基本养老保险协调
协调的依据	区域分工、优势互补	全国整体利益最大化
协调的机制	市场协作	行政调解
协调的目标	国家总体经济发展高效	国家总体社会福利最大化
协调的标志	经济差距适度、市场统一、产业的同构率低	基本制度统一、保障水平差距小、负担的公平程度高
协调主体	市场微观主体、宏观主体	市场宏观主体
协调中的障碍	自然禀赋条件差距大 历史基础差距大 制度政策的区域分割 地方利己主义行为	制度政策的区域分割 地方利己主义行为 区域经济差距大
协调原则	效率优先	公平优先

根据国际经验，以人均 GDP 差别衡量的区域经济发展

差距难以在短期内缩小，而是需要一个长时期的市场、政府综合协调的作用过程，但是不同区域居民享受的福利水平（包括享受到的养老、医疗、教育服务等）之间的差距，有可能在短时期内在政府主导协调的作用力下趋于缩小。区域基本养老保险协调不仅意味着各区域居民享受的福利水平之差距的缩小，同时还意味着全国市场的统一、区域之间合作的加强和区域之间利益转移机制的形成。

区域基本养老保险协调发展能促进区域经济的协调发展。一般来讲，市场经济从内涵上主要包括两个方面，即：实现资源的合理配置，以促进经济效率的提高；进行合理的分配，以实现社会公平。与此相对应的经济制度系统包括两大子系统：动力系统和稳定系统。资源配置问题属于经济动力系统，而社会保障则属于经济稳定系统的范畴。区域基本养老保险协调发展，有利于打破劳动力市场的区域分割，有利于建立全国统一的劳动力市场。通过劳动力要素流动使得报酬平均化，发挥市场力量对收入差距的收敛作用，最终能缩小区域间的经济差异，促进区域经济的协调发展。也就是说，市场经济稳定系统的健康发展不仅能保障市场经济的良性发展，而且能促进动力系统的发展。所以，我们可以认为，基本养老保险体系作为市场经济稳定系统的重要组成部分，它的区域协调发展能缩小区域经济发展的差距，促进区域经济的协调发展。与此相反，不同区域的基本养老保险制度不同，基本养老保险体系在全国范围内被割裂开来，必定造成劳动力市场的区域分割，阻碍基本养老保险社会化管理进程，最终必然给区域经济发展带来程度不同的负面影响，不利于社会公平和社会效率的实现。

二、区域基本养老保险协调发展的评估体系

依据区域基本养老保险协调发展的基本内涵，我们将评估区域基本养老保险是否协调发展的指标体系设定为如下四个方面：各区域基本养老保险制度的统一程度、各区域基本养老保险水平的均等程度、各区域之间基本养老保险负担的公平程度、各区域基本养老保险制度功能的实现程度。

我们从四个方面评估区域基本养老保险发展是否协调，将评估区域基本养老保险是否协调发展的指标体系设定如表1-3所示。

表1-3　区域基本养老保险制度的协调发展程度评估指标体系

一级系统（A）	二级子系统（B）	三级子系统（C）
各区域基本养老保险制度的统一程度（A_1）	筹资模式（B_1）	
	管理模式（B_2）	养老保险基金统筹层次（C_1）
		养老保险统筹对象（C_2）
	计发模式（B_3）	
各区域基本养老保险水平的均等程度（A_2）	基本养老保险的覆盖面（B_4）	全体老人中享受养老保险待遇的覆盖率（C_3）
		养老保险制度的参保覆盖率（C_4）
	基本养老保险给付水平（B_5）	人均养老保险基金支出（C_5）
		人均离休退休退职费（C_6）
		人均离休退休退职人员保险福利费用（C_7）
		养老金的工资替代率（C_8）
		养老金与工资的差（C_9）

续表

一级系统（A）	二级子系统（B）	三级子系统（C）
各区域之间基本养老保险负担的公平程度（A_3）	企业的负担程度（B_6）	企业的供款率（C_{10}）
	地方政府负担程度（B_7）	区域养老保险制度内赡养率（C_{11}）
		区域内老人赡养系数（C_{12}）
		人均养老保险基金结余（C_{13}）
	个人负担程度（B_8）	个人供款率（C_{14}）
各区域基本养老保险制度功能的实现程度（A_4）	基本功能（B_9）	社会公平程度（用“目标覆盖率”表示）（C_{15}）
		人群间社会再分配作用的大小（C_{16}）
		区域间社会再分配作用的大小（能否缩小区域差距）（C_{17}）
		社会安全感程度（C_{18}）
	运行管理功能（B_9）	财务的可持续性程度（C_{19}）
		管理的简便程度（C_{20}）
		个人激励程度（C_{21}）
		个人权益的便携性（C_{22}）
	附属功能（B_{10}）	能否促进经济增长（C_{23}）
		能否促进资本市场发展（C_{24}）
		能否化解转制成本（C_{25}）

下面将表 1-3 中的各评估指标说明如下：

1. 各区域基本养老保险制度统一程度的评估指标

“各区域基本养老保险制度的统一程度”是指各区域间的基本养老保险筹资模式、管理模式、养老金计发模式的统一程度，可以用养老保险的筹资模式、管理模式、养老金计发模式等指标来体现，其中，管理模式的统一程度又用“养老保险基金统筹层次”、“养老保险统筹对象”等指标来体现。

2. 各区域基本养老保险水平均等程度的评估指标

“各区域基本养老保险水平的均等程度”，是区域基本养老保险协调发展的重要标志。其内涵是，全国各区域所有退休老人都能得到用于老年生存的养老金，该养老金水平不体现个人身份高低，不体现所在区域穷富的差别，只体现所在区域物价的差别。或者，全国各区域所有退休老人都能得到用于老年生存的养老金，该养老金水平的区域差距必须适度，这个“度”，下限是各区域基本养老保险水平普遍有所增长，不能出现个别区域基本养老保险水平大幅度下降的状况；上限是保持社会秩序的基本稳定，当基本养老保险水平的区域差距影响社会的稳定时，差距不能再扩大。需要根据社会的容忍程度来界定区域基本养老保险差距是否适度的数值范围，基本养老保险水平的区域差距在某一个域值内，意味着不同区域间的基本养老保险是协调发展的；超过了该域值，则为非协调发展。在本书中，我们主张建立只体现区域物价差距的养老金水平大体均等的养老保险制度。

体现基本养老保险水平的指标有很多，如基本养老保险支出占 GDP 的比例、养老金的工资替代率、养老保险的覆盖率，等等。本书选取两类指标来分析我国基本养老保险水平的区域差距：一是基本养老保险的覆盖面；二是基本养老保险的给付标准。又用全体老人中享受养老保险待遇的覆盖率（C_3）、养老保险制度的参保覆盖率（C_4）来综合反映我国基本养老保险的覆盖程度，用人均养老保险基金支出、人均离休退休退职费、人均离休退休退职人员保险福利费用、养老金的工资替代率等指标来反映我国基本养老保险的给付标准。

3. 各区域之间基本养老保险负担公平程度的评估指标

"各区域之间基本养老保险负担的公平程度"，主要是指区域之间的地方政府、企业、个人的负担基本接近，以便于不同地方政府提供基本接近的基本养老保险，便于不同区域企业、个人的公平竞争。我国社会养老保险的负担主体，主要是企业、个人与政府，相应地，反映社会养老保险负担的公平程度的指标，主要是企业与个人的养老保险供款率、社会养老保险体制内的赡养率、老人赡养系数与人均养老保险基金结余等。其中，体现企业与个人的养老负担的是企业、个人养老保险供款率。

体现地方政府所承受负担的指标是基本养老保险体制内的赡养率、老人赡养系数与人均养老保险基金结余。本来，这三个指标是反映各区域地方政府基本养老保险发展的综合指标，其发展状况也是由多种因素造成的，但由于我国政府必须承担最终财政兜底责任，因此，从最终责任角度讲，将它们归类为区域内地方政府所承受的负担。

4. 各区域基本养老保险制度功能实现程度的评估指标

“各区域基本养老保险制度功能的实现程度”是指各区域的基本养老保险制度能否最大程度地实现其基本功能、运行管理功能、附属功能。

日本公共经济学学者野口悠纪雄研究出一套收入分配政策的评估指标，社会养老保障政策是一种收入分配政策，这些评估指标应该可以用来作为社会养老保险制度评估的依据。中国的周小川与王林先生、葛延风研究员也研究设计出社会保障制度的评估指标。在此，将这三种评估指标一并介绍如下：

- 野口悠纪雄的收入分配政策评估指标

野口悠纪雄收入分配政策的评估指标主要有：目标效率的高低、资源配置的中立性程度、倾向于消费者还是纳税人等①。

目标效率的高低：对所采取的收入分配政策在多大程度上实现了预期目标。它可以用两个指标来衡量：一是实施了某种收入分配政策之后实际受益人数的比率（E_1）；二是实施了某种收入分配政策后实际受益比率（E_2）。

E_1＝施政对象阶层中的收益人数／施政对象阶层的总人口

E_2＝给施政对象阶层带来的实际收益／应该为施政对象阶层带来的总利益

E_1、E_2 这两个指标值越接近于1越好，但是，当 E_1 接近于0，而 E_2 接近于1时，说明此项收入分配政策是有

① 樊勇明、杜莉著. 公共经济学. 复旦大学出版社. 2001.237.

效的，但是面不广，分布不平均，只有少数人受益。相反，如果 E_1 接近于1，而 E_2 接近于0时，则说明此项政策照顾了面上的公平，而缺乏力度。

资源配置的中立性程度：即收入分配政策对市场均衡价格产生影响的程度，以不扭曲市场均衡价格的收入分配政策为优。强调资源配置的中立性，是因为它与目标效率的高低、倾向于消费者还是纳税人等其他评判标准有可能处于难以兼顾的状态。

倾向于消费者还是纳税人：如果收入分配政策发放非指定用途的源于政府预算的补贴，这笔钱的使用是由消费者自主决定，这是一种充分尊重消费者主权的政策。但是，如果考虑到补贴领取者中有些人会乱用或浪费，这就违背了纳税人的初衷，出于对纳税人意愿的尊重，发放实物就成了收入分配的最佳选择。

- 周小川与王林的社会保险政策评估指标

国内的周小川与王林先生提出的社会保险政策评估指标，主要是社会安全感、社会公平、个人激励等①。

社会安全感：一个好的制度安排会使社会成员产生安全的预期，使人的心态比较平稳。

社会公平：收入分配，特别是社会保障政策，应该关注全体社会成员的基本保障，因此要特别强调全体社会成员的公平性，社会保障覆盖面的大小和受益程度的大小是公平的重要体现。

个人激励：即能否为个人努力工作提供恰当的动力。

经济增长：社会保障制度对一国的总储蓄的形成产生

① 樊勇明、杜莉著．公共经济学．复旦大学出版社．2001.240.

相当重要的影响，而经济增长又是总储蓄的函数。因此，一个好的社会保障体系应该是建立在储蓄和消费的最佳组合之上。

管理成本：实施收入分配政策必然消耗人力、物力和财力。

隔代分配：收入再分配是在全社会几代人之间的再分配。如忽视隔代分配问题，而只使收入分配制度选择上有意无意地偏向某个年龄段，不仅会使各年龄段的人的贡献与享受得不到匹配，而且会引发社会和政治不稳定。

政治影响：在收入分配上要尽可能避免社会体制及政治变化的影响。一旦由于体制的或政治的变化使原来承诺的社会保障无效，将使社会安全和社会稳定受到冲击。

过渡代价：社会保障是一个长期动态系统，涉及以前做出的承诺和未来的兑现问题。当一种类型的社会保险制度向另一种类型的社会保险制度转变时，必然存在着过渡。保持平稳过渡，减少制度转换带来的震荡是十分必要的。

所有权：社会保险是个人与国家共同投资建立的，能否保障个人所有权带来的权益是评估社会保险制度的重要尺度。

资本市场：一些国家的社会保障对资本市场的形成发展产生重要影响。如美国的养老基金、新加坡的公积金等都通过在资本市场的投资来实现增值。它依靠资本市场壮大本身实力，同时也推动了资本市场的发展。因此，社会保障与资本市场的关系也是设计社会保障制度的重要参数。

● 葛延风的社会保险制度评估指标

国务院发展研究中心的葛延风先生提出评估某项制度成功与否，一般常用如下四个指标：一是制度目标是否合理；二是目标人群的覆盖面是否大；三是财务上是否可持续；四是管理是否简便易行①。

制度目标是否合理：能体现建立社会保险制度的实质，也能体现尊重健康与生命等社会伦理道德的要求。

目标人群的覆盖面是否大：能体现社会公平程度，也是保证财务收支长期平衡的需要。

财务上是否可持续：社会保障制度尤其是各种社会保险制度是以直接的资金筹集与支出为基础的分配制度，其发挥作用的前提是长期资金收支平衡，即财务上必须可持续。

0 管理是否简便易行：不仅决定管理成本的高低，而且决定是否能够最大限度地避免各种违规行为。一个复杂、难以调整的制度，必然难以实施有效管理，制度漏洞很多，如逃避参保、弄虚作假、资金被贪污挪用等，参加社会保险的各方主体对基金的投机侵蚀行为可能会花样繁多。我国人口众多、经济与社会运行的制度化水平较低、管理水平和管理能力有待完善，这些更要求实行简便易行的管理制度。

借鉴以上三种评估指标，笔者认为，各区域基本养老保险制度功能实现程度的评估指标应该如表 1-4 所示：

① 葛延风．问题与对策：中国社保制度改革．中国行政管理，2003（9）：71.

表 1-4　　基本养老保险制度功能实现程度的评估指标

基本功能实现程度的评估指标	社会公平程度（用“目标覆盖率”表示）
	人群间社会再分配作用大小
	区域间社会再分配作用大小（能否缩小区域差距）
	社会安全感程度
运行管理功能实现程度的评估指标	财务的可持续性程度
	管理的简便程度
	个人激励程度
	个人权益的便携性
附属功能实现程度的评估指标	能否促进经济增长
	能否促进资本市场发展
	能否化解转制成本

在表 1-4 中，体现基本养老保险制度功能实现程度的评估指标包括三类，其中第一类是评估的最重要指标。

第二章

区域基本养老保险协调发展的理论依据

为了论证区域基本养老保险协调发展模式的科学性，我们必须分析它建立的理论依据。本书从区域基本养老保险协调发展的必要性与可行性两方面进行论证。基本养老保险的管理决策权、筹资权是中央政府的事权与财权范围，客观上要求我国基本养老保险制度必须实行全国统筹；我国社会主义市场经济的高效运行，客观上也要求我国必须建立打破区域分割、人群分割的全国统筹的、全民性的基本养老保险制度；我国实行的单一制国家结构形式、强调树立和落实科学发展观、实行公共财政体制与分税制、地方政府的特定发展历史，为我国建立各区域协调发展的基本养老保险制度提供了许多便利条件。

第一节　区域基本养老保险协调发展的必要性（一）

——从纵向划分政府权力的视角分析

基本养老保险的决策管理与筹资权，到底是应该由地方政府来行使，还是应该由中央政府来行使？这自从我国养老保险制度改革以来，一直在理论与实践中存在争论。我国现行的“地方统筹、地方管理”的基本养老保险管理体制，将基本养老保险的决策管理与筹资权由地方政府行使控制，这导致了我国基本养老保险的地方“块块分割”，出现劳动力市场分割、各区域的负担不公平等众多问题。在此，本书从中央与地方政府事权、财权划分的角度，分析基本养老保险的管理决策权、筹资权是中央政府的事权、财权范围，论证我国地方政府行使基本养老保险决策管理权与筹资权的不合理性，为建立我国中央政府统筹的基本养老保险制度提供理论依据。

一、我国基本养老保险事权、财权被划分给地方政府的现实

我国在 20 世纪 90 年代进行了从单位养老到社会养老的改革，已经建立起由地方政府统筹管理的社会统筹与个人账户相结合的基本养老保险制度框架。然而，这种“地方统筹、地方管理”的基本养老保险管理体制，将基本养老保险的决策管理与筹资权由地方政府行使控制，这导致了我国基本养老保险的地方“块块分割”，各地方之间的基本养老保险筹资、管理、计发模式不统一，各地方居民之间的基本养老保险水平、企业的养老负担的差距较大，不仅使各区域社会养老保险制度独立运行、互不衔接，为区域之间的制度衔接整合设置了诸多障碍，使劳动者跨区域变换工作单位时难以接转养老保险缴费关系，而且使各区域的地方政府、个人、企业面临不公平的竞争环境，最终损害市场经济的效率。

基本养老保险的决策管理与筹资权，到底是应该由地方政府来行使，还是应该由中央政府来行使？这自从我国养老保险制度改革以来，一直在理论上争论不断。直至目前，我国基本养老保险仍然主要是由县市级地方政府在统筹管理，实行省级统筹管理的也只有北京、上海、陕西等少数区域，更不用说由中央政府来统筹管理了。

政府事权是政府的管理职责，政府财权主要是政府各种收入的立法权、征管权及其收入支配权。中央与地方政府之间的事权划分是财权划分的基础。明确划分中央与地方政府的事权、财权范围，是现代国家高效运行的基础，也是中央政府集权适度、地方政府分权适度的标志。中央与地方政府之间的分权底线、集权上限，就是中央与地方政府在各自事权、财权范围内行使各自的事权与财权。如果应该由中央政府来行使的事权、财权，被地方政府行使，则为跌出了分权的底线。相反，如果应该由地方政府来行使的事权、财权，被中央政府行使，则为超出了集权的上限①。

在此，本节从纵向划分中央与地方政府事权、财权的视角，分析基本养老保险的管理决策权、筹资权是中央政府的事权、财权范围，分析目前我国地方政府行使基本养老保险决策管理权与筹资权的不合理性。

二、基本养老保险决策管理权是中央政府的事权

1. 中央与地方政府的事权划分原则

政府事权是政府的管理职责，作为政府整体，其主要

① 王绍光．分权的底线．战略与管理，1995（2）：42.

事权分为三类：一是提供公共物品和服务；二是调节收入和财富的分配（缩小社会阶层之间、城乡之间、区域之间、民族之间的差别）；三是保持宏观经济稳定①。

在这三类事权中，调节收入与财富分配应该由中央政府承担，但同时鼓励各区域地方政府尽量克服本区域内部出现的不公平。保持宏观经济稳定也应该由中央政府承担，应该严禁地方政府干扰中央政府的宏观经济政策的实施。

提供公共产品与服务这项事权，应由中央政府与地方政府共同承担，具体哪些下放给地方政府、哪些由中央政府保留，还需根据相关情况进一步在中央与地方政府之间进行划分。我国中央政府与地方政府在划分提供公共产品与服务的事权时，一般遵循以下基本原则：

公平原则：政府为公私、中外所有企业提供市场竞争公平的财税环境，为所有区域居民带来普遍的、大体相当的基本公共产品②。

效率原则：凡是下一级地方政府承办时效率更高的事务，一般不上交给上一级政府。

受益范围原则：如果公共品的受益对象为全体公民或跨区域公民，该事务应由中央政府负责；如果公共品的受益对象为某一区域公民，该事务应由该地方政府负责③。

外部效应原则：外部效应（外部性）是指生产者或消费者的活动对其他生产者或消费者带来的非市场性影响

---

① 王绍光．分权的底线．战略与管理，1995（2）：41.

② 杨灿明著．政府间财政转移支付制度研究文集．经济科学出版社．2000.42.

③ 胡鞍钢、邹平著．社会与发展——中国社会发展地区差距研究．浙江人民出版社．2000．236.

(成本收益不对称)。外部效应会影响市场配置资源的效率(市场均衡),从而带来效率损失。当公共产品的供给会对其他区域造成负外部效应时,该区域将不考虑受害区域的成本补偿,只考虑本区域的收益,这样会导致该区域公共产品供给的“过剩”;相反,当公共产品的供给会对其他区域造成正外部效应时,该区域在外部收益得不到报酬的情况下,实际得到的收益会小于其活动的总收益(包括社会收益),这样会导致该公共产品供给“不足”。这就是说,在存在跨区域外部效应的情况下,地方政府供给地方性公共产品是低效率的。

规模效应原则:在存在规模经济效应的情况下,由地方政府供给地方性的公共产品与服务,通常是低效率的,而由中央政府来供给,由于摊到每个人头上的成本会因区域合作而降低,因而,效率会高一些①。

2. 基本养老保险的决策管理权是中央政府的事权

依据以上原则,并参照国际经验,基本养老保险的决策管理应该被划分为中央政府的事权范围。这是因为:

首先,基本养老保险是一种具有收入调节与财富分配功能的事权,只有中央政府才有可能与能力,进行跨区域收入调节与财富分配。如果由各地方政府来行使收入调节与财富分配权,由各个区域的地方政府来行使基本养老保险的决策管理权,必然会导致不同区域的基本养老保险水平差距很大,导致不同区域的企业、个人基本养老保险的负担差距很大。在这种情况下,如果居民具有选择居住地、工作地的跨区域迁徙自由,则有可能导致基本养老保险低

① 王绍光.分权的底线.战略与管理,1995(2):40.

水平、高负担区域出现如下情况：富人纷纷搬出，穷人成群流入；现有企业的盈利水平与竞争能力降低，区域的资本投资吸引力降低。其结果是这些区域内部的收入分配可能变得平等了，但却成了贫民区，成了经济萧条区域，这些区域与基本养老保险高水平、低负担区域的差距更大了。如果各区域居民没有选择居住地、工作地的跨区域迁徙自由，虽然可以避免出现区域之间的个人贫富差距、经济差距进一步扩大的现象，但却容易造成区域之间彼此设置劳动力、企业自由流动的壁垒，这不利于建立和完善全国统一的劳动力市场，不利于维护公平的企业竞争环境，会降低整体经济的效率。

其次，基本养老保险作为一种准公共产品，从以上我国中央与地方政府划分事权时的基本原则看，它也应该被划分为中央政府的事权范围。

从公平原则看，社会养老保险是国民收入的再分配工具，理应侧重公平。中央政府应该维护区域之间的公平，如果将基本养老保险的决策管理划归为各地方政府的事权范围，只是可以实现区域内部企业负担公平、居民享有基本养老保险权利的公平，而难以实现不同区域之间的企业负担公平，难以实现不同区域之间的居民享有基本养老保险权利的公平。

从效率原则看，如果将基本养老保险的决策管理划归为各地方政府的事权范围，必然出现各区域各自为政、政出多门的现象，各区域都建立自己的管理和操作机构，都拥有自己的养老基金筹集、管理、使用、支付网络，都配置相应的人员、设施，这样就会导致管理机构众多、工作人员膨胀，出现工作效率低、管理成本居高不下、居民跨区域流动时养老保险制度衔接困难等问题，从根本上弱化了社会养老保险的整体效用。因此，根据效率原则，基本养老保险的决策管理应该被划归为中央政府的事权范围。

从受益范围原则看，基本养老保险的受益对象为全国的、跨区域的公民，基本养老保险制度的确立毫无疑问带有全局性，事关我国整个经济社会的发展和稳定，应该由中央政府集中决策、统一管理。

从外部效益原则看，由于人口跨区域流动，基本养老保险的供给具有跨区域外部效应，由地方政府供给基本养老保险是低效率的，这就要求由中央政府进行全国统一供给。目前我国一些地方政府希望缴费者在本地区缴费，在异地退休，以便减少养老金支出，将养老负担转嫁给其他区域，就是例证。

从规模效应原则看，保险的大数法则表明，保险资金统筹的范围越大，互助、互济的功能也就越强，保险所体现出的社会化和公平性程度就越高。全国各区域统一协调发展的由中央政府供给的基本养老保险，其互济功能最强、供给效率最高。这样做，既有利于扩大社会共济范围，增强基本养老保险支柱抵抗各种风险的能力，又有利于通过大数法则平衡全国各地的财政压力，更好地发挥其再分配功能。

以上从中央与地方政府之间事权划分的角度，分析了基本养老保险的决策管理权是中央政府的事权范围。

三、基本养老保险筹资权是中央政府的财权

1. 中央政府与地方政府财权划分的原则

为了提高政府获取税（费）的能力，在理论上应该将

中央与地方政府取得公共收入的权力进行划分，弄清楚哪些收入由中央政府来征收，哪些收入由地方政府来征收。英国地方财政研究学者大卫·金（David King）立足于地方政府，提出了地方政府取得公共收入的“四不原则”。美国财政学专家马斯格雷夫（Musgrave）立足于中央与地方政府的财政关系，提出了中央与地方政府取得公共收入的六条标准。

大卫·金的取得地方税收的“四不原则”是：地方政府不应征收高额累进税，地方政府不应征收税基流动性很大的税，地方政府不应征收能将大部分收入负担转嫁给非本地居民的税，地方政府不应征收不能直接被本地居民所察觉的税①。

马斯格雷夫划分中央与地方政府公共收入的6条标准是：事关宏观经济稳定的税种应由中央政府负责，再分配潜力大的税种应由中央政府负责，分布不均衡的税种应由中央政府负责，对可动因素和货物应由中央政府负责，对不可动或几乎不可动因素和货物应由地方政府负责②。

依照上述大卫·金与马斯格雷夫的原则和标准，根据我国分税制理论与实践经验，中央政府的财权范围可以定位为：

具有再分配性质、以支付能力为基础的税种征收权归中央政府所有，以避免纳税者因有差别的区域累进税率而形成居住地选择上的扭曲，避免富人区和贫民窟两极的强化。例如，个人所得税通常就由中央政府征收。

流动性税基的税种应由中央政府征收，以避免纳税者因有

①② 樊勇明、杜莉著．公共经济学．复旦大学出版社．2001．312、314．

差别的区域税率而使流动税基从高税率区域流向低税率区域，避免资源配置的扭曲，避免关卡林立的区域割据局面出现。例如，增值税通常就由中央政府征收①。

税基分布不平衡的税种应由中央政府征收。例如，资源税、法人税等税收强烈地受到各个区域资源禀赋、社会经济发展水平的制约，其税基在区域间分布极不平衡，由中央政府统一征收，可以缩小区域差距，加强中央政府对各区域财政的平衡能力。

易发生周期性波动的税种应由中央政府征收，以避免中央政府在经济过热与经济萧条时期缺乏调控能力。个人所得税、法人所得税都有明显的周期性，都是中央政府的征收对象。

负担易转嫁的税种应由中央政府征收。因为税是用于向居民提供公共产品的成本，如果地方政府征收了不能直接被本地居民所察觉的税，就会使居民缺乏参与地方事务管理的热情与动力。公平原则和受益者负担原则要求负担易转嫁的税种由中央政府征收。

由此可见，中央政府的财权范围应该是：再分配性的、流动性的、可转嫁的、周期性的、税基在区域之间分布不均衡的税种。

2. 基本养老保险筹资权是中央政府的财权

基本养老保险筹资是为筹集基本养老保险基金而对雇

---

① 对于某些具有再分配性质的税收和流动性税基的税收，例如，个人所得税、增值税，一般划归为中央政府征收范围，但由于纳税者享用了地方区域的公共产品和服务，依据“公共产品受益者公平负担”原则，地方政府也可征税。地方政府通常采取三种办法从流动性和再分配性税种中取得收入：一是税基只设一种，但收入在中央与地方之间按比例分享；二是税基分设中央税和地方税；三是地方税收采取中央税收附征或附加。参见：樊勇明、杜莉著. 公共经济学. 复旦大学出版社. 2001.314.

主、雇员的工资收入征收的费用，它是一种政府取得公共收入的行为。为了筹集基本养老保险基金，有的国家是以税的形式征收，例如，美国的社会保障税（Social Security Tax）；有的国家是以费的形式征收，例如，爱尔兰的社会保障费（Pay Related Social Security）。

基本养老保险筹资，无论是以税还是以费的形式征收，就其本质而言，都是一种具有再分配性质的公共收入。依据以上对中央与地方政府财权划分原则的分析，基本养老保险筹资应该划归为中央政府的财权范围。这是因为：

基本养老保险费（税）具有再分配性质，是以支付能力为基础的收费（税）。虽然它是由劳动者、劳动者用人单位和国家共同供款负担，但劳动者是最终负担的承担者，收入水平不同的劳动者，缴纳养老保险费（税）的数额有别，但最终都享受水平接近的基本养老保险，这明显地具有人员互济、社会再分配功能。所以，基本养老保险费（税）的筹资权应该是中央政府的财权范围，以避免缴费（税）者因有差别的区域费（税）率而形成居住地选择上的扭曲，避免富人区和贫民窟两极的强化。

基本养老保险费（税）是跨区域流动性的费（税），应由中央政府征收。如果由各区域地方政府征收，区域之间的税收差异会使企业、个人从高费（税）区域流向低费（税）区域，引起资源配置的扭曲，引起区域之间彼此设置保护地方利益的障碍。

基本养老保险费（税）是一种区域分布不平衡的费（税）。因为我国各区域社会经济发展水平的差距极大，基本养老保险费（税）的区域分布不平衡性非常明显，所以它应由中央政府征收，中央政府可以通过区域转移支付来平衡各区域的养老基金抗风险能力。如果由各区域地方政府征收，会造成各区域之间的养老基金收入差距极大，不利于区域之间养老风险的化解。

基本养老保险费（税）是一种易发生周期性波动的费（税），它直接受经济过热与经济萧条的周期波动影响，应该由中央政府来征收。如果由各区域地方政府征收，会造成中央政府难以根据经济过热与经济萧条的周期波动而进行基本养老保险费（税）率的调控。

基本养老保险费（税）是一种负担易转嫁的费（税）。例如，某些地方政府希望缴费者在本区域缴费，在异地退休，以便将养老负担转嫁给其他区域，这会使一个区域基本养老保险基金实际上是部分依靠非本地居民的补贴而维持的，这明显违反了公平原则。公平原则和受益者负担原则要求基本养老保险费（税）由中央政府征收。

总之，从中央与地方政府之间财权划分的角度，基本养老保险的筹资权是中央政府的财权范围。基本养老保险的资金筹集，应该由中央政府集中决策、统一管理。

四、中央政府行使基本养老保险决策管理权、筹资权弊少利多

以上从中央与地方政府之间事权、财权明确划分的角度，分析了基本养老保险的决策管理权、筹资权，分别是中央政府的事权、财权范围，应该由中央政府集中决策、统一管理。但是，在现实中，有人可能会认为，地方政府行使基本养老保险的决策管理权与筹资权，更能调动地方政府的积极性，更能发挥地方政府了解居民养老需求的信息优势而适时调整政策，更能因地制宜地满足各区域居民

的养老需求。这要求我们进一步分析，中央政府与地方政府行使基本养老保险的决策管理权、筹资权，各有哪些利弊，然后在权衡利弊的基础上，决定取舍。

1. 中央与地方政府行使基本养老保险决策管理权、筹资权的利弊

假设基本养老保险的决策管理权、筹资权，既可以由地方政府行使，也可以由中央政府行使，中央与地方政府行使基本养老保险的决策管理权、筹资权，各有其利弊。

基本养老保险的决策管理权、筹资权由地方政府行使的好处是：便于区域居民的养老需求偏好在地方政府的政策中得到显示；有利于发挥地方政府的信息优势；有利于地方政府进行养老保险政策试验与制度创新，增加了居民更多的选择机会①。

基本养老保险的决策管理权、筹资权由地方政府行使的弊端是：不能有效地提供全国统筹的基本养老保险；不能有效地解决跨区域外部效应问题；不能获得规模经济效应；不能进行区域之间的收入再分配。

相对应地，基本养老保险的决策管理权、筹资权由中央政府行使的好处是：能有效地提供全国统筹的基本养老保险制度；可以将跨区域外部效应内部化；有利于全国各区域统筹获得规模经济效应；有利于进行区域之间的收入再分配。

基本养老保险的决策管理权、筹资权由中央政府行使的弊端，主要表现在三个方面：一是没有信息优势，不利于依据各地居民的养老需求偏好制定政策；二是难以设立

---

① 樊勇明、杜莉著．公共经济学．复旦大学出版社．2001.310.

一种既能调动各级政府官员积极性，又能使他们的行为与中央保持一致的动力机制；三是中央政府的决策者权力大，如果没有有效制约，一旦决策失误，将很难加以制止，其危害性也比地方政府决策失误的危害性大得多。

2. 发挥地方政府行使基本养老保险决策管理权、筹资权的前提条件

为了发挥基本养老保险的决策管理权、筹资权由中央政府与地方政府行使的好处，避免由中央政府、地方政府行使的弊端，我们需要分析权力行使时的前提条件，分析这些条件的满足程度。

要使上述地方政府行使基本养老保险的决策管理权、筹资权的好处得以实现，必须满足三个前提条件：一是地方政府的管辖居民必须很少，便于居民参政并显示个人的养老需求偏好；否则，如果在大区域范围内解决基本养老保险供给问题，与由中央政府统一供给基本养老保险并无多大差异。二是居民必须真正拥有民主投票而影响地方政府决策的权利，使居民参与养老保险政策制定与管理、个人养老需求偏好显示得以实现；否则，没有投票选举为主要形式的民主监督，若干个地方政府集权带来的恶果，比一个中央政府集权带来的恶果更多。目前我国部分地方政府截留统筹基金、设置养老金领取的高门槛，随意调整养老保险的社会统筹的比例、缩小个人账户的比例，地方政府挤占挪用养老基金非常普遍，争抢养老基金管理权、不考虑未来的支付风险，部分地方政府的这些地方保护主义行为，就是其诸多恶果中的一部分。三是居民必须有迁徙居住地的自由，便于居民不能容忍地方政府权力行使的状况时，能以“用脚投票”方式退出地方政府的管辖；否则，

居民的偏好没法在地方政府的政策中得到显示，“居民更多的选择机会”也就无从谈起①。

在此，我们逐一分析以上地方政府行使基本养老保险决策管理权、筹资权的前提条件及其满足程度：

我国由于人口多，地方政府所管辖的人口也多，一个省级区域有几千万人，一个县级区域有几十万至几百万人，在如此大的范围内供给基本养老保险比在全国范围内供给，在居民参政与显示偏好方面，没有很大的优势②。

在我国居民参政方面，地方居民对地方政府决策的影响，目前表现得还不是很充分。

我国户籍制度及附属于户籍制度的众多居民福利制度(例如，教育制度、社会保障制度等等)，还在阻碍居民选择居住地的自由，阻碍居民跨区域流动的自由，当居民不能容忍地方政府行使权力的状况时，更多的还是无可奈何地容忍，而不是迁居。

以上这三个方面说明，目前，要得到我国地方政府行使基本养老保险决策管理权、筹资权的好处，还难以完全满足其前提条件。也就是说，我国地方政府行使基本养老保险决策管理权、筹资权的好处，在我国还难以充分发挥。

如果上面这三个条件不能满足，地方政府行使基本养老保险决策管理权、筹资权的好处就只剩下“更能调动地方政府的积极性”、“有利于发挥地方政府的信息优势”了。地方政府的积极性与信息优势既可以用来提高地方政府的

---

① 参与是指公民通过现有制度来显示自己的偏好，主要指投票选举行为，被称为“用手投票”。退出则是指公民采取回避态度显示自己的偏好，主要指居民迁徙居住地的行为，被称为“用脚投票”。

② 王绍光．分权的底线．战略与管理，1995 (2)：38.

行政效率，也可以被用来追求地方政府的自身利益等非公共目标。在以上三个前提条件不能满足的情况下，在一个缺乏当地居民与上级中央政府监督制约的社会里，地方政府的这种积极性与信息优势，更有可能成为助纣为虐的手段，而更不太可能成为谋求全区域居民社会福祉的工具。

因此，从基本养老保险决策管理权、筹资权由中央政府与地方政府行使利弊的角度分析，基本养老保险的决策管理权、筹资权，不应该由地方政府来行使。因为，基本养老保险的决策管理权、筹资权，如果由地方政府来行使，难以发挥地方政府行使该项事权、财权的好处，只会强化地方政府行使该项事权、财权的弊端。

3. 我国十多年来社会养老保险管理权分割的实践教训

我国十多年来社会养老保险决策分散、管理权限分割，导致劳动力难以跨区域合理流动，阻碍了全国统一劳动力市场的形成；导致各区域之间养老金待遇水平的相互攀比，引起区域之间的利益摩擦加剧，并加剧养老金缺口扩大，加重了中央政府的养老保险财政补贴负担；导致各区域企业负担轻重不一，破坏了市场竞争的公平环境；导致养老保险制度各区域分割，增加社会保险全国统一立法的难度。从我国十多年来社会养老保险决策分散、管理权限分割的实践中总结教训，也应该将基本养老保险的决策管理权、筹资权交由中央政府来行使。

4. 避免中央政府行使基本养老保险事权、财权弊端的措施

从上面分析可知，中央政府行使基本养老保险决策管理权、筹资权有三方面的弊端。那么，能否避免、如何避

免这三方面的弊端?

对于第一个弊端即“没有信息优势,不利于依据各地居民的偏好制定政策”,可以通过“加快基本养老保险信息化进程”、“地方政府参加的基本养老保险工作联席会制度”和“对各级地方政府经办机构实行垂直管理”等措施,予以克服。建立全国统一联网的基本养老保险信息系统,以便中央政府准确掌握基本养老保险体系的运转状况,克服基本情况不清、信息失真等问题出现,并在问题出现时能够及时作出反应。基本养老保险涉及中央与地方政府的劳动保障、财政、税务、审计、银行等众多部门的工作,为了保持信息真实与信息传递的通畅,可以建立地方政府参加的基本养老保险工作联席会制度,及时研究解决基本养老保险费征收、发放、监督、管理以及社会养老保险基金支付风险等方面的重大问题。对各级地方政府经办机构实行垂直管理,这是中央政府克服没有信息优势的组织保证,它能减少地方政府对基本养老保险信息的干预,保障信息的真实性提高。

对于第二个弊端即“难以设立一种既能调动各级政府官员积极性,又能使它们的行为与中央保持一致的动力机制”,可以通过“建立地方政府利益表达机制”、“建立科学的地方政府绩效考核制度”等措施,予以克服。在利益主体多元化的现代社会,应该建立地方政府利益表达机制,以解决地方政府的利益表达困难、执行中央政府政策缺乏动力等问题。在基本养老保险的决策、运行中,不建立地方政府的利益表达机制,表面上看是避免了一些麻烦,但结果是使地方政府在执行中央政府政策时偏离政策目标,导致“上有政策、下有对策”等一系列政策变形问题,并很可能会导致中央与地方政府的正常博弈无序、正常的利益格局失衡，为中央政府与地方政府之间、地方政府与地方政府之间的矛盾冲突埋下祸根。中央政府建立科学的地方政府绩效考核体系，是调动地方政府积极性、同时促使它们与中央政府保持一致的又一措施。中央政府对地方政府进行科学的绩效考核，既能加强中央政府对地方政府的监管力度，增强地方政府行为的科学性，减少地方政府的随意性行为，又能促使地方政府接受来自中央政府的指导，促使地方政府主动向中央政府靠拢。

对于第三个弊端即“中央政府的决策一旦失误则危害极大”，我们可以通过“建立科学的决策机制”措施，予以克服。科学的决策机制，能提高政策的科学性，既能提高中央政府的决策能力，减少中央政府的决策失误，又能促使地方政府主动执行中央政府政策，避免中央政府政策在执行中不畅通。如何建立科学的决策机制？其中一个重要环节同样是要求中央政府在政策制定过程中重视地方政府的积极参与，重视地方政府的利益表达。例如，可以在全国人民代表大会中设立一个专门委员会，推行“一省一票制”议事决策规则，凡是涉及全国性重大事务的决策，必须经过该委员会的通过批准，这样既能减少决策的失误，又能调动地方政府参与决策、执行政策的积极性。

第二节　区域基本养老保险协调发展的必要性（二）

——从维护市场经济高效运行的视角分析

一般来讲，市场经济的高效运行，首先要求资源的合理配置，这要求有统一的劳动力市场与公平的竞争环境；其次还要求收入的合理分配，这要求不同社会利益阶层能有机整合，并保持政治安定、社会稳定的经济发展环境。但是，目前我国区域分割、人群分割的基本养老保险制度难以形成统一的劳动力市场与公平的竞争环境，不利于不同社会利益阶层的有机整合与政治社会稳定，这迫切要求我国能建立打破区域分割与人群分割的各区域协调发展的基本养老保险制度，以维护市场经济的高效运行。

一、形成全国统一劳动力市场的要求

建立全国统一的劳动力市场是市场经济健康发展的要求。

我国各区域基本养老保险水平差距过大，各区域企业承担的基本养老保险负担差距过大，会导致各区域间企业的劳动力成本差距过大。在这种情况下，如果劳动力具有选择工作地的跨区域迁徙自由，则最终会使我国本来差距已经巨大的个人贫富差距、区域经济差距进一步扩大①。

在各区域之间基本养老保险水平差距、负担差距与劳动力成本差距过大的情况下，如果劳动力没有选择居住地、工作地的跨区域迁徙自由，则容易造成区域对优秀劳动力的垄断，强化了我国人才的区域所有制，设置障碍使劳动力难以流动。例如，在前述的“蒋乃群式问题”的案例中，南京市、深圳市的户籍管理制度及附属于其上的社会保障法规，就在阻碍劳动力的跨区域流动。

总之，市场经济的高效运行要求劳动力生产要素能通

---

① 参见第二章第一节第二目的分析。

过市场实现自由流动，区域经济一体化趋势更是要求劳动力能够自由流动，以达到资源优化配置的目标，而我国目前地方统筹的城镇基本养老保险制度，使各区域的基本养老保险制度不统一，阻碍了劳动力跨区域合理流动，加剧了全国统一劳动力市场的区域分割。这迫切要求我国尽快建立打破区域分割、实现各区域协调发展的基本养老保险制度，以维护市场经济的高效运行。

二、维护市场经济公平竞争环境的要求

市场经济公平竞争环境的维护，要求各区域地方政府之间、个人之间、企业之间能彼此公平竞争，而基本养老保险制度是影响它们能否公平竞争的重要因素。因为基本养老保险制度直接影响着区域地方政府之间、个人之间、企业之间的养老负担等利益分配格局。

基本养老保险制度直接影响着各区域企业之间的养老负担程度。例如，2001 年，武汉等老工业基地的企业基本养老保险缴费率达到 24%以上，北京市的企业基本养老保险缴费率为 19%，而深圳市的企业基本养老保险缴费率只有 6%①。这样，企业的养老负担不公平，直接损害了公平的市场竞争环境。这既表现在发达区域、新型工业区域的个人、企业养老负担轻，而欠发达区域、老工业基地区域的个人、企业养老负担重，彼此竞争不公平；也表现在参加养老保险的企业、诚实缴费的企业养老负担重，而没有参加养老保险的企业、逃避缴费的企业养老负担轻；还表

① 郑功成等著. 中国社会保障制度变迁与评估. 中国人民大学出版社. 2002.103.

现在人口结构老化、发展历史长的企业养老负担重，而人口结构年轻、发展历史短的企业养老负担轻。

我国主要以县市为统筹单位的养老保险制度，也使各区域地方政府的养老负担不公平。随着市场化改革的推进，我国地方政府之间的关系日益演化成为竞争伙伴关系。但是，县市统筹的养老保险制度，使各区域地方政府之间的养老保险负担缺乏调节共济机制，加上各区域由于养老历史负担和经济发展水平的差距大等客观原因，使我国各区域地方政府承受的养老负担非常不公平。

财政社会保障补助支出（简称“社保补助支出”）与财政全部社会保障支出（简称“财政社保支出”）是两个体现养老财政负担的指标。在此，以它们为例进行分析（见表2-1）。表中的数据表明，我国各省级区域政府所承担的财政养老负担差距是非常大的。

从财政社会保障补助支出的比重来看，全国的平均水平为6.48%，各省级区域的水平在1.7%～16.3%的范围内，区域之间的差距很大，负担最重最高值（辽宁）是负担最轻最低值（北京）的9.6倍，其中辽宁、吉林、甘肃、黑龙江、重庆、山西、江西的社会保障财政负担很重。

从财政社会保障支出占财政支出的比重来看，全国的平均水平为14.03%，各省级区域的水平在5.0%～25.1%的范围内，区域之间的差距很大，负担最重最高值（辽宁）是负担最轻最低值（上海）的5倍，其中辽宁、青海、吉林、甘肃、重庆、山西、安徽的社会保障财政负担很重，而上海、浙江、广东、北京的社会保障财政负担很轻。

表 2-1　**2003 年我国各区域政府社会保障财政负担比较**　单位：万元

地区	财政支出	财政社会保障补助支出(1)	财政社会保障补助支出/财政支出	抚恤和社会福利救济费(2)	行政事业单位的退休经费(3)	财政社会保障支出(1)(2)(3)的总和	财政社会保障支出/财政支出
地方支出合计	172 298 463	11 177 192	0.064 871	4 936 860	8 056 373	24 170 425	0.140 282
1. 北京	7 348 043	128 102	0.017 433	228 318	339 052	695 472	0.094 647
2. 天津	3 120 771	275 049	0.088 135	59 350	11 029	345 428	0.110 687
3. 河北	6 467 439	560 816	0.086 714	190 083	355 094	1 105 993	0.171 009
4. 山西	4 156 866	468 907	0.112 803	132 787	262 100	863 794	0.207 799
5. 内蒙古	4 472 566	244 960	0.054 769	109 468	302 696	657 124	0.146 923
6. 辽宁	7 843 764	1 276 451	0.162 734	307 939	384 032	1 968 422	0.250 954

续表

地区	财政支出	财政社会保障补助支出（1）	财政社会保障补助支出/财政支出	抚恤和社会福利救济费（2）	行政事业单位的退休经费(3)	财政社会保障支出(1)(2)(3)的总和	财政社会保障支出/财政支出
7. 吉林	4 092 265	495 632	0.121 114	60 270	287 777	943 679	0.230 601
8. 黑龙江	5 649 080	620 253	0.109 797	188 269	169 275	977 797	0.173 090
9. 上海	10 884 386	331 291	0.030 437	155 024	61 114	547 429	0.050 925
10. 江苏	10 476 812	339 492	0.032 404	265 957	363 917	969 366	0.092 525
11. 浙江	8 967 740	220 311	0.024 567	180 694	73 186	474 191	0.052 877
12. 安徽	5 074 398	491 158	0.096 791	208 102	322 677	1 021 937	0.201 391
13. 福建	4 523 010	84 712	0.018 729	96 399	273 823	454 934	0.100 582

续表

地区	财政支出	财政社会保障补助支出（1）	财政社会保障补助支出/财政支出	抚恤和社会福利救济费（2）	行政事业单位的退休经费(3)	财政社会保障支出(1)(2)(3)的总和	财政社会保障支出/财政支出
14. 江西	3 820 981	414 471	0.108 472	134 785	141 237	690 493	0.180 711
15. 山东	10 106 395	345 457	0.034 182	281 244	444 158	1 070 859	0.105 959
16. 河南	7 165 978	536 876	0.074 920	241 193	506 498	1 284 567	0.179 259
17. 湖北	5 404 356	485 471	0.089 830	251 717	239 215	976 403	0.180 670
18. 湖南	5 737 453	478 624	0.083 421	218 603	339 042	1 036 269	0.180 615
19. 广东	16 956 324	370 069	0.021 825	304 539	837 492	1 512 100	0.089 176
20. 广西	4 436 023	220 779	0.049 770	112 174	193 680	526 633	0.118 717

续表

地区	财政支出	财政社会保障补助支出（1）	财政社会保障补助支出/财政支出	抚恤和社会福利救济费（2）	行政事业单位的退休经费(3)	财政社会保障支出(1)(2)(3)的总和	财政社会保障支出/财政支出
21. 海南	1 053 984	87 269	0.082 799	31 048	51 076	169 393	0.160 717
22. 重庆	3 415 775	339 682	0.099 445	128 237	240 926	708 845	0.207 521
23. 四川	7 322 993	535 911	0.073 182	254 623	465 885	1 256 419	0.171 572
24. 贵州	3 323 547	197 285	0.059 360	88 755	27 572	313 612	0.094 361
25. 云南	873 475	423 004	0.072 019	172 517	452 154	1 047 675	0.178 374
26. 西藏	1 459 054	36 360	0.024 920	21 094	17 490	74 944	0.051 365
27. 陕西	4 182 008	413 506	0.098 877	155 448	202 954	771 908	0.184 578

续表

地区	财政支出	财政社会保障补助支出（1）	财政社会保障补助支出/财政支出	抚恤和社会福利救济费（2）	行政事业单位的退休经费(3)	财政社会保障支出(1)(2)(3)的总和	财政社会保障支出/财政支出
28. 甘肃	3 000 070	370 725	0.123 572	80 088	178 269	629 082	0.209 689
29. 青海	1 220 438	107 051	0.087 715	35 463	131 365	273 879	0.224 410
30. 宁夏	1 057 793	88 764	0.083 914	26 717	53 414	168 895	0.159 667
31. 新疆	3 684 676	188 754	0.051 227	115 955	328 174	632 883	0.171 761

资料来源：《中国统计年鉴(2004)》。

说　　明：1. 财政社会保障补助支出与财政全部社会保障支出这两个指标，既可以反映各区域政府支持社会保障事业的能力与力度，也可以在一定程度上反映各区域政府所承受的财政养老负担。财政社会保障补助支出（简称社保补助支出）指财政部门所补助支付的社会保障支出，具体包括社会保险基金补贴支出、社会保险经办机构经费、城镇就业补助费、国有企业下岗职工基本生活保障补助、补充全国社会保障基金支出、国有企业的关闭破产补助支出、其他社会保障补助支出。2. 财政全部社会保障支出是指财政部门所支付的全部社会保障支出，除了上项社会保障补助支出，再加上抚恤和社会福利救济费及行政事业单位的退休经费。3. 社保补助支出比的全国平均水平为6.48%，财政社保支出比的全国平均水平为14.03%。

上述财政社会保障补助支出所占财政的比重、全部社会保障支出所占财政的比重这两项指标的分析表明，目前我国各区域分割的养老保险制度，使我国各区域地方政府之间的社会保障财政负担存在很大差距。在各区域现有财政收入一定的情况下，各区域社会保障的财政负担轻重不一，势必会影响部分重负担区域政府的其他财政支出，这有可能会进一步扩大各区域之间的经济与社会福利差距，不利于各区域政府之间的平等竞争。我国各区域地方政府承受的养老负担差距大，直接损害了区域地方政府之间的公平竞争，既不利于调动各区域政府提高辖区内居民福利的积极性，也容易导致各区域政府无序竞争，出现众多损害其他区域利益的利己主义行为①。

总之，目前我国的地方统筹、地方分割的养老保险制度，直接导致了各区域地方政府、个人、企业的养老负担不公平。这不利于区域之间地方政府、个人、企业的公平竞争，也不利于区域之间劳动力的自由流动，最终损害了公平的市场竞争环境。市场经济的公平竞争环境迫切要求我国放弃现有的地方统筹的养老保险制度，而建立一个新的全国统筹的养老保险制度。

三、保持政治安定与社会稳定的需要

市场经济的高效运行，除了要求资源的合理配置外，

---

① 地方政府的利己主义行为，是指地方政府为了追求和保护自身利益，以行政区为依托，利用能制定地方政策的权力，构筑各种政策制度壁垒，出台损害其他区域利益、保护本区域利益的政策。地方政府的利己主义行为在我国基本养老保险体系建立、运行过程中的表现，参见第五章第三节的分析。

还要求收入的合理分配，这要求不同社会利益阶层能有机整合，并保持政治安定、社会稳定的经济发展环境。但是，目前我国区域分割、人群分割的基本养老保险制度，不利于不同社会利益阶层的有机整合与政治社会稳定，这迫切要求我国能建立打破区域分割、实现各区域协调发展的基本养老保险制度，以维护市场经济的高效运行。

保持政治安定与社会稳定是市场经济高效有序发展的基础，而保持政治安定与社会稳定，离不开一个统一的、能整合各区域各阶层利益的基本养老保险制度。

我国改革开放前的计划经济时期，整个社会主要存在着“两个阶级和一个阶层”，即工人阶级、农民阶级和知识分子阶层，利益结构相对简单。我国当时还是一个在收入分配上高度均衡的国家，基尼系数低于世界上大多数发展中国家，其中，城市的基尼系数在0.20以下，农村的基尼系数在0.21～0.24之间①。随着各项改革的深入，各种社会利益阶层日益分化，各区域之间、各人群之间的收入分配非正常差距越来越大。如何将各个社会阶层整合成一个摩擦内耗减少、合作互助增多的协调发展的社会？基于“社会公正”原则而建立起来的全国统筹的基本养老保险制度，就是一种能实现社会多阶层整合的有效机制。

我国目前的基本养老保险制度在其建立与发展中，具有明显的区域分割、城乡分割、人群分割的特征，这既体现在不同区域居民、城乡居民、公有部门职工与非公有部

① 崔凤、张海东．社会分化过程中的弱势群体及其政策选择．吉林大学社会科学学报，2003（5）：65.

门职工、本地户口与外地户口居民，各享有不同的养老保险水平，也体现在他们各承受不同的养老保险负担①。目前的这种区域分割、城乡分割、人群分割的养老保险制度，违背了中央政府的行为目标，因为现代国家的中央政府维护的绝对不应该是少数阶层与少数区域的利益，而应该是全体国民与全国所有区域的利益。目前的这种区域分割、城乡分割、人群分割的养老保险制度，也违背了市场经济发展需要政治安定、社会稳定作为基础这一基本规律，因为当社会保障的权益水平仅与个人的身份等级和户籍密切相关时，这样的社会保障制度就是在拉大而不是在缩小社会差距，就是在分化而不是在整合各社会阶层，它直接损害着社会公平，最终加剧各社会阶层的矛盾，形成“个人－群体风险－群体要求及响应的行动－社会动荡”，构成对政治安定、社会稳定的巨大威胁。

我国是世界上人口最多的国家，而且领土辽阔，确保政治安定、社会稳定比任何国家都重要。如果没有政治安定、社会稳定，可以说什么事情也难以办成，更谈不上市场经济的健康有序发展。保持政治安定、社会稳定是全国人民的根本利益所在。我国东、中部区域民族构成比较简单，而西部部分区域是少数民族聚居之地，其中有20多个少数民族与境外同一民族跨国界而居，这些区域经济、社会发展的滞后会引起一系列复杂矛盾，如果这些区域的养老保障矛盾长期得不到妥善解决，会引起国家边防、民族分裂等问题。因此，从政治安定、社会稳定、民族团结的角度出发，我国也必须建立全国统筹的基本养老保险制度。

① 参见第五章第二节的分析。

我们可以从德国的经验中，看出社会保障制度对维护国家政治安定、社会稳定的巨大作用。德国在19世纪俾斯麦担任宰相时，制定了全国所有工业从业人员（按工作类型，而非户籍）的统一的社会保障制度。只要是德国工人，就享受同样的社会保障待遇，而且，在社会保障资金不足的情况下，国家财政提供担保，补足不足资金。社会保障制度对德国政治、社会发展的贡献极为巨大。在此之前，德国四分五裂。法国和同样说德语的奥地利，百般阻挠德国的统一。俾斯麦除了靠战争扫清统一的障碍外，更是在用社会保障和全民义务教育等社会措施，使德国民众团结一致。因为有了社会保障和义务教育，每一个公民就有了共同的切身利益。德国从此逐渐强大，而且即使在被分割了50年后，原联邦德国和原民主德国还可以迅速统一。为了保持国家内部发展的平衡，缩小所合并两区域之间的社会保障水平差距，统一后的德国更是强制性地在原民主德国地区实施与原联邦德国一样的养老保险制度，并将大量的财政资金补贴给原民主德国地区①。

总之，目前我国地方统筹的基本养老保险制度，会危及我国的政治安定和社会稳定，动摇市场经济健康发展所需要的政治、社会稳定基础。地方统筹的基本养老保险制度只能作为一种过渡性的养老保险方式。如果我们对此缺乏足够的认识，任凭该模式无序地发展强化，这将影响基本养老保险制度整体作用的发挥，阻碍基本养老保险促进政治、社会、经济稳定发展的最终目标的实现。

---

① 周太忠．德国居民社会保障中的地区差别．管理科学文摘，1994（2）：61.

第三节　区域基本养老保险协调发展的可行性

正如以上两节所述，我国非常有必要建立各区域统一协调发展的基本养老保险制度。但是，如果我国一旦建立了各区域统一协调发展的基本养老保险制度，就意味着中央政府在复杂的养老保险管理系统中要发挥更多的调控作用，中央政府要承担比目前多得多的财政责任，也意味着短期内部分养老负担轻的发达区域，要将结余的统筹基金交给中央政府，由中央基本养老保险基金管理机构统一调配，这样似乎是部分养老负担轻的发达区域在支持部分养老负担重的欠发达区域，这可能会遭遇到部分发达区域地方政府及其居民的阻挠。而且，我国是一个国土辽阔、人口众多、区域经济发展差距巨大的发展中国家，中央政府在复杂的养老保险管理系统中是否有足够的能力与权威？中央政府能否承担得起比目前多得多的财政责任？如何克服部分发达区域地方政府及其居民的阻挠？这需要我们对我国能否建立各区域统一协调发展的基本养老保险制度进行可行性分析。分析结果表明，我国单一制的国家结构形式、强调树立和落实科学发展观、实行公共财政体制与分税制、地方政府的特定发展历史，为我国建立各区域统一协调发展的基本养老保险制度提供了许多便利条件。

一、单一制国家结构提供的政治、法律基础

我国单一制国家结构形式赋予了中央政府调控各区域

地方政府的合法权威，这是建立各区域统一协调发展的基本养老保险制度的政治、法律基础。

法国政治学家安德雷·拉焦尔从中央政府与地方政府关系的角度，将地方政府的法律地位划分为三种类型：政治分权型、行政分权型、行政转让型。其中，政治分权型的宪政结构是联邦制，地方政府的权威直接来自宪法，地方政府与中央政府之间的关系是对等的关系，地方政府的财政是自主的，地方政府的收入能确保其行政管辖权所需的费用支出。地方政府相对于中央政府来说是独立的，地方政府领导人由选举产生。第二种类型即行政分权型，其宪政结构是单一制的，地方政府权力的法律基础来自中央政府，地方政府从属于中央政府，但并非完全依附中央政府。地方政府在财政上有部分自主权，但需要中央政府给予适当的财政补贴。地方政府相对于中央政府来说拥有一定程度的自主权，但并不完全自治。地方政府的领导人由地方选举产生，但需要中央政府的任命认可。第三种类型即行政转让型，地方政府的权力在法律上完全来自中央政府的授权，在政治上完全从属于中央政府，地方政府领导人不由地方政府选举，而是由中央政府直接任命。地方政府在财政上也完全依赖于中央政府，是中央政府的派出机构。

拉焦尔关于地方政府相对于中央政府的法律地位模型是理想化的分析模型。事实上，世界各国的地方政府很少有完全符合其中一个模型的，只能说是比较像某种模型而已。

根据拉焦尔的划分，古代中国与当代中国的“文化大革命”时期，地方政府的法律地位更接近于第三种模型，即行政转让型，而20世纪70年代末80年代初改革开放以来的中国，地方政府的法律地位正在从行政转让型逐渐向行政分权型方向转化①。这是我国地方政府地位的一种发展趋势，具体到我国地方政府的现实情况，显然要复杂得多。但不管怎样，这都意味着：我国中央政府对地方政府还保留着许多有力的控制。

目前，我国属单一制国家结构。单一制与典型联邦制国家的区别，首先体现在国家的宪法结构和法源上。联邦制国家的地方政府，除了遵循联邦宪法外，通常另有自己的宪法（如城市宪章），而在我国单一制的国家结构下只可能存在一部宪法。这意味着从法理上讲，地方政府制定的法律和制度，其合法性权力来源之一便是中央政府。

单一制与典型联邦制国家的另一个区别是权力的分配。在联邦制国家，中央政府和地方政府存在严格和清晰的权力划分。而我国地方政府所获得的权力，从宪政上，部分处于中央政府授权监督的框架下，部分处于地方人民代表大会授权监督的框架下。但在现实中，来自中央政府的授权监督更具有优势，更具有硬性约束力。目前我国中央、地方政府的权力的分配，主要体现在事权、财权和人事权三个方面。在事权方面，宪法明文规定，中央政府的职权极其广泛，几乎涵盖了所有的公共事务，地方政府在职能上要承接中央政府授权、委托的任务，接受中央政府的领导与监督，所以，中央政府对地方政府的控制具有了充分的前提。日本学者松村歧夫在他的《地方自治》一书中这样描述我国的中央政府与地方政府关系："地方在法律上根

① 汤大华等著. 市政府管理. 中国广播电视出版社. 1998.52.

据中央授予的权限从事行政管理。政治上，地方从属中央，地方首长由中央任命，地方政府基本上是中央的派出机构。”①

我国中央政府对地方政府财权、人事权也有着相当有力的控制。中央政府对地方政府财权控制，由于实行分税制而得以加强。目前，我国中央与地方政府财政利益分配，是通过中央政府确定的财税体制来决定的，其中的税收立法权、税收政策制定权、税收征管权、财政支出权，都主要集中于中央政府。

我国中央与地方政府曾经实行过多次放权、集权的调整，但中央政府始终保持对地方政府的绝对政治领导，对地方的人事任免权从来没有下放过，并且一直强调加强中央政府的领导，一直强调地方政府要接受同级党委领导和党管干部原则。正是这种政治领导，维护了我国中央政府的权威、政权的稳定和国家的统一。

总之，我国单一制的国家结构形式赋予了中央政府调控各区域地方政府的合法权威，中央政府在复杂的养老保险管理系统中可以有足够的能力与权威，建立我国各区域统一协调发展的基本养老保险制度，具备了一定的政治、法律基础。

二、公共财政与分税制提供的经济支持

财力是一切政府行政活动的基础，是各级政府利益的最重要的体现。中央政府与地方政府间的财力关系被称为

---

①　转引自张立荣著. 中外行政制度比较. 经济日报出版社. 1989. 268.

维系中央政府、地方政府关系的神经系统。中央政府与地方政府之间财力的划分，直接决定了各级政府实现其职权的能力，也决定了中央与地方各级政府在管理整个社会公共事务活动中的地位和权威。

我国政府职能的转变，迫切要求各级政府建立公共财政制度。公共财政强调政府的活动范围主要限定在市场失效的领域内。我国目前已经开始建立公共财政模式，这意味着我国的财政将更多关注社会公平问题，而不是经济投资问题，也意味着我国的财政支出将更多地转向社会公共服务领域，包括养老保险在内的社会保障支出将更加被重视，这为建立全国统筹的基本养老保险制度提供了有力的经济支持。

我国在改革开放之初，财税制度上采取包干制，造成了中央政府财政收入日益萎缩、中央的权威和宏观调控能力被严重削弱等不良后果。1994 年，分税制开始实施以后，这种状况迅速被改变。首先，在税收征管方面，彻底打破了原收入包干制下中央与地方的委托代理关系。分税制在税种划分方面，将一些税源稳定、增收潜力大的税收划归中央，同时，中央和地方分设税务机构、分别征税，这保障了中央政府财政收入的稳定增长。其次，在财政收入的分配中，保证了中央政府在主要收入项目的增量分配中占主导地位，这摆脱了包干制下中央财政收入主要依靠地方上缴、增长缓慢的困境。最后，实行中央对地方税收返还制度（转移支付制度），紧密了地方政府对中央财政的依赖度，强化了中央财政的主导地位。在分税制改革前的 1993 年，我国需要中央政府财政补助的省级区域是 17 个，而实行分税制后则有 24 个省区需要中央财政补助或财政转移支付，即使是沿海部分比较发达的区域，也都由中央依赖地方型变为地方依赖中央型，如山东对中央财政的依赖度为38.4%，广东为28.3%。最为明显的是上海，分税制前中央对上海的财政依赖度为87.5%，分税制后中央财政不仅不依靠上海，反过来上海对中央财政的依赖度为10.9%①。

从表2-2中可以看出：中央政府财力的增长趋势是明显的，中央政府财力的增长速度是很快的。

表2-2　**中央和地方财政收入及比重**

年份	绝对数（亿元）			比重（%）	
	全国	中央政府	地方政府	中央政府	地方政府
1978	1 132.26	175.77	956.49	15.5	84.5
1980	1 159.93	284.45	875.48	24.5	75.5
1985	2 004.82	769.63	1 235.19	38.4	61.6
1989	2 664.90	822.52	1 842.38	30.9	69.1
1990	2 937.10	992.42	1 944.68	33.8	66.2
1991	3 149.48	938.25	2 211.23	29.8	70.2
1992	3 483.37	979.51	2 503.86	28.1	71.9
1993	4 348.95	957.51	3 391.44	22.0	78.0

① 卢洪友．中国分税制财政体制改革的十大成效．玖玖税网，http：//www.99tax.com/html/2004-7-22/1806.htm.

续表

	绝对数（亿元）			比重（%）	
年份	全国	中央政府	地方政府	中央政府	地方政府
1994	5 218.10	2 906.50	2 311.60	55.7	44.3
1995	6 242.20	3 256.62	2 985.58	52.2	47.8
1996	7 407.99	3 661.07	3 746.92	49.4	50.6
1997	8 651.14	4 226.92	4 424.22	48.9	51.1
1998	9 875.95	4 892.00	4 983.95	49.5	50.5
1999	11 444.08	5 849.21	5 594.87	51.1	48.9
2000	13 395.23	6 989.17	6 406.06	52.2	47.8
2001	16 386.04	8 582.74	7 803.30	52.4	47.6
2002	18 903.64	10 388.64	8 515.00	55.0	45.0

资料来源：《中国统计年鉴（2004）》。

说　明：中央、地方财政支出均为本级支出。本表数字 2000 年以前不包括国内外债务还本付息支出和利用国外借款收入安排的基本建设支出，从 2000 年起，全国财政支出和中央财政支出中包括国内外债务付息支出。

总之，分税制的建立，确立了中央财政收入增长的新机制。分税制与公共财政的建立为中央政府社会保障职能的履行提供了财力保障，为建立我国全国统筹的基本养老保险制度提供了经济基础。

三、科学发展观与特定国情提供的民意基础

目前，党和国家强调要树立和落实科学发展观，提出了一系列促进区域协调、城乡协调发展的政策措施，为建立我国各区域统一协调发展的基本养老保险制度提供了民意基础。

我国区域发展政策在经历了改革开放以前的“均衡发展”导向和改革开放以后相当长一段时期内的“非均衡发展”导向之后，逐渐进入了以“协调发展”为基本导向的时期。在我国经济和社会发展“九五”计划和2010年远景目标纲要中，已经把“坚持区域经济协调发展，逐步缩小地区发展差距”作为此后15年必须认真贯彻的一项重要方针。在2003年，党的十六届三中全会完整地提出了科学发展观，“五个统筹”之中就有“统筹区域发展”、“统筹城乡发展”。这是非常科学的治国方略，因为，作为中央政府，各项公共政策的制定必须从我国所有区域的社会整体利益出发，以实现社会整体利益即全社会福利的最优化作为根本目标。作为中央政府，其政策的价值取向不应该是个别区域的局部利益，不应该是部分区域的团体利益，而应该是所有区域的公共利益，以全国社会福利的最大化作为公共政策的最终目标。区域协调发展政策正是维护我国所有区域公共利益的体现。区域协调发展有利于减少区域间的不公平竞争，有利于缩小区域非均衡发展造成的差距。

我国区域之间特殊的发展历史关系，也为建立各区域统一协调发展的基本养老保险制度提供了一定的民意基础。

1978年在“让一部分人、一部分地区先富起来”的思想指导下，我国实行了梯度发展的区域经济政策，优先发

展东部沿海地区，先后在沿海地区开辟了5个经济特区和14个开放城市，并赋予这些地区较大的自主权，在财政、税收、利用外资、价格、信贷等方面给予这些地区相应的特殊政策优惠。在国家这一政策的导向下，沿海地区产生了明显的先发优势，却抑制了内陆地区的发展积极性。

首先，从国家的投资政策上看，中央政府加大对沿海地区的投资力度，从而带动其他的资金也相继进入东部沿海地区，使得东部地区的发展速度远远高于中西部地区，区域之间的差距也就越来越大。东部沿海地区良好的投资环境和优厚的投资利润，形成了强大的资本吸引力，诱使各类银行及其他金融机构将经济相对落后的中西部地区的储蓄转化为东部地区的投资，形成了中西部的资金向东部集中的趋势。中西部地区由于经济基础落后和投资收益率低，本地资本大量外流，致使资本积累逐渐减少，资本日趋短缺和枯竭，许多现代化的产业都难以起步。例如，1992年，西北地区的银行就有20%～50%的贷款流入广东、海南、山东等地①。大量的资金外流，使原本资金就短缺的落后地区发展更趋困难。

其次，从财政政策上看，20世纪80年代中期以来，国家为缓解中央财政的困难，对全国采取“一刀切”的政策，不仅取消了原来给予少数民族地区的一些照顾，而且还与其他省市一样实行“两个10%”的办法。即从1987年起，中央对少数民族地区也按正常支出借款10%，并扣减补助基数；从1988年起，又取消了定额补贴每年递增10%的照

① 王全兴．社会保障财政制度研究．经济法网，http：//www.economiclaws.net/tonggao/list.asp？.id＝703.

顾政策。仅这“两个10%”，就使西部地区从1987年到1994年的7年间，共减少可用财力数百亿元，造成民族地区地方财政收支差额不断扩大，赤字连年增加①。

再次，从中央政府的社会再分配调控机制上看，中央政府对区域经济差距拉大的非积极态度、中央政府的社会再分配调控机制不力，使地域之间的经济、社会发展更为不均衡。从理论上讲，缩小区域经济差距，要求中央政府加强税收和社会保障等再分配工作，既要建立公平的区域税负制度，发挥好税收杠杆在收入再分配中的调节作用，又要调整国家财政支出结构，加大向欠发达区域的转移支付力度。但现实中，我国发达区域有许多优惠税收政策，而支持欠发达区域的社会保障、基础设施、基础教育、公共卫生等再分配工作的转移支付力度，非常微弱。以我国铁路的建设投资为例，可以很明显看出中央政府的社会再分配调控力度不够，这加大了我国各区域间的经济、社会发展差距。

跨区域性的铁路建设是中央政府的职能，作为维护所有区域利益的中央政府，应该特别加大对落后区域的铁路建设，因为基础设施是区域经济发展的基础条件。但是，我国各区域赖以联系的基础设施建设存在着很大的差异：东部沿海地区的铁路密度较高，西部地区的铁路密度较低，1999年，北京、天津、上海三个直辖市每百平方公里的铁路分别为0.108公里、0.372公里、0.064公里，远远大于其他地区的铁路密度水平。从各地区的铁路增长速度来看，

① 王全兴. 社会保障财政制度研究. 经济法网，http://www.economiclaws.net/tonggao/list.asp? id=703.

东部地区的增长速度高于中西部地区的增长速度。这种差距进一步扩大了区域之间的经济差距（见表2-3）。

表2-3　　我国部分区域铁路密度比较

单位：公里/百平方公里

省市区	1978年	1990年	1999年	1999与1978年差值
北京	0.042	0.052	0.108	0.067
天津	0.244	0.327	0.372	0.128
河北	0.014	0.019	0.032	0.018
山西	0.013	0.015	0.025	0.012
内蒙古	0.003	0.004	0.005	0.002
辽宁	0.025	0.025	0.034	0.010
吉林	0.020	0.019	0.021	0.001
黑龙江	0.010	0.011	0.014	0.004
上海	0.040	0.042	0.064	0.025
江苏	0.007	0.007	0.014	0.007
浙江	0.010	0.008	0.012	0.003
安徽	0.007	0.011	0.020	0.013
福建	0.008	0.009	0.007	0.001

续表

省市区	1978年	1990年	1999年	1999与1978年差值
江西	0.008	0.010	0.021	0.013
山东	0.009	0.013	0.025	0.016
河南	0.019	0.021	0.027	0.007
湖北	0.008	0.009	0.016	0.008
湖南	0.009	0.013	0.016	0.007
广东	0.005	0.007	0.008	0.003
广西	0.007	0.010	0.010	0.003
四川	0.005	0.005	0.006	0.001
贵州	0.008	0.008	0.010	0.002
云南	0.004	0.004	0.005	0.001
甘肃	0.004	0.004	0.007	0.003
青海	0.001	0.002	0.002	0.001
宁夏	0.006	0.006	0.012	0.006
新疆	0.001	0.001	0.002	0.001

资料来源：韩传峰．浅论我国地区差距与区域经济的协调发展．武汉大学硕士学位论文，2004：14.

从上述分析可知，造成我国区域经济不平衡发展，既有与世界各国区域发展过程中的共性原因（如自然资源环境、技术、产业结构等因素的影响），更有我国改革开放过程中独特的制度和政策原因（区域非均衡发展政策在当时是必要的，也是正确的）。正是我国区域非均衡发展的这段特殊历史，为建立各区域统一协调发展的基本养老保险制度提供了一定的民意基础。因为在经过这段区域非均衡发展的特殊时期之后，我国各区域都难以否认的一个事实是，发达地区的经济发展有不发达地区的贡献，发达地区的超前发展有以牺牲不发达地区的利益为代价的因素①。所以，当目前我国区域发展政策进入以“协调发展”为基本导向的时期，根据福利经济学的补偿原理，发达区域适度支持欠发达区域，从道义上是可以理解的，从经济上是为了调整发展进程中的区域利益分配，让区域非均衡发展政策的受益者（东部发达区域）对受损者（中西部落后区域）进行利益补偿。我国养老保险水平高、负担轻的区域大多是东部区域，而养老保险水平低、负担重的区域大多是中西部区域。

让改革中受益者对受损者进行利益补偿的普通做法，是积极改革收入分配政策，使改革中利益相对受损的区域、受损的人群能得到应有的补偿。而实施收入分配政策的一个最重要做法，就是尽快在全国所有区域范围内建立起中央统筹的、全民性的基本养老保险体系，让欠发达区域的基本养老保险得到来自中央政府和发达区域的转移支付，

① 王全兴．社会保障财政制度研究．经济法网，http//www.economiclaws.net/tonggao/list.asp? id=703.

以缩小不同区域之间基本养老保险水平与养老负担的差距，促进各区域协调发展。我国各区域统一的全民基本养老保险制度正是这一普遍的社会保障体系的组成部分。因此，我国东部区域的地方政府与居民应该可以清醒地认识到这一点，积极承担起支持中西部区域发展的部分责任，积极支持和贯彻落实国家的“区域协调发展”政策，积极支持全国统筹的、全民性的基本养老保险制度的建立。所有这些，为我国建立各区域协调发展的基本养老保险制度提供了一定的民意基础。

四、全国统筹的基本养老保险的经济可行性分析

2003 年全国基本养老保险基金收入 3 680 亿元，其中征缴收入 3 044 亿元，各级财政补贴基本养老保险基金 530 亿元，其中中央财政补贴 474.3 亿元。全年全国基本养老保险基金支出 3 122 亿元，期末基本养老保险基金累计结余 2 207 亿元①。

1. 假设维持现行养老保险制度的支出格局不变

如果现行养老保险制度实行全国统筹，那么建立全国统筹的基本养老保险到底需要多少经费保持财务收支平衡呢？在此，简单估算如下：假设基本养老保险全国统筹后以社会保险国税征收的收入与目前的征缴收入接近，地方政府结余的基本养老保险基金由于全国统筹而可以在全国调剂使用，那么，即使没有中央与地方政府的财政补贴，期末也会有基本养老保险基金 2 129 亿元结余。假设基本养

① 2003 年劳动和社会保障事业发展统计公报．中华人民共和国劳动与社会保障部网页，http：//www.molss.gov.cn/index_tongji.htm.

老保险全国统筹改革的初期，地方政府结余的基本养老保险基金由于地方政府的阻力而不能在全国调剂使用，那么，保持2003年基本养老保险基金收支平衡，也只需中央政府的财政补贴78亿元，这一财政补贴是当年我国城镇养老保险财政补贴（530亿元）的15%，仅占2003年我国财政总支出24 649.95亿元的0.3%，也仅占全年行政管理费3 437.68亿元的2.2%！这说明我国财政完全有能力承担建立全国统筹基本养老保险的经费补贴，建立全国统筹基本养老保险具有经济可行性（见表2-4）。

表2-4　**我国城镇基本养老保险实行全国统筹后的财务平衡状况估算（以2003年为例）**

目前城镇基本养老保险改革的内容	收入（亿元）(1)	维持目前支出水平（亿元）(2)	收支差（亿元）(1)－(2)＝(3)
假设全国统筹的基本养老保险国税收入与目前的征缴收入接近，地方政府结余的基金可以在全国调剂使用，即使没有财政补贴，财务上实行现收现付制	5 251	3 122	2 129
在国家财政补贴之前，假设全国统筹的基本养老保险国税收入与目前的征缴收入接近，地方政府结余的基金由于地方政府的阻力而不能在全国调剂使用，财务上实行现收现付制	3 044	3 122	－78

2. 假设维持现行养老保险制度的收入格局不变

如果实行全国统筹的、全民性的基本养老保险制度，全国 65 岁以上的老人有 109 211 812 人，据基本养老金占全国社会平均工资的 30％的水平测算，那么，当年共需要发放的基本养老金为 4 600 亿元，新制度需多少经费以保持财务收支平衡呢？在此，简单估算如下：

假设全国统筹的基本养老保险国税收入与目前的征缴收入接近，地方政府结余的基金可以在全国调剂使用，财务上实行现收现付制，那么，即使没有中央与地方政府的财政补贴，期末也会有基本养老保险基金 651 亿元结余。

假设保持目前的全国基本养老保险基金收入不变，那么，保持 2003 年基本养老保险基金收支平衡，也只需中央政府的财政补贴 920 亿元，这一财政补贴仅占 2003 年我国财政总支出 24 649.95 亿元的 3.7％，也仅占全年行政管理费 3 437.68 亿元的 26.8％！这说明我国财政完全有能力承担建立全国统筹基本养老保险的经费补贴，建立全国统筹基本养老保险具有经济可行性。

综观世界各国，绝大多数国家对社会保障基金缺口，一般都给予财政拨款。发达国家的此项拨款占社会保障支出比重相当大。据统计，20 世纪 80 年代中期的此项比重为：加拿大 73％，英国 58％，日本 45％，美国 43％，德国 30％，法国 28％，平均为 51.4％。全世界有 3/4 国家的社会保障支出在财政总支出中居第一位或第二位。我国是世界上最大的发展中国家，近年我国 GDP 增长率在全世界各国比较中名列前茅，但是，我国社会保障支出占财政的比重却增长不大。部分专家测算并主张，我国社会保障支出占财政的比重应该是 40%①。如果我们假设社会保障支出占财政的比重在 2003 年能达到 40%，2003 年我国财政支出共 24 649.95 亿元，这意味着用于社会保障的财政资金为 9 859.98 亿元。假设这部分财政社会保障资金的 50%用于基本养老保险②，那么，用于基本养老保险的资金为 4 929.9亿元，高于全国统筹、全民性的基本养老保险的所需支出（4 600 亿元）（见表 2-5）。

表 2-5　我国全国统筹、全民性基本养老保险财务平衡状况估算（以 2003 年为例）

	收入（亿元）(1)	人均工资（元）(2)	人均工资的30%（元）(3)	65 岁以上老人（人）(4)	需支出（亿元）(3)×(4)＝(5)	收支差（亿元）(1)－(5)＝(6)
假设全国统筹的基本养老保险国税收入与目前的征缴收入接近，地方政府结余的基金可以在全国调剂使用，财务上实行现收现付制	5 251	14 040	4 212	109 211 812	4 600	651

① 萧明同．社会保障税制与政府责任的国际比较．福建税务，2002（1）：30.

② 2003 年财政用于行政事业单位的退休经费为 805.6 亿元，养老保险的财政补贴经费为 530 亿元，两项的和为 1 335.6 亿元，当年财政用于社会保障的总支出为 2 947 亿元，这表明，2003 年财政社会保障资金的 45.3%被用于基本养老保险。

续表

	收入（亿元）(1)	人均工资（元）(2)	人均工资的30%（元）(3)	65岁以上老人（人）(4)	需支出（亿元）(3)×(4)＝(5)	收支差（亿元）(1)－(5)＝(6)
假设保持目前的全国基本养老保险基金收入不变，地方政府结余的基金由于地方政府的阻力而不能在全国调剂使用，财务上实行现收现付制	3 680	14 040	4 212	109 211 812	4 600	－920
假设社会保障支出占财政总支出比重能达到40%，其中的50%用于基本养老保险	4 929.9	14 040	4 212	109 211 812	4 600	329.9

第三章

全面建设小康社会的要求与现实情况的差距

为了使区域基本养老保险协调发展模式的制度设计具有针对性，应该分析全面建设小康社会的要求与现实情况的差距，这要求对目前我国基本养老保险的区域协调发展程度进行评估。本书既从全国人民小康生活水平实现程度来衡量我国目前的区域协调程度，更从各区域之间基本养老保险制度的统一程度、基本养老保险水平的均等程度、基本养老负担的公平程度、基本养老保险制度功能的实现程度等方面，实证分析目前我国基本养老保险的区域协调发展程度。分析结果表明：目前我国区域发展的协调程度非常差，这主要体现为：各区域之间基本养老保险制度的统一程度差，各区域之间基本养老保险水平的差距大，各区域之间基本养老负担的公平程度很低，各区域之间基本养老制度的功能难以实现。

第一节　全面建设小康社会的内涵与区域协调发展的要求

小康社会是中国古代思想家所描绘的诱人的理想社会，

也是现代普通百姓对宽裕、殷实的理想生活的追求。全面建设小康社会，要求不断提高人口素质和生活质量，让所有城乡、所有区域、所有人群走向共同富裕。全面建设小康社会在区域协调发展方面提出了明确的要求，即要求打破区域之间的非协调发展状态，促进并推动区域间的协调发展。目前我国区域协调发展的程度，与全面建设小康社会的要求相比，还有相当大的差距。

一、全面建设小康社会的内涵

“小康”一词，《现代汉语词典》的解释是：指家庭经济状况可以维持中等水平生活。小康社会（well-off society），是中国古代思想家所描绘的诱人的理想社会，也是现代普通百姓对宽裕、殷实的理想生活的追求。在中国历史上，“小康社会”的含义有两种：一是普通老百姓的理想生活水平，是指一种介于温饱与富裕之间的生活状态，即温饱有余而富裕不足。二是知识分子的理想社会模式，是指一种仅次于大同的理想社会模式。大同，是“天下为公”的社会，没有阶级，没有剥削，社会文明、秩序稳定、保障健全。而小康，则是“天下为家”的社会，仍然存在私有制和等级制，“礼”是维系社会制度的重要手段和社会生活的行为准则。例如，儒家所设计的小康社会，是一个建立在小农经济和私有制基础之上，实行等级制和世袭制的封建社会；康有为所设计的小康社会，是一个建立在大工大商和私有制基础之上，实行君主立宪的资本主义社会①。

① 熊云．全面建设小康社会的科学内涵．中国人口信息网 http：//www.cpirc.org.cn/rdzt/rd_wx_detail.asp?id=1546.

在现代，全面建设小康社会，就是从经济、政治、文化和生态等方面来建设社会，建设一个惠及十几亿人口的更高水平的小康社会。简单地说，全面建设小康社会，就是建设全面的小康社会。这样的小康社会是社会主义物质文明、政治文明、精神文明和生态文明协调发展的社会。全面建设小康社会中的“全面”，一是指小康生活所覆盖的人群要全面，让所有城乡居民都享受小康生活。二是指人们所享受的小康生活要全面，不仅是人们的衣食要小康，住房、交通出行、教育、医疗卫生、社会保障、生活环境、治安状况、民主进程等方面，也要达到小康；不仅是城市、部分发达地区、部分高收入群体要达到小康，所有农村、落后地区、低收入群体，也要达到小康。

总之，小康社会的基本内涵是以科技进步为先导，促进经济社会的协调发展，不断提高人口素质和生活质量，让所有城乡、所有区域、所有人群走向共同富裕。

目前，我国还没有达到全面小康社会阶段，而是处于“总体上的小康社会”阶段，即小康社会的低水平阶段。总体上的小康社会，是一个发展不均衡的小康，我国还有大量处于温饱与贫困阶段的居民，他们尚未达到小康。2000年，我国农村还有3 000多万贫困人口温饱问题没有完全解决，城镇有将近2 000万人口收入在最低生活保障线以下，还有更多的人口，虽然温饱问题得到解决，但没达到小康水平。总体上的小康是一个低标准的小康，2000年底，中国人均GDP只有800多美元。总体上的小康是一个偏重于物质消费的小康，而对精神生活、生活环境的改善等方面的消费相对不足。

国家统计局、财政部等12个部门提出全国人民生活小康水平标准，包括人均国内生产总值、恩格尔系数、城镇人均可支配收入、农民人均纯收入等16项指标，反映经济水平、精神生活、物质生活、人口素质和生活环境五个方面的情况。同时，《全国人民小康生活水平的基本标准》、《全国农村小康生活水平的基本标准》和《全国城镇小康生活水平的基本标准》也被制定出来。这三套标准一直作为衡量全国人民小康生活水平实现程度的尺度。这五个方面16项指标分别为：第一类为经济发展水平，由人均国内生产总值一个指标组成；第二类为物质生活水平，由城镇人均可支配收入、农民人均纯收入、城镇人均居住使用面积、农村居民人均钢筋砖木结构住房面积、人均蛋白质日摄入量、城市居民每万人拥有铺装道路面积、农村通公路的行政村比重和恩格尔系数等八项指标组成；第三类为人口素质，由成人识字率、人均预期寿命和婴儿死亡率三项指标组成；第四类为精神生活，由教育娱乐支出比重和电视机普及率两项指标组成；第五类为生活环境，由森林覆盖率和农村初级卫生保健基本合格以上县百分比两项指标组成①。

据国家统计局测算，在2000年，体现社会小康水平的16项指标中，农民人均纯收入、人均蛋白质摄入量、农村初级卫生保健基本合格县三项指标没有达到，其他13项指标均完成或者超额完成。国家统计局用综合评分方法进行测算，2000年，从《全国人民小康生活水平的基本标准》

① 孟庆先. 全面建设小康社会是党的伟大的行动纲领. 东北大学基础学院网，http：//www.neu.edu.cn/jichu/xinwen/shownews.asp?news，id=348.

规定的五方面看，经济水平和精神生活已达到小康标准，物质生活、人口素质和生活环境实现程度分别为94.6%、88.4%和91.5%，约96%的人民生活总体上达到小康水平①。

二、全面建设小康社会的区域协调要求

全面建设小康社会，其目标是一个较高标准的小康，预计到2020年，中国人均GDP将超过3 000美元，达到中等收入国家水平，将使人民的生活更加殷实、宽裕。全面建设小康社会，追求的是物质、政治、精神和生态文明的共同发展，而不仅仅是偏重于物质消费的小康。全面建设小康社会，将缩小地区、城乡、各阶层的差距，完全改变区域发展不均衡的状态，将加快中西部地区、农村地区的发展，体现社会主义共同富裕原则。全面建设小康社会在区域协调发展方面提出了明确的要求，即要求打破区域之间的非协调发展状态，促进并推动区域间的协调发展。

我国的区域发展政策在经历了改革开放以前的"均衡发展"导向和改革开放以后的"非均衡发展"导向之后，在目前与今后相当长的一段时期内，应该进入以"协调发展"为基本导向的时期。在我国经济和社会发展"九五"计划和2010年远景目标纲要中，已经把"坚持区域经济协调发展，逐步缩小地区发展差距"作为此后15年必须认真贯彻的一项重要方针。2003年，党的十六届三中全会完整地提出了科学发展观，"五个统筹"之中就包括了"统筹区

① 熊云. 全面建设小康社会的科学内涵. 中国人口信息网 http://www.cpirc.org.cn/rdzt/rd_wx_detail.asp?id=1568.

域发展”、“统筹城乡发展”。

但是，目前我国还处于“总体上的小康社会”阶段。在这一阶段，从各区域的小康实现程度看，全国31个省市区，有15个省市区实现程度在90%以上，9个省市区在80%～90%之间，7个省市区实现程度不到80%。东部地区小康实现程度为97.86%，其中有10个省市区实现程度在96%以上，1个省超过90%，1个省接近90%；中部地区实现程度为93.18%，其中实现程度在90%以上的有4个省，实现程度在80%～90%之间的省市区有5个，有2个省市区接近90%；西部地区实现程度为84.18%，其中实现程度为80%～90%之间的有3个省市区，其余7个省市区实现程度不到80%①。

从各区域的农村发展程度看，东、中、西部地区农村全面小康实现程度差异较大。2002年东、中、西部地区全面小康实现程度分别为30.8%、9.8%和－14.1%，中西部地区比东部分别低21个百分点和44.9个百分点。东部地区已经走完了农村全面小康进程的1/3路程，估计再过10年左右可基本实现全面小康；中部地区走完了1/10的全面小康路程，但部分指标实现程度较低，如第一产业劳动力比重、农村小城镇人口比重、农民信息化程度和常用耕地面积变动幅度等指标实现程度为负值，说明这些指标还没有达到2000年全国农村总体小康标准的平均值。西部地区实现程度为－14.1%，表明西部地区距总体小康还差1/7

---

① 朱庆芳．全国各省市区全面建设小康社会目标实现程度的综合评价和分析．中国人口信息网 http://www.cpirc.org.cn/rdzt/rd_wx_detail.asp?id=1546.

的路程，全面小康建设任重道远。西部地区农村小康建设比东部地区至少落后10年，比中部地区落后5年左右①。

从区域经济与社会发展的关系看，一些区域的经济与社会发展还存在明显的不协调。例如，小康实现程度综合指数居前十位的东部地区，其法制与治安方面指数则较低，浙江、广东、福建由前四至八位降至末五位，福建、天津、辽宁也居于后列；刑事案件、治安案件和交通事故死亡率，上海、北京、天津、浙江、广东都较高，这反映出东部区域的经济与社会发展的不协调。此外，广东、福建的人口素质相对较低，与经济社会发展不协调；辽宁、吉林、黑龙江、广西的生活质量偏低，湖南、青海、湖北、四川、江西、甘肃的生活质量也偏低，与各自区域经济发展显得不协调②。

显然，目前我国区域协调发展的程度，与全面建设小康社会的要求相比，还有相当大的差距。

第二节　各区域基本养老保险制度的统一程度现状

目前，我国各区域虽然都采取了“统账结合”的养老保险模式，各区域之间基本养老保险的制度框架基本相同，但是，各区域之间具体的养老保险制度设计存在着很大的

① 国家农村调查总队．农村全面小康社会的综合评价．中国人口信息网 http：//www. cpirc. org. cn/rdzt/rd_wx_detail. asp? id=1984.

② 朱庆芳．全国各省市区全面建设小康社会目标实现程度的综合评价和分析．中国人口信息网 http：//www. cpirc. org. cn/rdzt/rd_wx_detail. asp? id=1546.

差别，它们在筹资模式、管理模式、计发模式等方面大不相同。从各区域基本养老保险制度的统一程度角度分析，目前我国区域基本养老保险协调程度非常差。

一、目前我国基本养老保险制度的区域差异

我国自1986年开始的中国社会保险制度改革，采取的是政府主导下的渐进式变革，已初步确立了统一的城镇职工基本养老保险制度的基本框架，该制度框架的设计目标是把现收现付制的社会统筹与基金积累制的个人账户结合起来，既体现社会共济，又体现自我保障。这样设计主要是出于两个考虑：一是为了应付预计在2025年前后到来的人口老龄化高峰；二是为了适应市场经济发展的需要，配合国有企业改革，在国家、企业和个人之间形成合理的责任分担格局①。

该制度运行10多年了，虽已取得许多突破性进展，但是，同时也存在许多亟待解决的缺陷，其中缺陷之一就是基本养老保险制度的区域分割，致使我国各区域之间的基本养老保险制度难以协调发展。基本养老保险制度的区域分割具体体现在以下几个方面：

1. 基本养老保险金的筹资模式、计发模式各区域不统一

目前，世界各国养老保险制度主要有现收现付制、完全积累制和混合制三种筹资模式。在1997年以前，中国的基本养老保险制度究竟应当采取哪种筹资模式，无论是在

---

① “中国社会保障体系研究”课题组．中国社会保障制度改革：反思与重构．社会学研究，2000（6）：49.

理论界还是在实践中都存在着广泛的争论。根据1995年的国务院6号文件，中央政府同时出台两套改革方案，允许各区域在实施过程中根据本区域的具体情况进行选择，并授予地方对实施方案的修改权。1996年上半年，全国共有7个省、市选择了第一套改革方案，5个省、市选择了第二套改革方案，15个省、市、自治区及5个行业吸收了两套改革方案的优点，结合本地的情况，制定了第三套改革方案。各区域共有33个方案13种办法出台并付诸实施，各区域方案的筹资模式、养老金计发模式五花八门、各不相同①。

以各区域基本养老保险金的计发模式不统一为例。

首先，各区域个人账户的结构比例很不一致。1995年养老保险制度改革初期，山西省采用小账户，湖北、宁夏、辽宁采用中账户，江西、河南、上海实行大账户。小账户只是单纯地将个人缴费和单位超额缴费记入个人账户，强调公平，但效率不足，改革不甚彻底。中账户强调效率，其统筹部分通过养老金按当地上年度社会平均工资的一定比例（25%左右）计发，无论单位是否缴费，职工都有权利享受。大账户是效率与公平的结合体，其公平部分通过单位缴纳的基本养老保险费按当地上年度职工月平均工资的一定比例（5%）划入个人账户来体现②。后来，1997年国务院26号文件规定，多层次养老保险模式的缴费比例为28%，其中雇主缴纳工资总额的23%，职工个人交纳工资总额的5%。就雇主缴费而言，其中工资总额的17%计入第一层

①② 林毓铭．中国社会保障制度可持续发展的分析与评估．武汉大学博士学位论文，2004：104、106．

次的统筹账户，剩余的6%和职工的全部缴费都计入个人账户，占职工工资总额的11%。退休时，个人账户养老金支付月数为120个月，退休人员每月将获得个人账户总资产1/120的养老金。文件要求，全国各区域的现收现付的统筹部分养老金的工资替代率为20%。再后来，2000年的国务院42号文件，即《国务院关于印发完善城镇社会保障体系试点方案的通知》要求，养老保险部分试点省的改革方案中的企业缴费部分不再划入个人账户，全部纳入社会统筹基金，职工个人的缴费比例为本人缴费工资的8%，并全部计入个人账户（即个人账户规模由本人缴费工资的11%降为8%），现收现付部分的工资替代率从20%提高到30%。

其次，各区域基本养老保险金的计发模式不统一体现在各地个人账户的计息也是各不相同。安徽、湖南、湖北等省实行人民银行规定的同期或一年期城乡居民储蓄存款利率，以单利计息；吉林、宁夏等省、自治区按银行一年期存款利率，以复利计息，当年计入储存额以按一年期零存整取利率计息；江西、云南、上海等省、市、自治区的养老保险个人账户以“养老基金保值率”或“社会保险利率”计息①。

再次，各区域基本养老保险金的计发模式不统一体现在养老金的发放形式方面，部分区域执行中央政府的规定，实行全额缴拨的社会化发放，但仍有部分区域为了让企业承担养老金不足的责任，还是实行差额缴拨的企业发放，造成一些效益差的企业拖欠、挪用退休职工的养老金，直接影响退休职工的利益，诱发社会矛盾和冲突。

最后，各区域基本养老保险金的计发模式不统一还体现在

---

① 林毓铭. 中国社会保障制度可持续发展的分析与评估. 武汉大学博士学位论文，2004：107.

个人缴费累计年限、基础养老金标准（占当地职工上年度职工月平均工资的百分比）、个人缴费累计年限不足的处理办法，等等，各区域的规定都不一致。

我国基本养老保险金的筹资模式、计发模式各区域不统一，而且计算复杂，以至于它被许多人称为是一个“外行看不懂，内行算不清”的系统。

2. 基本养老保险的管理系统各区域不统一

基本养老保险管理体制各区域不统一，仅辽宁省就存在4种模式：第一种为社会保险总公司模式，以鞍山、抚顺为代表，独立的社会保险总公司管理所有保险基金，变社会保险项目的多头管理为一家管理。第二种为人寿保险公司模式，以丹东、本溪为代表，将社会保险业务放入人寿保险公司统一管理。第三种为劳动保险公司模式，将养老保险、失业保险都交由劳动局下设的劳动保险公司管理。第四种为劳动局与保险公司分管模式，以营口市为代表，养老保险归保险公司管理，失业保险归劳动局管理①。

2000年的国务院42号文件，即《国务院关于印发完善城镇社会保障体系试点方案的通知》要求，个人账户与社会统筹分开管理，而在此之前的中央政府文件要求的是，个人账户与社会统筹混合管理，这使部分区域实行了个人账户与社会统筹分开管理，而部分区域仍然保留了个人账户与社会统筹混合管理。

3. 基本养老保险费的征缴体制各区域不统一

基本养老保险费由哪个部门征缴，国家劳动保障部与

① 林治芬．社会保障管理体制改革的现实思考．辽宁经济，1998(3)：37.

财政部一直存在着分歧，并分别影响着中央政府与地方政府的决策阶层。这种分歧反映到实践中，便是中央政府将难以确定的养老保险费征缴权下放给地方政府，由各省级政府自主确定是由社会保险经办机构征管还是由税务机构征管。“两套养老保险费征缴体制正在造成新的问题，并必然为新制度的未来发展留下新的、不良的后遗症①。”

4. 基本养老保险基金统筹层次、统筹对象各区域不统一

全国各地基本养老保险基金统筹层次参差不齐，有县（市）统筹、地区（地级市）统筹、省级统筹，政出多门，缺乏统一管理，处于分散管理状况，统筹形式、统筹办法多种多样。目前我国除直辖市与个别省（自治区）实施了省级统筹，多数省级区域没有实行省级统筹，其中大部分地区还停留在县市级统筹的较低层次上。部分以市、县为统筹单位的区域，其财务压力非常突出，分散风险的能力低，相互调剂能力差，难以保障部分离退休人员的基本生活。即使是已经实行省级统筹的省、直辖市，也因为制度与技术机制的缺陷与不足，加上立法滞后，未能达到理想的统筹效果。

养老保险统筹对象各区域大小不一，有的地方社会统筹包括不同所有制企业，有的地方除包括不同所有制企业外，将行政部门、事业单位也纳入了养老保险的范畴（例如海南省），而有的地方仅限于国有企业职工。

各地方多种养老保险模式并存的局面，虽然在试点时

① 郑功成等著．中国社会保障制度变迁与评估．中国人民大学出版社．2002.113.

期曾经促进了养老保险制度改革的迅速展开，但是，它带来了劳动力市场的区域分割、地方保护主义等许多问题。中央政府很快意识到这些问题，并于1997年7月国务院发布26号文件《关于建立统一的企业职工基本养老保险制度的决定》（以下简称《决定》），予以纠正。例如，该《决定》明确规定，中国基本养老保险制度实行统一的"社会统筹与个人账户相结合"的筹资模式（即统一个人账户规模、记账利率、缴费基数、缴费比例、养老金计发办法、过渡办法以及并轨时间），并要求各试点模式在限期内向该模式过渡。该《决定》还要求基本养老保险制度实行省级统筹。1998年在全国范围内愈演愈烈的养老金拖欠问题，迫使国务院决定在1998年年底之前在全国范围内实现省级统筹，设计分两步实施：第一步是在1998年年底建立省级调剂金，调剂金比例由各省自己确定，原则上是确保养老金按时足额发放；第二步是用3年时间实现三个统一，即统一企业缴费比例、统一管理和调剂使用基金、统一省内社会保险管理系统。该《决定》要求实行"广覆盖"，覆盖范围逐步由国有企业职工扩大到城镇各类企业职工和个体劳动者。

但是，在现实中，各区域之间不同养老保险制度统一的速度与程度，并没有如以上国务院26号文件要求的快速而彻底。

到目前为止，1997年《决定》的颁布已经8年过去了，1998年要求整合统一制度的限期3年时间也早已结束，但各区域多种养老保险制度并存的局面，仍然没有根本改变。《决定》所要求的"四统一"（统一制度、统一标准、统一管理和统一调剂使用资金）、《决定》所要求的基本养老保险运行实行“七个统一”（统一个人账户规模、记账利率、缴费基数、缴费比例、养老金计发办法、过渡办法以及并轨时间），都还没有在全国实现。

以上情况表明，1997 年的国务院 26 号文件《关于建立统一的企业职工基本养老保险制度的决定》并没有达到预定的政策目标。

造成这种没有达到预定政策目标的原因，一是制度本身的统筹层次低的缺陷，形成了制度执行中的惯性（制度经济学称之为“制度的路径依赖”），形成了原制度的既得利益区域（部分养老负担轻的新型工业区域）。该区域地方政府为了保护这种既得利益，部分县市政府自觉或不自觉地成了省级统筹的障碍。二是我国省内区域之间经济差距、养老负担差距特别大的客观因素，它们造成了省内各区域之间供款能力、养老负担的巨大差距，也构成了省级统筹的障碍。

二、基本养老保险制度不统一的影响

社会保障制度是社会经济发展到一定阶段的产物，并应随着社会经济的发展和自身实践活动的进展而不断完善。社会保障制度作为一种稳定社会的制度安排，提供这套制度是政府应负的责任。尤其是地域广阔、人口众多的我国，更是需要凭借中央政府的权威来推行统一的、行之有效的基本养老保险制度，如健全的社会保障法规、统一的基本养老保险运行机制、完善的基本养老保险税收征管系统、有效的基本养老保险监管机构、高素质的基本养老保险专职队伍，等等。制度与政策是一种利益机制，不同的制度反映了不同的利益关系。中央政府制定的制度与政策所反映的应该是全国的整体利益，而地方政府制定的制度与政策所反映的则是区域的局部利益。整体利益与局部利益在我国虽然没有根本性冲突，但也时而在客观上存在许多矛盾。基本养老保险制度作为一项跨区域的具有公共产品性质的物品，其供给完全应该由中央政府统一制定，这不但有利于全国统一劳动力市场的形成，强化中央政府的宏观调控能力，而且能克服各区域各行其是的局限，抑制地方政府的不合理利益膨胀，进而提高整个制度的运行效率。

但是，事实上，我国至今还没有颁布一部真正的社会保障方面的法律，仅仅是依靠各级政府行政职能部门的政策在推动整个基本养老保险制度的改革，这造成许多问题出现。例如，各区域之间基本养老保险制度的运行机制难以统一，基本养老保险政策的权威性和强制性被弱化，各级政府的权责不清，基本养老保险的历史责任与现实责任难以划分。目前我国虽然结束了各行业办基本养老保险的“条条分割”局面，但“地方统筹、地方管理”导致各地方政府办基本养老保险的“块块分割”局面仍得以保存。社会保障的一个重要特征是统筹性、互济性，而目前的基本养老保险过分强调块块包干负责，一般采取以市县为保障单位。由于县域经济和社会的发展未能达到基本养老保险对其财力的需求，县域基本养老保险资金调剂空间很小，加之全国各县之间经济和社会发展的程度差异较大，因此，各县级区域之间的社会统筹作用较小，很难发挥社会共济作用，抗风险的能力也很弱，部分地区基本养老保险资金支出压力非常大。

由于基本养老保险制度不统一，导致各区域之间个人账户缴费不一致、企业负担不均匀、管理高度分散化，导致各区域之间的养老保险覆盖面、缴费率、待遇计发、受理制度、统筹基金的安排不一致，最终致使各区域社会养老保险制度独立运行、互不衔接，为各区域之间的制度衔接整合设置了诸多障碍，使劳动者跨区域变换工作单位时，难以转移衔接养老保险缴费关系，使个人账户的跨区域转移成为一个操作上的难点。这既使劳动者跨区域流动时养老保险制度衔接困难，不利于劳动力的合理流动，阻碍了全国统一劳动力市场的形成；也增加了管理成本支出，影响了改革进程的深化，造成各区域之间养老金待遇水平的相互攀比、待遇水平难以控制和平衡，引起了新的利益摩擦，致使企业不堪重负，削弱了中央政府对各区域基本养老保险基金的宏观调控能力；同时也造成一部分基金有盈余的区域出现挪用、乱用养老保险基金的现象，而部分基金短缺的区域出现拖欠养老金发放、社会不稳定现象。

另外，由于我国至今还没有全国统一的基本养老保险法，各区域养老保险工作都是以部门规章与地方政府立法为依据，依靠的是地方政府行政权力的推动，缺乏权威的法律依据，这严重阻碍了养老保险制度的有效实施。反过来，各区域养老保险制度的多样化又造成社会保险立法难度的增加，因为社会保险立法的前提条件是制度的统一和政策的统一，制度的多样化显然会成为立法的障碍。

保障全民的全国统筹的基本养老保险制度是我国区域基本养老保险协调发展的基本前提，基本养老保险对各类企业和劳动者应该实行统一制度、统一标准、统一管理和统一调剂使用基本金。随着改革的不断深入，参加保险的职工很有可能多次变换身份，不同职业的养老保险制度应该统一，只有这样，才能促进劳动力市场的健全和完善，才能促进企业改革乃至整个经济体制改革。

第三节　各区域基本养老保险水平的均等程度现状①

依据区域基本养老保险协调发展程度评估指标，我们从基本养老保险的覆盖面、基本养老保险给付标准两方面来分析评估我国基本养老保险水平的区域差距及其协调程度，又用参保覆盖率、人均离休退休退职人员保险福利费用、养老金的工资替代率等指标来分析目前我国养老保险制度下的不同区域的基本养老保险的覆盖面与给付标准。我们对上述反映我国养老保险发展水平的各项指标值，通过标准差、变异系数、离差（极均值差）、比率（极均值差率）、相对发展速度等参数的计算，分析我国区域基本养老保险差异的总体特征。其中，离差（极均值差）、标准差被用来测算各区域之间基本养老保险的绝对差异；比率（极均值差率）、区位熵、变异系数、相对发展速度被用来测算各区域之间基本养老保险的相对差异。从各区域基本养老保险水平的差距角度分析，目前我国区域基本养老保险协

---

①　本来，基本养老保障除了包括基本经济养老保险外，还包括基本服务保障。全书只分析基本经济养老保险的区域差距，没有分析服务保障水平的区域差距。由于目前我国基本养老保险制度只覆盖各类企业和少部分市场化运作的事业单位职工，而政府机关部门与大量事业单位职工仍然在福利性质更浓的退休金制度框架内。本节在分析我国社会养老保险水平的现状时，除了分析我国企业与企业化管理事业单位养老保险水平的区域差距以外，个别地方也分析了政府部门与非企业化管理事业单位的退休金水平的区域差距。

调程度非常差。

一、区域差距的常用分析指标

通常用区域之间的绝对差距与相对差距来衡量区域之间的差距。

1. 绝对差距及其常用分析指标

绝对差距是指某变量值偏离参照值的绝对额，一般使用极值方法计算极值差幅或离差（极均值差）差幅来衡量。绝对差距反映的是不同区域之间总量的离差，其变动趋势不仅受各区域增长率的影响，还决定于所有区域总量的大小。具体能反映绝对差异的指标有极差、离差、标准差(S)。

极差：是指极大值与极小值之差额。由于极差只考虑了最小、最大值，因此，易受个别极端值的影响。其计算公式为：

极差＝极大值－极小值

离差：是指极值与均值之差额，是某区域某指标值与全国均值的差。离差是正数，说明该区域的水平高于全国平均水平；反之，离差是负数，说明该区域的水平低于全国平均水平。离差还可以反映该指标的区域差异内部分化状况，例如，有多少区域超过了全国均值，各区域相差的程度是否太大。如果分析的样本区域较多，按极值差幅计算方法计算的绝对差异值，可能会因极值区域的某些特殊性（如人均离休、退休、退职人员保险福利费用最大的区域属人口和面积均较小的区域）而出现偏大现象，利用离差方法可克服此缺点。其计算公式为：

离差（极均值差）＝极值－均值

标准差（S）：表示同类事物变量值的变异情况或离中趋势，常与指标平均数结合运用，说明变量值的离散程度。由各变量与平均数的离差之平方和的算术平均数的平方根求得，其计算公式为：

$$S=\sqrt{\frac{\sum (X-\overline{X})^2}{n-1}}$$

式中：S 为标准差；X 为某指标的数值；$\overline{X}$为某组指标的平均数值；n 为样本区域个数。标准差越大，表示区域差异越大；反之，区域差异越小。

2. 相对差距及其常用分析指标

相对差距是指某变量偏离参照值的相对额（倍数或百分比），反映的是经济总量之间的比例，它消除了总量大小的直接影响，其变化仅仅直接受区域增长率影响①。相对差距通常用极值差率、比率（极均值差率）、区位熵、变差系数、相对发展速度来衡量。

极值差率：是指极大值与极小值的比率。

比率（极均值差率）：是指极值与均值之比率，即为某区域某指标值与全国均值的比率。比率大于1，说明该区域的水平高于全国平均水平；反之，比率小于1，说明该区域的水平低于全国平均水平。比率也可反映该指标的区域差异内部分化状况，例如，有多少区域超过了全国均值，各区域相差的程度是否太大。

区位熵（Q_i）：反映的是各个区域相对于全国平均发展水平的差异，其计算公式为：

---

① 韦伟著．中国经济发展中的区域差异与区域协调．安徽人民出版社．1995.28.

$$Q_i = S_i / P_i$$

式中：Q_i 为 i 区域的区位熵；S_i 和 P_i 分别为该区域的某分析指标值和人口数占全国的比重。Q_i 越大，说明 i 区域的该指标发展水平越高；反之，则说明 i 区域的该指标发展水平越低。假设 $\overline{Q}$ 表示各区域区位熵的平均值，那么当 $Q_i > \overline{Q}$ 时，i 区域为高水平区域；当 $Q_i < \overline{Q}$ 时，i 区域为低水平区域①。

变差系数（CV）：表示非同类事物变量值之间的离散程度，是标准差与平均数之比，其计算公式为：

$$CV = (S/\overline{X}) \times 100\%$$

式中：S 为标准差；$\overline{X}$ 为平均数②。CV 值越大，表示区域差异越大；反之，区域差异越小。

相对发展速度：某区域某指标值在一段时间内人均增长率与全国同期增长率的比值，可衡量区域与全国发展速度的差异。相对发展速度大于 1，表示区域该指标发展速度快于全国发展速度；反之，相对发展速度小于 1，表示区域该指标发展速度慢于全国发展速度③。

二、各区域之间基本养老保险的覆盖面比较

用来衡量养老保险水平的覆盖率有两种：一是全体老人中享受养老保险待遇的覆盖率（C_4），是享受养老保险待

① 卢艳等：中国区域经济发展差异的实证研究与 R/S 分析. 地域研究与开发，2002（3）：60.

② 王军等. 保定市区域差异及区域协调发展研究. 经济地理，2002（5）：569.

③ 李吉芝. 辽宁省区域经济差异与区域协调发展的初步研究. 中国人口·资源与环境，2004（2）：77.

遇的离退休人员占达到退休年龄人数（男60岁，女55岁）的比例。其中，享受养老保险待遇的离退休人员是指按照国家有关政策规定，办理了离休、退休、退职手续并享受基本养老保险待遇的人数。二是养老保险制度的参保覆盖率（C_4），是当年末所有参加养老保险的总人数占全部就业总人数的比例。养老保险制度的参保覆盖率将那些不能正常缴费、已中断缴费但未终止保险关系的职工人数也算入制度覆盖范围，但事实上他们很少再重新缴费续上保险关系，这样，依据参保的总人数除以就业总人数而计算出的养老保险制度的参保覆盖率，会稍微高于实际的制度覆盖率。

我们主要分析的是养老保险制度的参保覆盖率（参保的总人数÷所有就业总人数），1999～2003年我国省级区域基本养老保险参保覆盖率情况见表3-1，其计算过程参见表3-2。

表3-1　**我国省级区域基本养老保险参保覆盖率比较**　单位：%

区　域	2003年	2002年	2001年	2000年	1999年
全国平均	21	20	19	19	18
北京	52	55	68	63	61
天津	68	73	69	71	65
河　北	20	19	19	18	16
山　西	25	26	26	29	25
内蒙古	30	29	29	29	28
辽　宁	58	56	56	57	53
吉　林	41	36	37	36	36

续表

区　域	2003年	2002年	2001年	2000年	1999年
黑龙江	44	42	42	38	37
上　海	93	94	99	100	98
江　苏	31	30	25	25	23
浙　江	27	25	22	21	19
安　徽	13	13	13	12	12
福　建	21	17	14	14	13
江　西	18	17	17	17	16
山　东	23	22	22	22	20
河　南	14	14	13	13	13
湖　北	29	25	25	24	22
湖　南	18	18	18	13	12
广　东	36	35	35	30	20
广　西	10	10	10	9	11
海　南	33	33	32	39	34
重　庆	17	17	17	17	16
四　川	14	13	13	13	12
贵　州	8	8	8	8	8
云　南	11	11	10	11	10
西　藏	6	5	6	6	6
陕　西	19	19	19	16	15
甘　肃	15	15	16	16	16
青　海	22	22	22	21	21
宁　夏	21	21	21	21	20
新　疆	22	22	22	21	20

资料来源：《中国劳动与社会保障部统计年鉴（2000～2004年）》，计算过程见表3-2。

表 3-2　　我国省级区域养老保险制度的参保覆盖率　　单位：%　万人

地　区	1999 年			2000 年		
	参保覆盖率	参保总人数	就业总人数	参保覆盖率	参保总人数	就业总人数
全　国	18	12 485.4	70 586.0	19	13 617.4	71 150.0
北　京	61	378.8	621.9	63	391.7	622.1
天　津	65	274.3	421.1	71	288.2	406.7
河　北	16	544.9	3 399.9	18	634.3	3 441.2
山　西	25	365.7	1 434.3	29	416.1	1 419.1
内蒙古	28	285.6	1 017.0	29	295.1	1 016.6
辽　宁	53	945.3	1 796.4	57	1 030.0	1 812.6
吉　林	36	399.5	1 102.8	36	387.5	1 078.9
黑龙江	37	617.1	1 679.9	38	624.9	1 635.0
上　海	98	662.6	677.3	100	675.3	673.1
江　苏	23	821.6	3 595.8	25	890.3	3 558.8

续表

地　区	1999年			2000年		
	参保覆盖率	参保总人数	就业总人数	参保覆盖率	参保总人数	就业总人数
浙　江	19	516.5	2 660.9	21	561.7	2 700.5
安　徽	12	389.2	3 312.5	12	415.2	3 372.9
福　建	13	219.7	1 630.9	14	230.7	1 660.2
江　西	16	313.2	1 961.3	17	327.4	1 935.3
山　东	20	939.1	4 698.6	22	1 008.6	4 661.8
河　南	13	677.3	5 205.0	13	729.5	5 571.7
湖　北	22	577.7	2 572.4	24	597.1	2 507.8
湖　南	12	419.5	3 496.1	13	438.8	3 462.1
广　东	20	766.4	3 760.5	30	1 172.0	3 861.0
广　西	11	263.6	2 481.5	9	239.4	2 530.4
海　南	34	111.5	326.2	39	129.1	333.7

续表

地区	1999年			2000年		
	参保覆盖率	参保总人数	就业总人数	参保覆盖率	参保总人数	就业总人数
重庆	16	264.5	1 639.4	17	270.5	1 636.5
四川	12	527	4 482.3	13	571.7	4 435.8
贵州	8	149	1 975.9	8	165.4	2 045.9
云南	10	223.5	2 273.4	11	252.3	2 295.4
西藏	6	7.1	122.2	6	7.3	123.4
陕西	15	274.2	1 780.9	16	296.3	1 812.8
甘肃	16	184.2	1 185.6	16	187.1	1182.1
青海	21	49.5	241.2	21	50.5	238.6
宁夏	20	55.4	270.8	21	57.0	274.4
新疆	20	135	669.6	21	140.3	672.5

续表

地区	2001年			2002年			2003年		
	参保覆盖率	参保总人数	就业总人数	参保覆盖率	参保总人数	就业总人数	参保覆盖率	参保总人数	就业总人数
全国	19	14 182.5	73 025.0	20	14 736.6	73 740.0	21	15 506.7	74 432.0
北京	68	425.9	629.5	55	436.2	798.9	52	448.5	858.6
天津	69	281.4	410.5	73	296.0	403.1	68	283.3	419.7
河北	19	641.4	3 379.6	19	643.5	3 385.6	20	665.5	3 389.5
山西	26	365.6	1 412.9	26	361.8	1 417.3	25	364.4	1 469.5
内蒙古	29	290.6	1 013.3	29	292.9	1 010.1	30	300.9	1 005.2
辽宁	56	1 022.7	1 833.4	56	1 039.2	1 842.0	58	1 070.4	1 861.3
吉林	37	389.1	1 057.2	36	397.7	1 095.3	41	427.0	1 044.6
黑龙江	42	692.5	1 631.0	42	689.8	1 626.5	44	714.3	1 622.4
上海	99	683.5	692.4	94	699.8	742.8	93	715.6	771.5

续表

地区	2001年			2002年			2003年		
	参保覆盖率	参保总人数	就业总人数	参保覆盖率	参保总人数	就业总人数	参保覆盖率	参保总人数	就业总人数
江苏	25	888.1	3 565.4	30	1 063.5	3 505.6	31	1 135.2	3 610.3
浙江	22	610.4	2 772.0	25	701.1	2 834.7	27	801.2	2 961.9
安徽	13	432.7	3 389.7	13	432.3	3 403.8	13	456.6	3 416.0
福建	14	242.0	1677.8	17	285.1	1 711.3	21	364.2	1 756.7
江西	17	328.8	1933.1	17	339.8	1 955.1	18	355.9	1 972.3
山东	22	1 022.6	4 671.6	22	1 043.0	4 751.9	23	1 135.9	4 850.6
河南	13	736.6	5 516.6	14	757.8	5 522.0	14	751.1	5 535.7
湖北	25	612.1	2452.5	25	628.8	2 467.5	29	732.4	2 537.3
湖南	18	603.4	3 438.8	18	616.5	3 468.7	18	636.2	3 515.9
广东	35	1 370.3	3 962.9	35	1405.4	3 966.7	36	1482.2	4 119.5
广西	10	248.9	2 543.4	10	257.2	2 570.5	10	264.8	2 601.4

续表

地区	2001年			2002年			2003年		
	参保覆盖率	参保总人数	就业总人数	参保覆盖率	参保总人数	就业总人数	参保覆盖率	参保总人数	就业总人数
海南	32	108.2	339.7	33	111.2	341.7	33	116.7	353.8
重庆	17	270.3	1 624.0	17	280.3	1 640.2	17	280.0	1 659.5
四川	13	578.9	4 414.6	13	589.2	4 408.8	14	605.5	4 449.6
贵州	8	159.0	2 068.2	8	168.9	2 081.4	8	168.0	2 118.4
云南	10	243.1	2 322.5	11	252.1	2 341.0	11	257.3	2 349.6
西藏	6	7.1	124.6	5	7.0	128.8	6	7.3	130.7
陕西	19	345.4	1 784.6	19	352.0	1 873.1	19	362.4	1 911.3
甘肃	16	188.4	1 187.2	15	188.0	1 254.9	15	192.0	1 304.0
青海	22	51.9	240.3	22	54.2	247.3	22	56.4	254.3
宁夏	21	57.9	278.0	21	59.0	281.5	21	60.7	290.6
新疆	22	148.1	685.4	22	152.1	701.5	22	160.0	721.3

资料来源:《中国劳动与社会保障部统计年鉴(2000～2004年)》。

从表 3-2 中的各省级区域养老保险参保覆盖率的比较中可以看出，我国各省级区域养老保险参保覆盖率的差距很大。以 2001 年为例，最高的上海，其参保覆盖率达到 99%，天津、北京也很高，分别为 69%、68%；而广西、贵州、西藏的参保覆盖率还不到 10%；等于或低于全国参保覆盖率平均水平的主要是我国中西部区域：甘肃、陕西、贵州、西藏、重庆、四川、广西、安徽、江西、河南、湖南。

三、各区域之间基本养老保险给付标准（B_5）比较

我们用人均养老保险基金支出（C_5）、人均养老保险离休退休退职费（C_6）、人均离休退休退职人员保险福利费用（C_7）等指标，来分析目前我国城镇养老保险制度下的不同区域社会养老保险给付标准的差距。

人均养老保险基金支出是指养老保险基金支出（仅指参加了城镇养老保险制度的企业与部分事业单位的养老基金支出）与离休、退休、退职人员年末人数之比，其中，离休、退休、退职人员年末人数仅指参加了城镇养老保险制度的企业与部分事业单位的老人。养老保险基金支出既包括支付给参加基本养老保险的离休退休退职人员的养老金支出，还包括丧葬抚恤补助以及由于保险关系转移、上下级之间调剂资金等原因而发生的支出。很明显，养老保险基金支出大于参加基本养老保险的离休退休退职人员的养老金支出。

人均离休、退休、退职费是指所有养老金支出（包括参加了城镇养老保险制度的企业与部分事业单位的养老金支出，也包括政府机关与大部分事业单位的养老金支出）与离休、退休、退职人员年末人数之比。其中，离休、退休、退职费既可以是参加基本养老保险的离休、退休、退职人员的养老金支出，也可以是包含了企业、政府机关、

事业单位的离休、退休、退职费。由于劳动与社会保障年鉴中没有参加基本养老保险的离休、退休、退职人员的养老金支出的统计数据，所以，在此，我们用包含了企业、政府机关、事业单位的离休、退休、退职费指标。相应地，离休、退休、退职人员年末人数应该是包含了企业、政府机关、事业单位的所有离休、退休、退职老人。由于目前我国基本养老保险制度只覆盖各类企业和少量市场化运作的事业单位职工，而政府机关部门与大量事业单位职工仍然在福利性质更浓的退休金制度框架内，用包含了企业、政府机关、事业单位的人均离休、退休、退职费指标，可以反映我国全部养老金水平的区域差异全貌。

人均离休、退休、退职人员保险福利费用支出是离休、退休、退职人员保险福利费用与离休、退休、退职人员年末人数之比。其中，离休、退休、退职人员年末人数是指包含了企业、政府机关、事业单位的所有离休、退休、退职老人。离休、退休、退职人员福利费用指包含了企业、政府机关、事业单位的老人福利费用。老人福利费用包括以下项目①：

离休费：指发给离休干部的工资和按 1982 年国务院《关于老干部离职休养制度的几项规定的通知》发给符合规定的离休干部相当于 1～2 个月标准工资的生活补贴及 1988 年增发的生活补贴。

退休费：指按照国家有关规定发给退休职工的退休费和 1988 年增发的生活补贴。

① 中华人民共和国劳动与社会保障部.《劳动与社会保障年鉴(2002)》.中华人民共和国劳动与社会保障部网，http://www.molss.gov.cn/index_tongji.htm.

退职生活费：指按照1978年国务院《关于工人退休、退职的暂行办法》发给退职人员的生活费用和1988年增发的生活补贴。以上离退休、退职人员的离退休金、退职生活费还应包括发给离退休、退职人员的生活补贴和物价补贴。

医疗卫生费：指离休、退休、退职人员的医疗费、住院费以及住院伙食补助等费用。

其他：指上述费用以外支付给离休、退休、退职人员的保险福利费。

在此，主要选择部分地级市与省级行政区域的基本养老保险给付标准来进行比较。

表3-3为2003年我国部分地级市基本养老保险给付水平，表3-4、表3-5、表3-6、表3-7、表3-8为1999～2003年各省级区域之间基本养老保险给付水平，从中可以看出，我国各区域之间基本养老保险给付水平的绝对差异与相对差异都比较大。

表3-3　**我国养老保险的区域（部分地级市）差异现状（2003年）**

地区	人均养老保险基金支出（元）	人均离休、退休、退职费（元）	养老保险制度的参保覆盖率（%）	人均工资（元）	养老金的工资替代率（%）	制度内赡养率（%）
平均	9 781.70	5 338.95	46.22	14 995	39.33	31.18
东部（东莞）	20 041.00	8 160.00	89.34	22 598	36.11	3.96
中部（黄石）	4 786.32	6 154.00	25.68	8 883	69.28	35.23
西部（西安）	4 517.79	1 702.86	23.63	13 504	12.61	54.35

资料来源：2004年东莞、黄石、西安的劳动与社会保障网中的统计公报。

说　明：本表中的人均离休、退休、退职费不包括民政部门和总后事业单位支付离休、退休、退职费的数字。

表 3-4　我国养老保险的区域（省、自治区、直辖市）差异现状（2003 年）

区　域	人均养老保险基金支出（元）	人均离休、退休、退职费（元）	人均离休、退休、退职人员保险福利费用（元）
全国平均	8 087.94	9 407	12 724.00
1. 北京	10 426.52	11 637	16 337.71
2. 天津	8 373.02	9 746	11 641.91
3. 河北	7 523.02	8 888	10 767.68
4. 山西	8 047.54	8 206	11 392.48
5. 内蒙古	7 314.77	9 081	10 218.38
6. 辽宁	6 889.90	7 598	8 113.43
7. 吉林	7 022.46	8 080	9 465.14
8. 黑龙江	6 897.17	8 915	10 470.51
9. 上海	11 373.79	11 740	11 636.89
10. 江苏	8 594.70	10 993	11 933.25
11. 浙江	10 354.56	12 599	14 819.90
12. 安徽	6 516.71	7 977	10 424.86
13. 福建	8 353.26	10 745	11 498.41
14. 江西	5 742.13	7 786	8 868.87
15. 山东	9 990.78	10 499	10 365.00
16. 河南	7 036.99	8 314	10 103.55

续表

区　域	人均养老保险基金支出（元）	人均离休、退休、退职费（元）	人均离休、退休、退职人员保险福利费用（元）
17. 湖北	6 611.73	8 182	10 366.70
18. 湖南	7 103.71	8 175	9 347.76
19. 广东	9 676.69	10 409	12 709.37
20. 广西	6 975.94	9 262	13 575.96
21. 海南	6 252.98	6 559	6 795.55
22. 重庆	5 803.60	7 232	9 030.18
23. 四川	7 742.84	7 879	9 993.81
24. 贵州	7 257.10	9 981	16 056.31
25. 云南	7 925.82	10 467	14 764.39
26. 西藏	17 220.00	22 384	41 668.96
27. 陕西	7 036.65	8 766	10 494.00
28. 甘肃	8 343.03	10 492	14 353.66
29. 青海	9 852.89	13 536	19 596.93
30. 宁夏	8 009.79	9 799	14 056.49
31. 新疆	7 994.00	10 296	3 603.75

资料来源：中国劳动与社会保障部网页中的《中国劳动与社会保障统计年鉴（2004)》。

说　　明：本表中的人均离休、退休、退职费不包括民政部门和总后事业单位支付离休、退休、退职费的数字。

表 3-5　我国养老保险的区域（省、自治区、直辖市）差异现状（2002 年）

区　域	人均养老保险基金支出（元）	人均离休、退休、退职费（元）	人均离休、退休、退职人员保险福利费用（元）
全国平均	7 879.89	8 807	9 224.73
北京	9 850.61	11 186	12 398.59
天津	7 326.88	9 998	10 063.20
河北	7 922.92	9 074	9 204.00
山西	7 380.42	7 979	8 109.07
内蒙古	7 084.36	8 025	8 491.40
辽宁	6 641.00	7 725	7 969.15
吉林	7 604.26	8 115	8 428.43
黑龙江	6 717.26	7 362	8 066.50
上海	10 731.19	11 089	11 006.83
江苏	8 670.56	8 428	8 893.05
浙江	10 345.41	11 363	12 437.26
安徽	6 545.93	8 032	8 515.82
福建	10 213.88	9 797	9 954.34
江西	5 869.75	7 457	7 776.00
山东	9 843.28	10 291	10 591.45
河南	6 991.20	7 847	8 146.31

续表

区　域	人均养老保险基金支出（元）	人均离休、退休、退职费（元）	人均离休、退休、退职人员保险福利费用（元）
湖北	7 149.79	7 369	7 986.16
湖南	6 576.99	6 969	7 585.17
广东	8 372.53	8 721	9 747.22
广西	6 902.39	8 422	8 825.73
海南	5 895.86	6 319	6 515.37
重庆	5 767.48	6 679	7 562.14
四川	6 358.25	7 714	7 935.79
贵州	7 260.29	9 420	10 166.76
云南	8 033.44	10 551	11 063.31
西藏	16 245.00	21 037	21 283.44
陕西	7 133.63	8 071	8 730.67
甘肃	8 633.51	9 924	10 194.93
青海	9 316.73	13 477	13 810.74
宁夏	7 787.66	9 138	9 724.42
新疆	9 651.86	12 818	10 521.93

资料来源：中国劳动与社会保障部网页中的《中国劳动与社会保障统计年鉴（2003）》。

说　　明：本表中的人均离休、退休、退职费不包括民政部门和总后事业单位支付离休、退休、退职费的数字。

表 3-6　我国养老保险的区域（省、自治区、直辖市）差异现状（2001 年）

区　域	人均养老保险基金支出（元）	人均离休、退休、退职费（元）	人均离休、退休、退职人员保险福利费用（元）
全国平均	5 817.87	7 717.00	8 364.07
北　京	6 215.43	10 554.00	12 624.33
天　津	5 528.35	8 018.00	8 705.35
河　北	6 109.48	7 938.00	8 416.30
山　西	4 894.12	7 071.00	7 465.09
内蒙古	5 570.22	7 280.00	7 684.81
辽　宁	5 773.45	6 504.00	6 826.14
吉　林	5 770.82	7 446.00	7 746.58
黑龙江	5 524.73	7 117.00	7 279.10
上　海	9 848.77	7 213.00	7 596.73
江　苏	5 667.77	8 557.00	9 281.98
浙　江	7 684.03	10 161.00	11 150.87
安　徽	4 597.90	6 925.00	7 658.70
福　建	7 028.73	8 232.00	8 795.58
江　西	4 447.05	7 522.00	7 837.55
山　东	9 017.21	9 228.00	9 919.66
河　南	4 833.35	7 082.00	7 552.95

续表

区 域	人均养老保险基金支出（元）	人均离休、退休、退职费（元）	人均离休、退休、退职人员保险福利费用（元）
湖 北	4 503.94	7 075.00	7 660.69
湖 南	4 238.19	6 909.00	7 091.71
广 东	6 652.81	7 985.00	9 160.54
广 西	4 191.87	6 918.00	7 460.95
海 南	4 758.80	5 462.00	5 711.38
重 庆	3 592.47	6 432.00	6 727.64
四 川	4 199.43	6 560.00	7 046.13
贵 州	4 063.97	8 001.00	8 802.25
云 南	5 649.64	9 523.00	10 490.48
西 藏	7 702.86	17 089.00	17 548.40
陕 西	5 006.86	6 955.00	7 460.26
甘 肃	5 942.03	9 097.00	9 413.91
青 海	5 771.37	11 194.00	11 291.08
宁 夏	5 185.17	7 162.00	7 817.79
新 疆	5 763.54	7 167.00	11 124.68

资料来源：中国劳动与社会保障部网页中的《中国劳动与社会保障统计年鉴（2002）》。

说　　明：本表中的人均离休、退休、退职费不包括民政部门和总后事业单位支付离休、退休、退职费的数字。

表 3-7　我国养老保险的区域（省、自治区、直辖市）差异现状（2000 年）

区　域	人均养老保险基金支出（元）	人均离休、退休、退职费（元）	人均离休、退休、退职人员保险福利费用（元）
全国平均	5 497.77	6 575.00	7 901.66
北　京	5 793.24	9 919.00	11 615.54
天　津	5 526.51	7 195.00	8 414.89
河　北	6 522.67	7 724.00	8 438.46
山　西	5 063.34	6 525.00	6 968.16
内蒙古	4 964.89	6 889.00	7 230.57
辽　宁	5 584.34	5 996.00	6 407.80
吉　林	5 211.32	6 936.00	7 347.22
黑龙江	5 381.62	6 526.00	6 774.42
上　海	9 008.90	7 407.00	9 137.50
江　苏	5 598.55	7 465.00	8 355.93
浙　江	6 414.07	8 183.00	9 583.58
安　徽	4 329.85	6 596.00	7 482.17
福　建	4 407.85	6 424.00	7 603.27
江　西	4 709.14	5 455.00	5 925.88
山　东	8 366.30	8 330.00	9 086.88
河　南	4 787.73	6 468.00	6 952.06

续表

区 域	人均养老保险基金支出（元）	人均离休、退休、退职费（元）	人均离休、退休、退职人员保险福利费用（元）
湖 北	4 888.15	6 744.00	7 284.79
湖 南	4 114.23	6 204.00	6 739.24
广 东	5 620.02	7 407.00	8 693.32
广 西	4 002.75	6 322.00	6 911.38
海 南	4 556.56	4 633.00	4 977.13
重 庆	3 875.48	5 668.00	6 315.22
四 川	4 071.33	6 245.00	6 853.29
贵 州	3 692.56	7 123.00	7 867.73
云 南	5 577.76	8 965.00	10 203.53
西 藏	6 258.03	14 588.00	15 322.52
陕 西	5 251.21	6 761.00	7 416.71
甘 肃	6 265.15	8 343.00	8 905.58
青 海	5 864.51	8 610.00	8 983.26
宁 夏	4 694.29	6 763.00	7 483.18
新 疆	2 953.43	7 854.00	8 649.49

资料来源：中国劳动与社会保障部网页中的《中国劳动与社会保障统计年鉴（2001）》。

说 明：本表中的人均离休、退休、退职费不包括民政部门和总后事业单位支付离休、退休、退职费的数字。

表 3-8　我国养老保险的区域（省、自治区、直辖市）差异现状（1999 年）

区　域	人均养老保险基金支出（元）	人均离休、退休、退职费（元）	人均离休、退休、退职人员保险福利费用（元）
全国平均	6 451.45	6 575.00	9 077.36
北　京	7 466.94	8 632.00	15 409.80
天　津	6 474.38	7 019.00	9 204.22
河　北	6 398.37	6 526.00	8 905.75
山　西	6 760.65	5 956.00	7 896.11
内蒙古	6 377.68	6 485.00	7 910.20
辽　宁	6 012.25	5 629.00	6 791.19
吉　林	8 628.21	5 946.00	8 035.33
黑龙江	7 378.96	6 045.00	7 591.68
上　海	7 965.38	6 944.00	8 597.92
江　苏	6 215.69	7 318.00	10 273.85
浙　江	7 188.58	8 584.00	11 890.03
安　徽	5 149.27	6 027.00	9 576.13
福　建	6 368.47	5 843.00	9 378.01
江　西	5 727.58	4 975.00	6 659.13
山　东	5 902.12	7 619.00	8 554.27

续表

区　域	人均养老保险基金支出（元）	人均离休、退休、退职费（元）	人均离休、退休、退职人员保险福利费用（元）
河　南	4 913.80	6 219.00	9 008.39
湖　北	5 174.87	6 417.00	9 411.44
湖　南	5 733.84	5 518.00	8 800.20
广　东	6 764.50	6 991.00	9 695.04
广　西	5 443.87	5 511.00	7 591.30
海　南	4 170.10	4 295.00	4 669.40
重　庆	4 376.87	5 332.00	7 051.00
四　川	5 551.25	5 752.00	8 345.68
贵　州	5 567.28	6 550.00	11 599.46
云　南	7 403.56	8 219.00	13 011.01
西　藏	11 772.95	11 892.00	22 871.34
陕　西	6 784.55	5 661.00	7 812.29
甘　肃	7 488.50	7 694.00	11 326.51
青　海	12 494.82	8 342.00	13 276.45
宁　夏	6 644.43	6 607.00	10 331.92
新　疆	8 133.17	8 660.00	7 142.56

资料来源：中国劳动与社会保障部网页中的《中国劳动与社会保障统计年鉴（2000）》。

说　　明：本表中的人均离休、退休、退职费不包括民政部门和总后事业单位支付离休、退休、退职费的数字。

表 3-9 以 2002 年的"人均离休、退休、退职人员保险福利费用"数据为例，具体分析各省级区域之间的差异程度：

表 3-9　我国人均离休、退休、退职人员保险福利费用的省级区域差异比较（2002 年）

地区	人均离休、退休、退职人员保险福利费用(元)		2002 年各区域间的绝对差异(元)	2002 年各区域间的相对差异(元)	
	1999 年	2002 年	离差	比率(极均值差率)	1999～2002 年相对发展速度
1. 北京	15 409.80	12 398.59	3 173.86	1.34	−20.48
2. 天津	9 204.22	10 063.20	838.47	1.09	5.84
3. 河北	8 905.75	9 204.00	−20.73	1.10	2.03
4. 山西	7 896.11	8 109.07	−1 115.66	0.88	1.45
5. 内蒙古	7 910.20	8 491.40	−733.33	0.92	3.95
6. 辽宁	6 791.19	7 969.15	−1 255.58	0.86	8.01
7. 吉林	8 035.33	8 428.43	−796.30	0.91	2.67
8. 黑龙江	7 591.68	8 066.50	−1 158.23	0.87	3.23
9. 上海	8 597.92	11 006.83	1 782.10	1.19	16.38
10. 江苏	10 273.85	8 893.05	−331.68	0.96	−9.39
11. 浙江	11 890.03	12 437.26	3 212.53	1.35	3.72
12. 安徽	9 576.13	8 515.82	−708.91	0.92	−7.21
13. 福建	9 378.01	9 954.34	729.61	1.08	3.92
14. 江西	6 659.13	7 776.00	−1 448.73	0.84	7.60

续表

地 区	人均离休、退休、退职人员保险福利费用(元)		2002年各区域间的绝对差异(元)	2002年各区域间的相对差异(元)	
	1999年	2002年	离差	比率(极均值差率)	1999～2002年相对发展速度
15. 山东	8 554.27	10 591.45	1 366.72	1.15	13.85
16. 河南	9 008.39	8 146.31	−1 078.42	0.88	−5.86
17. 湖北	9 411.44	7 986.16	−1 238.57	0.87	−9.69
18. 湖南	8 800.20	7 585.17	−1 639.56	0.82	−8.26
19. 广东	9 695.04	9 747.22	522.49	1.06	0.35
20. 广西	7 591.30	8 825.73	−399.00	0.96	8.39
21. 海南	4 669.40	6 515.37	−2 709.36	0.71	12.55
22. 重庆	7 051.00	7 562.14	−1 662.59	0.82	3.48
23. 四川	8 345.68	7 935.79	−1 288.94	0.86	−2.79
24. 贵州	11 599.46	10 166.76	942.03	1.10	−9.74
25. 云南	13 011.01	11 063.31	1 838.58	1.20	−13.24
26. 西藏	22 871.34	21 283.44	12 058.71	2.31	−10.80
27. 陕西	7 812.29	8 730.67	−494.06	0.95	6.25
28. 甘肃	11 326.51	10 194.93	970.20	1.11	−7.70
29. 青海	1 3 276.45	13 810.74	4 586.01	1.50	3.63
30. 宁夏	1 0331.92	9 724.42	499.69	1.05	−4.13
31. 新疆	7 142.56	10 521.93	1 297.20	1.14	22.98

在表 3-9 中，从离差、比率（极均值差率）来看，全国共有 14 个区域的人均离休、退休、退职人员保险福利费用高于全国人均水平，有 17 个区域的离休、退休、退职人员保险福利费用低于全国人均水平，其中最高的西藏自治区 21 283.44 元比最低的海南省 6 515.37 元多 14 768.07 元，最高的是最低的 3.3 倍。这说明我国各地区之间人均离休、退休、退职人员保险福利费用的绝对差异与相对差异都很大。

从相对发展速度来看，2002 年的人均离休、退休、退职人员保险福利费用与 1999 年相比较，19 个区域的相对发展速度大于 1，表示这些区域的发展速度快于全国的发展速度；12 个区域的相对发展速度小于 1，表示这些区域的发展速度落后于全国的发展速度。

在表 3-10 中，从年均增长率（1999～2003 年）看，我国省级区域人均离休、退休、退职人员保险福利费用在 1999～2003 年期间的增长率，各省级区域的差别很大，增长率较高的有新疆、西藏、广西等区域，分别为 17.5%、16.2%、15.6%，增长率较低的有湖南、北京、云南等区域，分别为 1.5%、1.5%、3.2%。

表 3-10　　**我国省级区域人均离休、退休、退职人员保险福利费用的年均增长率（1999～2003）**

	1999	2003	年均增长率（%）
1. 北京	15 409.80	16 337.71	0.014 725
2. 天津	9 204.22	11 641.91	0.060 497
3. 河北	8 905.75	10 767.68	0.048 607
4. 山西	7 896.11	11 392.48	0.095 977

续表

	1999	2003	年均增长率（%）
5. 内蒙古	7 910.20	10 218.38	0.066 102
6. 辽宁	6 791.19	8 113.43	0.045 477
7. 吉林	8 035.33	9 465.14	0.041 792
8. 黑龙江	7 591.68	10 470.51	0.083 696
9. 上海	8 597.92	11 636.89	0.078 601
10. 江苏	10 273.85	11 933.25	0.038 141
11. 浙江	11 890.03	14 819.90	0.056 612
12. 安徽	9 576.13	10 424.86	0.021 457
13. 福建	9 378.01	11 498.41	0.052 281
14. 江西	6 659.13	8 868.87	0.074 268
15. 山东	8 554.27	10 365.00	0.049 172
16. 河南	9 008.39	10 103.55	0.029 098
17. 湖北	9 411.44	10 366.70	0.024 463
18. 湖南	8 800.20	9 347.76	0.015 205
19. 广东	9 695.04	12 709.37	0.070 024
20. 广西	7 591.30	13 575.96	0.156 415
21. 海南	4 669.40	6 795.55	0.098 35
22. 重庆	7 051.00	9 030.18	0.063 804
23. 四川	8 345.68	9 993.81	0.046 086
24. 贵州	11 599.46	16 056.31	0.084 681
25. 云南	13 011.01	14 764.39	0.032 110
26. 西藏	22 871.34	41 668.96	0.161 797
27. 陕西	7 812.29	10 494.00	0.076 566
28. 甘肃	11 326.51	14 353.66	0.061 003
29. 青海	13 276.45	19 596.93	0.102 241
30. 宁夏	10 331.92	14 056.49	0.080 001
31. 新疆	7 142.56	13 603.75	0.174 766

标准差说明变量值的离散程度。从表 3-11 中的标准差可看出：2002 年我国人均离休、退休、退职人员保险福利费用的标准差与全国平均值相差很大（两者的差值为 6 528.18)，这说明我国 31 个省级行政区域的人均离休、退休、退职人员保险福利费用的离散程度是非常大的。

表 3-11　**我国人均离休、退休、退职人员保险福利费用的区域差异比较（2002 年）**

统计指标	全国平均（元）	标准差（元）	变差系数（%）
人均离休、退休、退职人员保险福利费用	9 224.73	2 696.55	27.71

变差系数表示非同类事物变量值之间的离散程度。从表 3-12 可看出：1999 年我国人均离休、退休、退职人员保险福利费用的变差系数高于人均养老保险基金支出的变差系数，也高于人均离休、退休、退职费的变差系数，这说明 1999 年我国人均离休、退休、退职人员保险福利费用的区域差距最大，人均养老保险基金支出的区域差距次之，人均离休、退休、退职费的区域差距最低。至 2002 年，人均离休、退休、退职费的变差系数高于人均离休、退休、退职人员保险福利费用的变差系数，也高于人均离休、退休、退职费的变差系数，这说明 2002 年我国人均离休、退休、退职费的区域差距最大，人均离休、退休、退职人员保险福利费用的区域差距次之，人均离休、退休、退职费的区域差距最低。

表 3-12　　变差系数（CV）各年份的数值　　单位：%

统计指标	1999 年	2000 年	2001 年	2002 年
人均养老保险基金支出的变差系数	26.68	23.76	25.04	25.49
人均离休、退休、退职费的变差系数	21.84	23.79	26.11	29.63
人均离休、退休、退职人员保险福利费用的变差系数	34.25	23.61	25.93	27.71

四、各区域之间工资与养老金水平比较

我们用养老金的工资替代率（C_9）、养老金与工资差（C_{10}）等指标，来分析目前我国养老保险制度下的不同区域的工资与养老金水平，从中进一步明确我国各区域之间基本养老保险给付标准的差距。

从工资与退休金的区域差距比较中也能看出我国区域基本养老保险差距已经是多么的不合理。表 3-13 中的统计结果显示，全国大部分区域的离休、退休、退职人员人均保险福利费用、人均养老保险离退休金远远高于社会平均工资水平。

本来，工资与退休金的功能与影响因素是不相同的。个人工资应该依据职务级别、劳动力能力等因素确定，由于每个人素质的差异，所以工资水平就应该根据按劳取酬的原则来体现出个人间的差异，以示对工作的正面激励。政府主办的基本养老制度是个人在年老失去工作能力时的生存保障，所有老人应该根据“一视同仁”的原则普遍地得到国家的帮助，退休金应该根据国民待遇统一原则确定，同是退休老人，享受的政府基本养老金应该一样，不同的可以是个人储蓄养老与企业年金的保障水平的差异，所以，各区域之间的基本养老退休金从理论上应该是比较接近的。但是，现实中，我国各区域之间的基本养老退休金水平差距是非常大的（见表 3-13）。

表 3-13　　**2003 年我国城镇基本养老保险水平与工资的省级区域比较**

区域	人均离休、退休、退职人员保险福利费用(元)	人均养老保险基金支出(元)	人均养老保险离退休金(元)	人均工资(元)	养老金的工资替代率(人均养老保险离退休金÷人均工资)(%)	人均养老福利费用与人均工资的差(元)
全国平均	12 724.00	8 087.94	9 407	14 040	67	1 316.00
1.北京	16 337.71	10 426.52	11 637	25 312	46	—8 974.29
2.天津	11 641.91	8 373.02	9 746	18 648	52	—7 006.09
3.河北	10 767.68	7 523.02	8 888	11 189	79	—421.32
4.山西	11 392.48	8 047.54	8 206	10 729	76	663.48
5.内蒙古	10 218.38	7 314.77	9 081	11 279	81	—1 060.62
6.辽宁	8 113.43	6 889.90	7 598	13 008	58	—4 894.57
7.吉林	9 465.14	7 022.46	8 080	11 081	73	—1 615.86
8.黑龙江	10 470.51	6 897.17	8 915	11 038	81	—567.49
9.上海	11 636.89	11 373.79	11 740	27 304	43	—15 667.10

续表

区域	人均离休、退休、退职人员保险福利费用(元)	人均养老保险基金支出（元）	人均养老保险离退休金（元）	人均工资（元）	养老金的工资替代率（人均养老保险离退休金÷人均工资）(%)	人均养老福利费用与人均工资的差（元）
10.江苏	11 933.25	8 594.70	10 993	15 712	70	−3 778.75
11.浙江	14 819.90	10 354.56	12 599	21 367	59	−6 547.10
12.安徽	10 424.86	6 516.71	7 977	10 581	75	−156.14
13.福建	11 498.41	8 353.26	10 745	14 310	75	−2 811.59
14.江西	8 868.87	5 742.13	7 786	10 521	74	−1 652.13
15.山东	10 365.00	9 990.78	10 499	12 567	84	−2 202.00
16.河南	10 103.55	7 036.99	8 314	10 749	77	−645.45
17.湖北	10 366.70	6 611.73	8 182	10 692	77	−325.30
18.湖南	9 347.76	7 103.71	8 175	12 221	67	−2 873.24
19.广东	12 709.37	9 676.69	10 409	19 986	52	−7 276.63
20.广西	13 575.96	6 975.94	9 262	11 953	77	1 622.96

续表

区域	人均离休、退休、退职人员保险福利费用(元)	人均养老保险基金支出(元)	人均养老保险离退休金(元)	人均工资(元)	养老金的工资替代率(人均养老保险离退休金÷人均工资)(%)	人均养老福利费用与人均工资的差(元)
21. 海南	6 795.55	6 252.98	6 559	10 397	63	−3 601.45
22. 重庆	9 030.18	5 803.60	7 232	12 425	58	−3 394.82
23. 四川	9 993.81	7 742.84	7 879	12 441	63	−2 447.19
24. 贵州	16 056.31	7 257.10	9 981	11 037	90	5 019.31
25. 云南	14 764.39	7 925.82	10 467	12 870	81	1 894.39
26. 西藏	41 668.96	17 220.00	22 384	26 931	83	14 737.96
27. 陕西	10 494.00	7 036.65	8 766	11 461	76	−967.00
28. 甘肃	14 353.66	8 343.03	10 492	12 307	85	2 046.66
29. 青海	19 596.93	9 852.89	13 536	15 356	88	4 240.93
30. 宁夏	14 056.49	8 009.79	9 799	12 981	75	1 075.49
31. 新疆	13 603.75	7 994.00	10 296	13 255	78	348.75

资料来源：根据《中国统计年鉴(2002年)》的有关数据计算而得。

以表 3-13“2003 年我国城镇基本养老保险水平与工资的省级区域比较”为例，有 9 个区域的人均离休、退休、退职人员保险福利费用还高于人均工资，工资水平最高的上海市27 304.00 元比工资水平最低的海南省 10 397.00 元多16 907.00 元，前者是后者的 2.6 倍。相比之下，2003 年人均离休、退休、退职人员保险福利费用水平最高的西藏自治区 41 668.96 元比最低的海南省 6 795.55 元多34 873.41元，前者是后者的 6.1 倍。这说明我国区域之间人均离休、退休、退职人员保险福利费用水平的极差差幅，远远高于我国区域之间人均工资水平的极差差幅。

从养老金的工资替代率看，既说明我国各区域之间养老金的工资替代率差距大，也说明我国各区域的工资替代率远远高于我国基本养老保险制度设计时的工资替代率(58.5%)，更是高于国际上通行的 40%～60%的工资替代率。例如，在 20 世纪 90 年代初期，美国养老金的工资替代率在 49.5%左右，部分经合组织国家（OECD）的养老金的工资替代率在 40%左右（见表 3-14）。从理论上来说，建立养老保险制度的基本目的是保障退休老人“老有所养”，从该基本目的出发，社会统筹部分的工资替代率应以最低生活保障线为参照标准。如果这部分工资替代率较高，收入再分配强度就较大，从而与人们对生产所做的贡献背离就较大。当平均工资替代率超过 100%时，这意味着退休者得到的平均养老金超过了在职职工的平均工资，这不能不说是对工作的一种极大的否定。如果那样，按时退休甚至找出各种理由提前退休则成为人们的一种理性选择。在人口老龄化日趋明显的背景下，这种选择与充分利用具有熟练技能的人力资源以减轻社会养老负担的目标，显然是相背离的。

表 3-14　　**20 世纪 90 年代初六国退休养老金的平均工资替代率比较**　　单位%

中国		瑞典	美国	英国	日本	德国
1993 年	2003 年					
85.9	67.0	57.1	49.5	43.2	41.9	34.4

资料来源：中国人民大学劳动人事学院和比利时根特大学法学院．欧盟一体化过程中的劳动力市场与社会保障政策：中欧比较研究．中国人民大学出版社．1999.136.

即使从强制性个人账户来看，工资替代率也不宜过高。因为较低水平的养老金规定，对个人年轻时的消费选择干预较少，有助于减少逃税，有助于避免资本市场、劳动力市场的扭曲①。因此，养老金工资替代水平一般适宜在保证退休者的生活水平不低于最低生活保障线和不低于退休前的基本生活水平之间求得平衡。显然，我国较高的养老金工资替代率无论是对完善养老保险体制，还是对健全劳动力市场，或是对充分发挥商业保险市场作用来说都是弊多利少的。

① 杨丹芳．我国统账结合的养老保险模式中一些制度设计的经济思考．首都经济贸易大学会计学院网．http：//www. cuebacc. com/asp3/check _ id. asp? id＝6882.

第四节 各区域基本养老保险负担的公平程度现状

目前，我国基本养老保险的负担主体，主要是企业、个人与政府，相应地，反映区域基本养老保险负担的公平程度的指标，主要是企业与个人的养老保险供款率、基本养老保险制度内赡养率、全社会老人赡养系数与各区域之间地方政府基金收支结余。在此，我们主要分析目前我国各区域养老保险的个人、企业与地方政府的负担公平程度，以用来评估我国各区域基本养老保险发展的协调程度。从各区域社会养老保险负担的差异角度分析，目前我国各区域基本养老保险负担很不公平，基本养老保险的区域协调程度非常差。

一、各区域之间企业、个人负担比较

我们用各区域个人、企业养老保险供款率（C_{11}）指标，来分析目前我国养老保险制度下的不同区域企业、个人负担公平程度。

区域之间经济非均衡发展是世界各国经济发展过程中的普遍现象，我国各区域之间经济发展不平衡状况是我国的基本国情之一，如果没有中央政府的统一供款率政策，很容易出现各区域之间不同的基本养老保险资金供款率。事实上，我国现有的养老保险制度由于是县市级地方政府统筹，而不是全国统筹，我国各区域的人口结构中的老龄化程度不一样，加上企业、个人养老保险供款率标准确定

依据的是养老保险基金“量出为入、略有结余”原则，这样，各区域企业与个人的养老供款率，都不一样。

根据1997年国务院26号文件规定，养老保险基金按照“以支定收，略有结余，留有部分积累”的原则统一筹集，养老保险的企业缴费一般不得超过企业工资总额的20％（包括划入个人账户部分），具体比例由省、自治区、直辖市人民政府确定①。但是，由于养老保险统筹层次低，各区域地方主义行为，加上许多省、市政府在“以支定收，略有结余”的思想指导下纷纷加码，所以，各个区域的企业供款率各不相同。例如，辽宁省社会养老保险体制内的抚养比约为2.4∶1.0，大大高于全国平均水平。而且，辽宁省国有和集体企业离岗人数占企业职工总数（495万人）的比重为41.6％，仅辽宁鞍山市的鞍钢一个企业的退休人员就相当于深圳市退休人员的5倍。由此可见，辽宁省社会养老保险负担比较沉重，企业缴纳养老保险费比率高达22％，个别地区甚至高达25％②。

又例如，在近年的辽宁省养老保险改革试点模式中，

---

① 1997年国务院26号文件规定，养老保险的供款率为28％（企业缴费20％，个人1997年缴费不得少于本人缴费工资的4％，1998年起每2年增一个百分点，增至8％），失业保险3％（企业缴费2％，工人缴费1％），医疗保险10％（企业缴费8％，工人缴费2％），三项合计为41％，超过国际劳工局建议的25％的供款率水平，也超过了国际税收29％的心理极限，这仅是制度设计中的供款率，而部分区域的实际缴费率又远远高于制度设计。参见：萧明同．社会保障税制与政府责任的国际比较．福建税务，2002（1）：30.

② 王伶、沈玉志．中国社会保障机制的改建——基于辽宁省养老保险制度的透视．技术经济，2003（12）：12.

第一层次的现收现付式基础养老金，同一县市的企业供款费率都是一样，但同一个省不同的县市的企业供款费率则差别巨大，最低可以是19%，最高达到了29%。个别县市由于企业严重老化，企业社会保险的负担甚至高达工资总额的50%以上，其中主要就是因为养老保险企业缴费率在各地方的不同①。

各区域之间的养老保险个人缴费率，虽然不像企业负担的区域差别大，但是，由于各区域的缴费基数不规范，名义工资与实际工资相差悬殊，所以，各区域之间的个人负担在事实上也有失公平。

以上这种区域之间个人、企业负担轻重不一的现象，损害了公平的市场竞争环境，不利于区域之间个人、企业的公平竞争，也不利于区域之间劳动力的自由流动，还使重养老负担区域与轻养老负担区域的差距进一步扩大。

从世界范围来看，亚洲、非洲一些国家的企业社会保障供款率（相当于雇员工资的百分比），新加坡为18.00%，马来西亚为12.75%，菲律宾为7.36%～9.05%，斯里兰卡为12.00%，埃及为24.00%。西方发达国家养老保险缴费率，美国为5.50%，日本男为6.20%、女为5.65%，英国为10.45%，法国为8.20%，德国为9.35%，意大利为16.95%。由此可见，我国企业的养老保险缴费是相当高的②。

---

① 王伶、沈玉志. 中国社会保障机制的改建——基于辽宁省养老保险制度的透视. 技术经济，2003（12）：12.

② 肖金成. 国有企业改革的难点与对策（一）. 中国经济展望网，http：//www.zjzw.net/read.asp? id=16816.

过高的企业缴费率，导致许多企业无力缴费或以各种方式逃避参保，而为了维持养老保险体系财务正常运转，一些地方不得不进一步提高企业缴费率，进而形成一种恶性循环。

企业的高缴费率将大幅度增加重负担区域的企业生产成本，会降低这些区域内企业的盈利水平与竞争能力，会降低这些区域对其他区域资本投资的吸引力，会进一步加大企业亏损，造成对政府其他方面税收的冲击，甚至迫使不该破产的企业破产，最终会削弱整个区域社会保障的经济基础。这些将使我国区域经济差距进一步扩大，进一步强化区域发展中的"马太效应"，加剧重负担区域的衰落。

由于现行的养老保险制度主要是覆盖国有企业与集体企业职工，过高的缴费率使国有企业与集体企业承担了过重的养老负担，导致这些企业自身发展陷入困境，也使它们无法与各种非公有制企业平等竞争。事实上，不仅不同所有制企业之间无法平等竞争，即使在公有制经济内部，由于统筹层次低、条块分割严重，不同地区和行业之间的企业在养老负担方面也不相同，彼此之间也难以进行平等竞争。

二、各区域之间地方政府负担比较

我们用各区域制度内赡养率、老人赡养系数、人均地方政府基金收支结余等指标，来分析目前我国养老保险制度下的不同区域地方政府的负担公平程度。

1. 各区域之间制度内赡养率（C_{12}）比较

制度赡养率（"负担率"或"抚养率"）、赡养系数与赡养比是容易混淆的三个概念。养老保险制度赡养率的含义有两种理解，一是指制度受益人与在职人口的比率；二是指制度受益人与同期参加制度的职工人数之比。总社会赡养（“负担”或“抚养”）系数包括少儿赡养系数与老人赡养系数，其中少儿赡养系数是指0～14岁人口占15～64岁人口的比重，老人赡养系数是指65岁及以上人口占15～64岁人口的比重。赡养比是指每一个老人需要多少在职人员赡养，包括社会赡养比与养老保险制度赡养比两种。社会赡养比是指每一个65岁及以上老人需要多少15～64岁的在职人员赡养。养老保险制度赡养比是指每一个制度受益老人需要同期多少参加制度的在职人员赡养。例如，我国2003年的基本养老保险制度赡养率为25%，养老保险制度赡养比是1∶4，全社会老人赡养系数为11.96%，全社会老人赡养比是1∶8.36。

本书的基本养老保险制度赡养率取第二种含义，即是指离休、退休、退职人员占参加养老保险的总人数的比例，它反映养老保险制度的负担情况。从表3-15中可以看出：我国基本养老保险制度内赡养率的区域差别很大。以2003年为例，养老保险赡养负担最重的是上海、辽宁，赡养率分别为74%、63%，养老保险赡养负担最轻的是新疆与西藏，赡养率为16%，最高值为最低值的4.6倍（见表3-15）。

2. 各区域之间老人赡养系数比较（C_{13}）

老年人口赡养系数指老年人口数与劳动年龄人口数之比。通常用百分比表示，用以表明每100名劳动年龄人口要负担赡养多少老年人。老年人口赡养系数是从经济角度反映人口老龄化社会后果的指标之一，是反映各区域养老保险负担的指标。

表 3-15　　我国各区域之间基本养老保险制度内赡养率比较　　单位：%

地区	2001年			2002年			2003年		
	制度内赡养率（%）	参保总人数(万人)	离休退休退职人员（万人）	制度内赡养率（%）	参保总人数（万人）	离休退休退职人员（万人）	制度内赡养率（%）	参保总人数（万人）	离休、退休、退职人员(万人)
全国	24	14 182.5	3 380.6	24	14 736.6	3 607.8	25	15 506.7	3 860.2
北京	29	425.9	124.3	31	436.2	133.2	32	448.5	141.5
天津	30	281.4	85.2	31	296.0	91.4	34	283.3	97.6
河北	23	641.4	145.3	24	643.5	154.0	25	665.5	163.6
山西	22	365.6	81.8	24	361.8	85.4	24	364.4	88.1
内蒙古	23	290.6	65.3	24	292.9	70.8	24	300.9	72.6
辽宁	28	1 022.7	288.9	29	1 039.2	302.2	29	1 070.4	315.5
吉林	26	389.1	99.6	26	397.7	104.9	27	427.0	115.5
黑龙江	26	692.5	178.5	27	689.8	187.4	27	714.3	196.0
上海	35	683.5	239.9	35	699.8	246.9	36	715.6	254.6

续表

地区	2001年			2002年			2003年		
	制度内赡养率（%）	参保总人数（万人）	离休退休退职人员（万人）	制度内赡养率（%）	参保总人数（万人）	离休退休退职人员（万人）	制度内赡养率（%）	参保总人数（万人）	离休、退休、退职人员（万人）
江苏	24	888.1	212.7	24	1 063.5	252.9	24	1 135.2	271.4
浙江	20	610.4	125.1	19	701.1	132.6	18	801.2	144.2
安徽	23	432.7	98.5	24	432.3	102.8	25	456.6	113.6
福建	24	242.0	58.4	22	285.1	61.6	22	364.2	79.4
江西	24	328.8	78.2	24	339.8	82.6	26	355.9	93.4
山东	19	1 022.6	191.3	20	1 043.0	205.3	19	1 135.9	219.3
河南	19	736.6	141.9	21	757.8	161.5	23	751.1	171.0
湖北	22	612.1	137.7	23	628.8	147.2	24	732.4	177.9
湖南	25	603.4	148.0	26	616.5	157.7	26	636.2	167.5
广东	14	1 370.3	187.0	14	1 405.4	193.5	14	1 482.2	203.8
广西	24	248.9	58.7	25	257.2	63.5	25	264.8	66.3

续表

地区	2001年			2002年			2003年		
	制度内赡养率（%）	参保总人数（万人）	离休退休退职人员（万人）	制度内赡养率（%）	参保总人数（万人）	离休退休退职人员（万人）	制度内赡养率（%）	参保总人数（万人）	离休、退休、退职人员（万人）
海南	28	108.2	30.5	29	111.2	31.9	29	116.7	33.6
重庆	30	270.3	82.3	31	280.3	87.8	33	280.0	92.4
四川	29	578.9	169.4	30	589.2	178.1	31	605.5	187.5
贵州	27	159.0	42.4	27	168.9	44.9	29	168.0	48.0
云南	29	243.1	69.6	29	252.1	74.1	30	257.3	77.8
西藏	37	7.1	2.6	37	7.0	2.6	38	7.3	2.8
陕西	24	345.4	83.4	26	352.0	90.8	27	362.4	97.4
甘肃	24	188.4	45.3	26	188.0	48.1	27	192.0	51.2
青海	29	51.9	14.9	28	54.2	15.0	28	56.4	15.9
宁夏	23	57.9	13.2	23	59.0	13.7	24	60.7	14.3
新疆	24	148.1	35.7	24	152.1	36.5	25	160.0	39.4

表 3-16 为 2002～2003 年的各区域之间老年人口赡养系数情况，两年的数据表明，我国各区域之间老年人口赡养系数差异很大。在此，我们重点分析 2003 年的各区域之间老年人口赡养系数（见表 3-17）。

表 3-16　　**2002～2003 年我国各区域老年人口赡养系数**

地　区	2002 年	2003 年
全国平均	11.57	11.96
1. 北京	13.86	14.32
2. 天津	14.38	14.55
3. 河北	10.72	10.32
4. 山西	9.98	10.16
5. 内蒙古	9.72	10.30
6. 辽宁	10.63	12.84
7. 吉林	8.68	9.07
8. 黑龙江	8.30	8.58
9. 上海	17.72	21.88
10. 江苏	13.86	15.84
11. 浙江	15.40	15.88
12. 安徽	12.19	11.70
13. 福建	10.66	11.25
14. 江西	10.82	9.97

续表

地　区	2002年	2003年
15. 山东	11.70	12.49
16. 河南	10.74	11.60
17. 湖北	12.94	11.12
18. 湖南	12.07	12.53
19. 广东	11.54	12.37
20. 广西	12.46	13.13
21. 海南	11.37	11.49
22. 重庆	12.84	12.81
23. 四川	12.24	12.17
24. 贵州	10.39	11.40
25. 云南	10.27	10.29
26. 西藏	9.36	9.05
27. 陕西	11.51	10.86
28. 甘肃	9.06	9.49
29. 青海	7.94	8.46
30. 宁夏	6.95	8.39
31. 新疆	8.85	7.78

资料来源：《中国统计年鉴（2003）》、《中国统计年鉴（2004）》中的表4-7、表4-9。

说　　明：本表是2002年、2003年人口变动情况抽样调查样本数据，抽样比分别为0.988‰、0.982‰。

表 3-17　　2003 年我国老年人口赡养系数的各区域差异分析

地　区	赡养系数（%）	离差（极均值差）	比率（极均值差率）
1. 北京	14.32	2.36	1.20
2. 天津	14.55	2.59	1.22
3. 河北	10.32	−1.64	0.86
4. 山西	10.16	−1.80	0.85
5. 内蒙古	10.30	−1.66	0.86
6. 辽宁	12.84	0.88	1.07
7. 吉林	9.07	−2.89	0.76
8. 黑龙江	8.58	−3.38	0.72
9. 上海	21.88	9.92	1.83
10. 江苏	15.84	3.88	1.32
11. 浙江	15.88	3.92	1.33
12. 安徽	11.70	−0.26	0.98
13. 福建	11.25	−0.71	0.94
14. 江西	9.97	−1.99	0.83
15. 山东	12.49	0.53	1.04
16. 河南	11.60	−0.36	0.97
17. 湖北	11.12	−0.84	0.93
18. 湖南	12.53	0.57	1.05
19. 广东	12.37	0.41	1.03
20. 广西	13.13	1.17	1.10
21. 海南	11.49	−0.47	0.96
22. 重庆	12.81	0.85	1.07
23. 四川	12.17	0.21	1.02

续表

地　区	赡养系数（%）	离差（极均值差）	比率（极均值差率）
24. 贵州	11.40	−0.56	0.95
25. 云南	10.29	−1.67	0.86
26. 西藏	9.05	−2.91	0.76
27. 陕西	10.86	−1.10	0.91
28. 甘肃	9.49	−2.47	0.79
29. 青海	8.46	−3.50	0.71
30. 宁夏	8.39	−3.57	0.70
31. 新疆	7.78	−4.18	0.65

资料来源：《中国统计年鉴（2004）》中的表4-9。

说　　明：本表是2003年人口变动情况抽样调查样本数据，抽样比为0.982‰。

从离差（极均值差）来看，2003年我国老年人口赡养系数的各区域之间差异为：2003年的全国平均老年人口赡养系数为11.96，有12个区域的老年人口赡养系数高于全国平均水平，19个区域低于全国平均水平，其中最高的上海市为21.88，比最低的新疆维吾尔族自治区7.78高14.1，上海市的老年人口赡养系数是新疆维吾尔族自治区老年人口赡养系数的2.8倍。

从比率（极均值差率）来看，2003年我国老年人口赡养系数的各区域之间差异为：2003年的全国平均老年人口赡养系数为11.96%，有12个区域的比率大于1，19个区域的比率小于1，这说明我国有12个区域的老年人口赡养系数高于全国平均水平，19个区域的老年人口赡养系数低于全国平均水平，说明我国各区域之间老年人口赡养系数的相对差异大。

3. 各区域人均养老保险基金结余（C_{14}）比较

养老保险基金结余是指截止报告期末基本养老保险基金收支余额，包括银行存款、财政专户、债券投资和其他，是养老保险基金收入与养老保险基金支出的差。养老保险基金收入包括单位个人缴费、财政补贴收入、投资运营收益、其他收入（基金的滞纳金、社会或个人捐赠及财政部门核准的其他收入）。养老保险基金支出包括支付给参加基本养老保险的离休退休退职人员的养老金、丧葬抚恤补助、以及由于保险关系转移、上下级之间调剂资金等原因而发生的支出。

从我国统计年鉴的养老保险基金收支结余情况看，可以得出如下基本结论：

● 我国各省级区域养老保险基金收支结余情况良好，除个别省级区域外，几乎所有区域每年都有大量的基金结余。例如，2003 年，全国只有西藏自治区的养老保险基金没有结余，其他 30 个省级区域的养老保险统筹基金全部有结余（参见表 3-18、表 3-19）。

表 3-18　**我国历年基本养老保险基金结余情况**　单位：亿元

年 份	基金收入	基金支出	当期结余	累计结余
1990	178.8	149.3	29.5	97.9
1991	215.7	173.1	42.6	144.1
1992	365.8	321.9	43.9	220.6
1993	503.5	470.6	32.9	258.6
1994	707.4	661.1	46.3	304.8
1995	950.1	847.6	102.5	429.8
2000	2 278.1	2 115.5	162.6	947.1

续表

年 份	基金收入	基金支出	当期结余	累计结余
2001	2 489.0	2 321.3	167.7	1 054.1
2002	3 171.5	2 842.9	328.6	1 608.0
2003	3 680.0	3 122.1	557.9	2 206.5

资料来源：《劳动与社会保障统计年鉴（2004年）》。

表 3-19　　**2003年我国各省级区域养老保险基金结余**

地 区	基金结余（万元）	参保人数（万人）	人均基金结余（元/人）
全国平均	22 065 401	11 646.5	1 894.60
1. 北京	378 691	307.0	1 233.52
2. 天津	221 073	185.7	1 190.48
3. 河北	872 288	501.9	1 737.97
4. 山西	701 009	276.3	2 537.13
5. 内蒙古	268 420	228.3	1 175.73
6. 辽宁	1 557 866	754.9	2 063.67
7. 吉林	258 991	311.5	831.43
8. 黑龙江	732 467	518.3	1 413.21
9. 上海	743 332	461.1	1 612.08
10. 江苏	1 193 700	863.8	1 381.92
11. 浙江	2 006 702	657.0	3 054.34
12. 安徽	247 157	343.1	720.36
13. 福建	464 774	284.8	1 631.93

续表

地 区	基金结余（万元）	参保人数（万人）	人均基金结余（元/人）
14. 江西	304 829	262.5	1 161.25
15. 山东	1 754 944	916.7	1 914.41
16. 河南	971 519	580.0	1 675.03
17. 湖北	434 851	554.4	784.36
18. 湖南	757 407	468.7	1 615.97
19. 广东	4 567 456	1 278.5	3 572.51
20. 广西	333 686	198.5	1 681.04
21. 海南	106 219	83.1	1 278.21
22. 重庆	155 727	187.6	830.10
23. 四川	1 111 592	418.0	2 659.31
24. 贵州	320 611	120.0	2 671.76
25. 云南	454 622	179.6	2 531.30
26. 西藏	—260	4.4	—59.09
27. 陕西	207 032	265.0	781.25
28. 甘肃	200 118	140.8	1 421.29
29. 青海	6 600	40.5	162.96
30. 宁夏	157 788	46.5	3 393.29
31. 新疆	539 624	186.3	2 896.53

资料来源：《劳动与社会保障统计年鉴（2004 年）》。

但是，现实中，在目前我国许多地区的个人账户是空账的情况下，为什么大量结余基金不能用于弥补那些养老基金短缺的市县？为什么还有许多县市地方政府面临养老金收不抵支、养老金发放困难呢？这其中原因很复杂，但有一个很重要的原因，就是目前我国养老保险制度的统筹层次主要在市县级地方政府，保险资金也被划块管理和运营，各个省级区域之间、各个市县区域之间，养老保险统筹基金不能互相调剂，社会养老保险资金在部分县市沉积，难以在县市之间统筹共济，所以，在省级的养老基金统计账面上有结余，并不能否定部分县市养老基金短缺的客观现实。

目前，我国多数区域的养老保险基金还没有实现省级统筹，即使宣布建立了省级统筹金的省级区域，省级统筹金的作用也还非常有限。例如，中部地区 H 省的全部年调剂金还远远不够填补省会城市 W 市一年的基金缺口。其结果是不同省级区域之间、一个省级区域的不同市县之间，养老保险基金有的区域有积累有结余，有的区域有拖欠无结余，彼此养老负担苦乐不均，养老基金支出忧喜并存，部分省级区域、部分县市区域的结余资金也不可能被调节用来缓解其他区域的养老支付压力，即便是一个基金总量有结余的省（自治区、直辖市），也无法实现省内各市县基金调节共济。

我国养老保险基金在全国各区域、各市县之间“划地为牢”，无法互相调节的局面，导致我国养老保险基金的使用效率低下，导致区域之间、市县之间的养老金支付能力差异巨大，同时还造成我国中央财政填补地方政府养老基金不足的窟窿越来越大，这增加了中央政府的财政压力，强化了中央财政支持地方政府养老基金的随意性。在现实中，这些不良影响已经开始表现出来。例如，我国各区域养老保险统筹基金越来越需要中央与各级地方政府的财政补贴。自1998年以来，中央财政对基本养老保险基金的财政补贴在大幅度增长，1998年国家财政补贴养老金缺口，全国共计50多亿元，1999年增加到100亿元①。在1998年至2001年国家财政对养老保险的补贴中，90%以上来源于中央财政，地方财政不足10%②。2002年中央政府财政补贴408.2亿元；2003年中央政府与地方政府财政补贴共530亿元，其中中央财政补贴474.3亿元；2004年中央政府与地方政府财政补贴共614亿元，其中中央财政补贴522亿元，地方财政补贴92亿元③。

导致以上局面的深层次原因，是我国各地区的地方利益保护阻碍着养老保险基金全国统筹的实施。著名劳动就业问题专家、中国社科院研究员冯兰瑞的分析可能具有一定的代表性："这不是钱多钱少的问题，有的是对社会保障社会化理论缺少认识，有的是方法不对，养老模式没有社会化。归根结底，最深层次的原因是利益障碍"④。

- 我国各省级区域之间拥有的养老保险统筹基金结余

---

① "中国社会保障体系研究"课题组. 中国社会保障制度改革：反思与重构. 社会学研究，2000（6）：49.

② 郑功成等著. 中国社会保障制度变迁与评估. 中国人民大学出版社. 2002.104.

③ 2003年、2004年度劳动和社会保障事业发展统计公报. 中华人民共和国劳动与社会保障部网页，http：//www. molss. gov. cn/index_tongji. htm.

④ 冯兰瑞. 社会保障管理体制必须统一. 理论前沿，1994（18）：2.

量差别很大，一部分区域存在资金缺口，而另一部分区域则有结余。2003 年全国共有养老保险累计结余基金 22 065 401 万元，全国人均基金 1 894.60 元，共有 10 个省级区域高于全国平均水平，21 个省级区域低于全国平均水平。人均结余基金最多排列前 4 名的是广东、宁夏、浙江、新疆，而人均基金结余最少排列最后 4 名的是西藏、青海、安徽、陕西，其中最高的广东省养老保险基金人均结余（3 572.51 元）比最低的西藏自治区（—59.09 元）多 3 631.96 元，前 4 名人均养老保险基金结余分别是最后 4 名的 3 630.9 倍、20.8 倍、4.2 倍、3.7 倍。这些说明我国各区域的人均养老保险统筹基金结余量差距，已经是很不正常，如果单纯依靠建立中央政府对地方政府的财政转移支付制度，作用是有限的。这在客观上迫切要求我们必须打破现有养老保险制度的框架，寻求新的解决思路。

第五节　各区域基本养老保险制度功能的实现程度现状

依据表 1-3“基本养老保险制度功能实现程度的评估指标”，对我国目前城镇社会养老保险制度功能的实现程度进行评估，结果表明：我国现有城镇社会养老保险制度基本功能、运行管理功能与附属功能的实现程度都较差。从各区域基本养老保险制度功能的实现程度分析，目前我国区域基本养老保险协调程度非常差。

一、基本功能的实现程度

社会养老保险制度基本功能的实现程度用社会公平程

度（用“目标覆盖率”体现）、人群间社会再分配作用大小、区域间社会再分配作用大小（缩小区域差距）、社会安全程度等指标来反映。我国城镇社会养老保险制度基本功能实现程度的评估情况为：

社会公平功能弱（目标覆盖率低）：我国目前的县市统筹、部分积累的基本养老保险制度主要覆盖拥有城镇户口的就业于企业、少数经营性事业单位的员工。1999～2003年，在我国城镇基本养老保险制度中，31个省、自治区、直辖市的平均基本养老保险参保覆盖率分别为18%、19%、19%、20%、21%（参见表3-2“我国城镇基本养老保险参保覆盖率的区域比较”），这表明：我国目前的城镇基本养老保险制度大约覆盖全国城镇人口的20%，覆盖全国所有城乡人口的7%（按城市化率为36%计算）。这种低覆盖率形成的原因，既是因为养老保险模式本身的管理体制缺陷，也是由于我国特定的城市取向、公有部门取向的公共政策的影响。另外，由于县市统筹养老保险基金，地方政府从地方利益出发，趋向于使各区域尽量减少养老负担，使各地方政府都不愿意承担跨区域流动人口的养老负担，这也降低了养老保险的目标覆盖范围。

人群间社会再分配功能弱：我国地方统筹的社会养老保险是向地方政府辖区内成员提供的保障制度，从一个地区内部而言，地方统筹社会养老保险均衡了地区内部成员间养老保险水平，具有一定的社会再分配功能。但是，由于部分市县经济和社会的发展未能达到社会保险对其财力的需求，市县社会保险资金调剂余地很小，加之全国各市县之间经济和社会发展的程度差异较大，因此，市县之间的养老保险基金的共济作用有限，抗风险能力也很弱，部分县市社会保险资金支出压力非常大，这大大弱化了基本养老保险的再分配功能。

不具有缩小区域差距的功能：由于我国养老保险一般采取以市县为统筹单位的管理方式，过分强调块块包干负责，区域与区域之间的成员不能均衡养老保险水平，不具有社会再分配功能。从全国看，地方统筹的基本养老保险管理体制，不具有缩小区域差距的功能，因为区域之间基本养老保险水平的巨大差距可能会使区域差距越来越大。

社会安全功能很弱：由于我国统账结合的养老保险制度保留了统筹部分，能使个人养老金部分共济互助，一定程度上能起到社会再分配作用，但由于统筹层次低、覆盖面窄等原因，又限制了社会再分配作用的充分发挥。目前，我国80%的城镇居民、93%的城乡居民没有被国家建立管理的基本养老保险制度所覆盖，我国中西部地区养老负担沉重、养老金支付压力巨大，这些都说明我国基本养老保险制度的社会安全功能，事实上是非常脆弱的。

二、运行管理功能的实现程度

基本养老保险制度的运行管理功能实现程度可用财务的可持续性、管理的简便程度、个人激励程度、个人权益的便携性等指标来反映。我国城镇社会养老保险制度运行管理功能实现程度的评估情况为：

财务的可持续性很差：从理论上讲，如果“养老基金的投资收益率高于工资增长率和人口增长率之和”的假设正确，则完全基金积累制与部分基金积累制的财务可持续性，要优于随收即付制度的财务可持续性，但如果此假设在现实中不成立，则两种模式的财务可持续性难以比较出谁优谁劣。在国外，欧美许多国家的随收即付制度的回报率约为2%（来自税基的增加，也即由于雇员的数量与雇员的平均收入呈上升型），而个人账户基金积累制的回报率一般为7%①。所以，在国外欧美许多国家，完全基金积累养老保险制度比全国统筹的随收即付制度的财务可持续性要好。但是，在我国现实生活中，1986～2000年的实际工资平均增长率为14.64%，其中1994年的实际工资增长率高达34.64%，远远高于同期的基金投资收益率5%②。这表明"养老基金的投资收益率高于工资增长率和人口增长率之和"的假设在近期中国是不成立的，部分基金积累制的财务可持续性，并不优于随收即付制度的财务可持续性。同时，我国各级政府对基本养老保险的财政补贴越来越大的事实，也说明目前我国养老保险制度财务的可持续性很差。

管理的简便程度差、管理成本高：我国基本养老保险管理政出多门，各区域各自为政的现象非常普遍。据财政部统计资料，1993年全国社会保险机构管理费支出9.95亿元，比1992年增长了24.38%，人均提取2.99万元，人均使用3万元，管理费支出水平大大高于其他行政事业单位③。

个人激励功能弱：我国统账结合的养老保险制度，从

① 李珍著. 社会保障制度与经济发展. 武汉大学出版社. 1998. 178；郑秉文. 欧盟国家社会养老的制度选择及其前景——兼论"名义账户"制对欧盟的适用性. 欧洲研究，2003（2）：74.

② 封进. 中国养老保险体系改革的福利经济学分析. 经济研究，2004（2）：55.

③ 孙久鹏. 中国社会保障管理体制改革方向研究. 经济学家，2004（2）：25.

制度设计上看，因为有个人账户，虽然不是完全基金积累，也应该具有较强的个人激励功能。但是，在现实生活中，我国绝大部分区域的个人账户是空账，个人激励功能没有得到很好的发挥。

个人权益的便携性差：我国社会统筹与个人账户结合型的社会养老保险制度，由于建立了个人账户，似乎个人账户上的积累可以跨区域转移流动，具有个人权益的便携性。但事实上，由于我国大部分区域实行的是“大统筹、小账户”，个人账户上的积累很少，统筹经费不能跨区域转移流动，个人账户资金根本不足以保障养老，更不用说许多区域的个人账户是空账，根本就难以做实，所以，这部分能便携的权益是没有充足的保障的。

三、附属功能的实现程度

基本养老保险制度附属功能的实现程度可以用以下指标来反映：能否促进经济增长、能否促进资本市场发展、能否化解转制成本。我国城镇基本养老保险制度附属功能实现程度的评估情况为：

近期内难以促进经济增长：理论上与国外的经验都认为，基金制有利于促进经济增长，理由是基金制能够增加储蓄，更多的储蓄可以转化为更多的投资。但是，目前我国的储蓄率已经处于较高的水平，宏观经济运行中的主要矛盾体现为总需求的不足和生产能力相对过剩。所以，我国社会统筹与个人账户结合型的社会养老保险，即使个人账户上是实账而提高了储蓄水平，也未必能够转化为有效的投资，反而可能会抑制总需求，对经济增长产生负面影响。

能否促进资本市场发展具有不确定性：个人账户基金积累能否促进资本市场发展？这在国内外学术界存在许多争议，如香港浸会大学莫泰基教授就认为，个人账户基金积累无助于资本市场的建立，不一定有助于经济增长。学术争议虽然一时难以有明确结论，但在我国现实生活中，资本市场从总体上远未发育到自由和成熟的程度，证券市场的高度不稳定和强烈的投机性还需要继续依靠强有力的行政手段加以抑制。而且，目前的养老保险制度的统筹层次主要为地级市、县级区域，基金的积累量还无法做较高风险水平上具有规模经济效益的投资。如将强制积累的个人账户基金由政府来运营，投入风险很大且无任何抵御措施的资本市场，一旦投资失误，后果将难以设想。因为资本市场运作的成本很大，不仅包括经济成本，还包括社会成本和政治成本。

不能全部化解转制成本：我国社会统筹与个人账户结合的部分基金积累制，实行的是“老人老办法，新人新办法”，对尚在劳动年龄的职工则要建立个人账户，让他们不仅要为已经退休的上一代人缴费，还要为自己未来的养老金向“个人账户”缴费，希望制度转制成本（老人与部分中人的负担）能被分散而由若干代人来承担，这是理论上的设计与愿望。然而，在现实生活中，社会统筹与个人账户结合的部分基金积累制实行混账管理，这导致个人账户是空账，为养老金支出膨胀大开了方便之门，这不仅难以化解转制成本，而且威胁到整个养老保险制度的正常运行。如果改革“混账管理模式”，将社会统筹与个人账户结合的部分基金积累制实行分开账户管理（如辽宁改革试点），那么，从理论上讲，它也只能化解部分转制成本。

四、结论

综上所述，我国现有城镇社会养老保险制度基本功能、运行管理功能与附属功能的实现程度都较差。从各区域基本养老保险制度功能的实现程度分析，目前我国区域基本养老保险协调程度非常差。

我国目前地方统筹的统账结合的基本养老保险模式，没有达到制度的基本功能，由于养老保险制度运行的环境变数不确定，也使它的运行管理功能与附属功能难以完全实现。对此，我们应该有理性的、清醒的认识，否则，如果缺乏足够的认识，任凭该模式无序地发展，这将阻碍我国社会养老保险的进一步发展，影响全国社会养老保险整体功能的发挥。

第四章

区域基本养老保险协调发展的思路

我国区域基本养老保险协调程度差的现实，迫切要求设计出适合我国国情的、能推进各区域基本养老保险协调发展的模式。本书依据基本养老保险制度区域协调发展程度评估体系，在比较目前常用的基本养老保险模式与我国现有六种养老保险改革思路利弊的基础上，认为“全国统筹的、全民性的、随收即付的基本养老保险制度”是一种适合我国国情的基本养老保险模式。它既能克服我国各区域之间基本养老保险制度的统一程度差、基本养老保险水平的差距大、基本养老负担的公平程度差等缺陷，又能保证实现养老保险制度的基本功能，并能适当兼顾实现养老保险运行管理功能与附属功能。为保障新制度具有可操作性，需要精心的制度设计，需要关注实施中的关键问题。

第一节　六种基本养老保险制度改革思路的评述

基本养老保险制度的改革与发展是一个十分复杂的经

济与社会问题。在经历了十多年的社会养老保险改革实践以后，重新审视和评估现行制度及其相关改革思路的合理性，显得非常重要。在此，我们依据第一章第四节的表1-3“区域基本养老保险制度的协调发展程度评估指标体系”，对我国目前理论上存在的社会养老保险制度的六种改革思路进行比较分析，结果发现，这六种思路在理论与实践中都是有明显缺陷的，我们需要在上述思路之外寻找更适合中国国情的社会养老保险模式。

一、目前我国六种基本养老保险制度改革思路

针对我国目前社会养老保险制度的缺陷，理论界与实践界的专家们提出了不同的改革思路，综合起来，有如下六种：

1. 普惠式国民养老保险与差别性职业养老保险①（以下简称“普惠与差别结合思路”）

该思路由中国人民大学郑功成教授提出。他认为，基本养老保险应该由强制实行的普惠式国民养老保险与差别性职业养老保险构成，其中，政府是普惠式国民养老保险层次的直接责任主体。制度的出发点是面向所有老年人提供最基本的收入保障，经费来源于税收，待遇标准与工资脱钩但与物价水平挂钩，并随着整个社会平均收入的提高而提高。它体现着老年人分享经济社会发展成果的权益，

① 该思路与首都经济贸易大学王国军教授提出的“三维”保障制度改革模式有相似之处。“三维”保障制度由三个层次组成，即：“全国城乡统一的基本保障”、“省（市）级统筹的补充保障”、“商业性保障为主的附加保障”。参见：王国军. 中国城乡社会保障制度衔接初探. 战略与管理，2000（2）：33.

是最具公平性的养老保险制度安排。它以国税为基础，采取现收现付财务机制，显著地体现出国家责任和社会公平属性，最终目标是发展成为全民化养老保险制度。与此同时，政府负责的贫困救济制度（中国现阶段实行的是最低生活保障制度）亦覆盖着老年贫困人口。差别性职业养老保险由政府主导，但由雇主与劳动者分担缴费责任，待遇标准因与劳动就业及缴费相关而存在着差异，主要面向所有正规就业劳动者，但不排斥非正规就业劳动者参加。它以按照工资的一定比例强制征缴养老保险费为基础，采取个人账户式的完全积累财务机制，是兼顾公平（政策统一规范、统一的税制优惠与雇主分担缴费）与效率（与个人工资水平与缴费年限直接相关）的制度安排①。

该思路的优点是抓住了基本养老保险制度的本质，突出了基本养老保险制度的基本功能，希望在强调公平的基础上兼顾效率，在强调政府作用的基础上兼顾市场的作用。该思路的缺点是：基本养老保险由两部分组成，保障水平过高，使其他养老保障支柱的发展空间很小；政府承担的责任过重过多，不利于充分发挥政府以外的其他主体的作用；也极有可能会出现企业负担过重、管理成本高等问题。

2. 县级统筹，加大中央政府转移支付力度（以下简称“中央转移支付思路”）

该思路由沈阳大学经济学院林治芬教授提出。该思路

① 郑功成等. 中国社会保障制度变迁与评估. 中国人民大学出版社 . 2002. 108.

认为，在现有统账结合的制度框架下，为了缩小养老保险水平的区域差距，应该扩大社会养老保险基金上缴地市、省、中央的统筹比例，要求上级政府建立规范的社会养老保险转移支付制度，以处理好政府间社会养老保险资金的上下缴拨关系。该思路提出，建立科学的养老保险基金转移支付制度，首先以统计年鉴中各地的基础数据为依据，计算出该区域基本养老保险资金缺口，而不是以各地自己上报的缺口为计算基础，从而避免了地方多报缺口的动机。同时，将各区域的主观努力程度等因素内含在公式中，比如按职工人数计算收入，如果参保面没达到百分之百，所在地方就“吃亏”，这就迫使地方努力扩大参保面；又如按百分之百收缴率计算社会保险收入，地方如果没有达到，其损失当然由自己承担。这样有利于基本养老保险转移支付的公开、公平、公正，在此基础上做到简洁明了，易于操作①。

该思路是在肯定基本养老保险由地方政府分级管理合理的基础上提出的，优点是通过养老保险基金转移支付制度，能减缓养老保险基金不足区域的危机，能部分实现缩小区域差距的功能。该思路的缺点是：没有解决养老保险的区域分割问题，因而也就难以避免养老保险的区域分割带来的诸多危害，例如，不利于全国统一劳动力市场的形成，出现地方保护主义行为，导致地方政府之间冲突，使社会政治整合度差，引起社会的不安定因素，等等。

---

① 林治芬．中国社会保障的地区差异及其转移支付．财经研究，2002（5）：37.

3. 建立中央社会保障公积金制度（以下简称"中央公积金思路"）

该思路由南京财经大学曹信邦先生提出。他认为，我国社会经济的非均衡发展及社会保障负担水平的不平衡，导致了不同地区、不同行业社会保障基金的不平衡，因此，现阶段有必要在原制度框架上再建立中央社会保障公积金，以调剂地区间、行业间的基本养老保险水平。中央社会保障公积金的来源途径有：社会保障税分成收入、社会保障基金当年结余分成、中央财政预算安排、中央社会保障公积金投资收益。中央社会保障公积金的运用方式为：补助部分地区、行业，用以弥补当年社会保障基金的赤字；调节地区间、行业间社会保障支付水平；作为调剂年度内社会保障基金余缺的周转金，当一些地区、行业由于社会保障基金收支时间差而暂时出现支付困难时，由中央社会保障公积金作临时周转垫付。建立中央社会保障公积金制度必须满足的前提条件有：开征社会保障税，克服地方收费的局限；统一社会保障制度；建立健全社会保障基金管理法律法规①。

该思路也是在肯定基本养老保险由地方政府分级管理合理的基础上提出的，优点是通过建立中央社会保障公积金，可以部分调剂地区间、行业间的基本养老保险水平，部分达到缩小地区差距、行业差距的目标。缺点是该思路可能会导致以下问题：没有解决养老保险的区域分割问题，容易诱导地方政府过分依赖中央政府来弥补

---

① 曹信邦．建立我国中央社会保障公积金的构想．经济体制改革，1998（5）：93．

社会养老保险资金缺口，导致有缺口的省份将越来越多，而且会影响资金结余的省份收缴社会养老保险资金的积极性。

4. 老人与新人分管、新人的统账分管思路（以下简称“统账分管、统筹结合思路”）

该思路由丁宁宁主持的国务院发展研究中心社会保障课题组提出。他们主张成立过渡机构解决老人的养老问题，建立新体制解决新人、中人的养老问题，过渡机构与新体制之间，新体制中社会统筹体系与个人账户体系之间应彼此独立，承担不同责任，不得互相干预。新体制中的社会统筹与个人账户板块式结合，即社会统筹与个人账户应明确分属两个相互独立的组织管理系统，具有不同的功能定位，服务于不同的保障目标，两套系统在组织机构和管理权限上都明确地分开。其中，社会统筹养老保险系统提供基本养老金，具有共济性，资金筹集方式为现收现付，由用人单位缴纳，个人不负担费用，养老金待遇水平可大致确定在社会平均工资水平的20%左右，实施省级统筹，同时建立全国性调剂基金。个人账户系统属于一个强制性的储蓄系统，基金不由政府机构直接经营，而是以委托、授权方式交给有诚信、有能力的民间机构运营，并且应形成多家竞争机制①。

该思路的优点：一是另辟渠道解决养老保险制度改革的转制成本问题，以使新制度能不受干扰地良性运转；二

① 国务院发展研究中心社会保障课题组. 分离体制转轨成本，建立可持续发展制度——世纪之交的中国养老保障制度改革研究报告. 管理世界，2000 (6)：63.

是新制度的社会统筹与个人账户分开管理，有利于明确各管理系统的责任。该思路的缺点如同上述两种思路，仍然没有解决养老保险的区域分割问题，而且将养老保险基金交给民间机构投资运营，投资风险非常大。

5. 老人与新人分管、新人实行养老金的基金积累制（以下简称“基金积累制思路”）①

该思路由中国建设银行的李绍光先生提出。他主张改革要老人与新人分开管理，老人实行随收即付制，中人与新人实行完全积累制度。老人与新人分开管理，老人以现收现付的方式进行融资，按规定受益制的方式发放。现阶段，由于老人还是退休者中的大多数，因此，这个计划还要占据较大的比重，但长期来看，只要这个计划的覆盖面不再扩大，那么它必将随着时间的推移而逐步萎缩，中人与新人的完全积累制度将成为我国主要的养老保险制度。中人与新人采取强制缴费的融资方式，按个人账户的积累资金发放，管理上可以由若干个竞争性的养老金基金会（也可以说是竞争性的养老金计划）组成，职工可以自主决定加入哪一个，并且也可以自由地退出②。

该思路的优点：一是提出了解决养老保险制度改革的转制成本问题的办法；二是完全改变了现有的统筹与账户相结合的制度框架，在用随收即付制解决了老人养老问题

---

① 国家劳动与社会保障部农村社会保险司赵殿国先生提出的改革思路与该思路有类似之处。赵殿国先生的改革思路为：老人随收即付制、中人自愿选择、新人完全积累制度。参见：赵殿国．养老保险制度改革向何处去．科学决策，2004（2）：11.

② 李绍光．养老保险的困境与出路．经济社会体制比较，2000（3）：37.

后，新制度趋向于个人账户基金积累制度，个人缴费积极性高，个人养老保险权益便携性好。该思路的缺点是：将养老保险基金交给竞争性的民间机构投资运营，投资风险非常大，管理成本非常高；对于中人、新人所采取的完全个人账户基金积累制度，没有社会再分配功能，不能缩小人群间、区域间的养老保险水平的差距，能否真正解决老年人的养老保障问题，尚有怀疑与争论。

6. 筹资为随收即付制，养老金以年金形式发放（以下简称“名义账户制思路”）

该思路由中国社会科学院欧洲研究所的郑秉文先生提出。名义账户制也被称为“名义缴费确定型”模式，它既有某些“待遇确定型现收现付制”的特点，又有“缴费确定型积累制”的某些特征，既可被称为“缴费确定型的现收现付制”模式，也可以被认为是“待遇确定型现收现付制”的某种变型，从本质上讲，它是现收现付制与积累制、待遇确定型与缴费确定型的混合模式。在名义账户制度下，每个工人建立的个人账户是“名义上”和“模拟的”积累制，而不是真正意义上即“资本化”的积累制，可以说是事实上的“非积累制”或称“非基金式”，它的账户系统仅仅是一种“记账”的管理方式，而不需实际存入资金。从养老金给付的条件看，退休金的给付标准原则上是严格按“缴费确定型积累制”规则运行的。一般来说，养老金给付的标准主要取决于计入个人账户缴费的积累、“名义资产”的投资增殖、“名义资产”转成退休年金的计算公式、退休给付指数化的公式等，上述四个因素的合计便是养老金给付的总额。目前国外已有欧洲的瑞典、意大利、波兰、拉脱维亚和中亚的蒙古和吉尔吉斯斯坦等六个国家采用了“名义账户”制①。

该思路的优点：一是能解决养老保险制度改革的转制成本问题；二是管理简单，没有大量基金积累、没有投资风险。该思路的缺点是：虽然筹集资金形式为随收即付制，但养老金发放是依据名义账户以年金形式发放，它更像是个人账户完全积累制，不具有社会成员互济的再分配功能，所以，从是否具有再分配功能的角度看，它缺乏互济性，容易受通货膨胀的影响，社会再分配功能弱，不能缩小人群间、区域间的养老保险水平的差距。

二、六种改革思路的区域协调程度评估

以上六种改革思路，大致可分为两类，即在原制度框架上的改进思路、改变了原制度框架的新思路。前四种是在原制度框架上的改进，保留了社会统筹与个人账户相结合的制度框架，着重围绕化解转制成本问题作了许多补充性的制度设计；后两种是完全改变了现有的统筹与账户相结合的制度框架，主张建立个人账户基金积累制度。依据第一章第四节的表 1-3“区域基本养老保险制度的协调发展程度评估指标体系”，对我国目前社会养老保险制度的六种改革思路的区域协调程度评估如下（见表 4-1）。

---

① 郑秉文．欧亚六国社会保障“名义账户”制利弊及启示．世界经济与政治，2003（5）：56；约翰·B·威廉姆森（美）、孙策．中国养老保险制度改革：从 FDC 层次向 NDC 层次转换．社会经济体制比较，2004（3）：71.

表 4-1　　六种基本养老保险改革思路的区域协调程度评估

区域协调程度评估指标		普惠与差别结合思路	中央公积金思路	中央转移支付思路	统账分管、统筹结合思路	基金积累制思路	名义账户制	
							全国统筹	地方统筹
基本养老保险制度的区域统一程度		+	—	—	—	+	++	—
基本养老保险水平的区域均等程度		+	+	+	—	—	—	—
各区域基本养老保险负担的公平程度		+	+	+	+	—	—	—
基本养老保险制度功能的实现程度	社会公平程度(制度覆盖率)	++	+	+	+	+	++	+
	人群间社会再分配作用	+	+	+	+	—	—	—
	区域间社会再分配作用	+	++	++	+	—	—	—
	社会安全感	++	+	+	+	—	—	—
	财务的可持续性程度	#	#	#	#	#	#	#
	管理的简便程度	—	—	—	+	+	++	+
	个人激励程度	+	+	+	+	++	—	—
	个人权益的便携性	+	—	—	—	++	++	++
	促进经济增长	#	#	#	#	#	—	—
	促进资本市场发展	#	#	#	#	#	—	—
	化解转制成本	+	+	+	—	—	++	++

说　　明：++　表示该思路具有此项功能很强；

+　表示该思路具有此项功能较强；

—　表示该思路具有此项功能很弱；

#　表示该思路具有此项功能取决于相关的环境条件。

现将表 4-1 中的有关名称及术语说明如下：

一般认为“个人账户基金积累制度、混合制度这两种制度的财务可持续性要优越于随收即付制度”，其实这一结论是以“养老基金的投资收益率高于工资增长率和人口增长率之和”、“名义利率与缴费增长率相等”、“决定养老金的寿命预期的指数不断得以修改并可以反映现实”等假设正确为前提的。如果此假设在现实中不成立，则各种模式的财务可持续性难以比较其优劣，因此，养老保险制度的财务可持续性，主要取决于当时当地的相关的经济环境条件。

关于个人激励程度，一般认为，个人账户做实，才有利于激励保险对象的缴费积极性，如是空账，则激励作用减弱。

养老保险制度能够促进经济增长与促进资本市场发展的前提条件之一是有积累基金，随收即付制度由于没有积累基金，加上中国的国民储蓄并不低（不像外国，随收即付制度对国民储蓄有“挤压”作用），所以，在此，我们认为随收即付制度的促进资本市场发展功能很弱。在个人账户基金积累制度、混合制度下，养老保险制度对促进资本市场与经济发展的作用取决于相关的宏观经济环境条件。

化解转制成本是指养老保险制度本身的消化转制成本的能力。

从表 4-1 可以看出，前四种思路保留了目前我国城镇基本养老保险制度的地方统筹、地方管理的特点，除“普惠与差别结合思路”稍微好些以外，其余三种思路的区域协调程度都很低。后两种思路体现了基金积累的特点，它们的区域协调程度也是非常低。因此，从各区域基本养老保险发展的协调程度分析，这六种基本养老保险改革思路的区域协调程度都非常差，它们难以完全作为未来中国基本养老保险制度改革的模式。

三、后两种个人账户基金积累制思路不适合中国

赞成个人账户基金积累制度的主要理由，是因为他们认为该制度对个人缴费有明显的激励机制，通过完全积累，以收定支，可以避免人口老龄化时的保险金支付风险，同时形成大量强制性的长期储蓄，为经济发展提供有力的资金支持。

其实，这些赞成个人账户基金积累制度的理由，在理论与实践中都是值得商榷的，也都是值得怀疑的。

从国外经验看，20 世纪 70 年代以来，欧美许多发达国家与原来的社会主义国家，都在进行社会保障制度的改革，改革的总体趋势是将现收现付制转向基金积累制，个人账户制度被普遍看好。

从理论角度分析，完全积累制的财务可持续性似乎优于现收现付制。赞成个人账户基金积累制度的学者认为，完全积累制对个人缴费有明显的激励机制，通过完全积累，以收定支，可以避免人口老龄化时的保险金支付风险，同时形成大量强制性的长期储蓄，为经济发展提供有力的资金支持。但是，事实上，在中国并非完全如此。第三章第四节在分析我国现有养老保险制度财务的可持续性较差时，已经分析过“养老基金的投资收益率高于工资增长率和人口增长率之和”的假设在中国不成立，而且即使此假设成立，“完全积累制能有效地解决老龄化人口结构下的养老问题”的结论是否就成立？由于完全积累制受物价、工资等

因素变化的影响，受资本市场发育程度的制约，受发展中国家的较低的技术管理水平的制约，如果个人账户资金采取市场化运作，它所提供的养老保险也将有一定的风险。另外，完全积累制完全依靠个人在职时的资金积累，难以保障部分低工资员工的基本养老，完全积累制没有发挥社会成员之间的互济性，不符合保险基本原理中的“大数法则”，不能缓解我国收入差距的扩大，当然也不能缓解我国区域差距的扩大。所以，个人账户的基金积累制，并不适合中国实际,不应该成为我国未来基本养老保险制度的改革方向。

四、前四种混合制思路不适合中国

个人账户完全基金积累制不适合中国实际，但它被完全放弃又似乎不符合国际社会保障的总体改革趋势，于是，将基金制和现收现付制结合起来的部分积累制，被许多学者认为是中国正确的模式选择。他们认为，现收现付制管理简便，不受物价、工资等因素变化的影响和资本市场发育的制约，更适合发展中国家的技术管理水平，但它难以应对老龄化人口结构下的养老问题。假如有政府通过现收现付制给予的一个基本养老底线，保证所有劳动者的最低养老水平；而假设基金制可以规避养老金市场化运作的风险，这样，将基金制和现收现付制结合起来，就能够各取其长而避其短，达到完美至善的目的。

但是，以上只是一种理论上的假设。其实，不管从理论上还是实践中，我国目前的现收现付制和基金制相结合的社会养老保险制度都存在明显的缺陷。

首先，部分积累制像现收现付制一样，同样会遭受人口老龄化的冲击。人口老龄化是由人均寿命的延长和生育率的下降两方面因素造成的。在人均寿命延长后，如果退休年龄不变，则要求个人必须在工作期间向个人账户储存更多的资金才能保证退休后的生活水平，这样会加重个人的缴费负担；如果提高退休年龄，固然可以避免缴费率的增加，但是在现收现付制下同样可以做到这一点。生育率下降造成的老龄化，表面上看，由于基金制让个人在工作期间为自己准备了储蓄，似乎生育率下降、在职职工减少并不会影响其退休后养老金的数量，但进一步的分析就会发现，由于退休人员在退休后需要通过出售个人账户上储存的金融资产来获得养老金，而生育率的下降会使得有能力购买这些金融资产的在职职工的数目和购买力相应下降，这一供求关系的变化必然会导致金融资产的价格的下降，退休人员能够得到的养老金的数量也会降低。从实物层面看，因劳动力减少造成的总需求大于总供给，也会使价格水平上升而使退休人员的养老金在进行消费时的购买力进一步下降。所以说，基金制同样无法避免人口老龄化带来的冲击，相反，因人口老龄化导致的劳动力减少和资本积累增加，会在提高劳动力的边际产出的同时，降低资本的边际产出，从而提高工资、降低利率，这就会增加现收现付制的回报率而减少基金制的回报率①。

其次，正如第三章第四节所分析，“养老基金的投资收益率高于工资增长率和人口增长率之和”的假设在中国不成立，个人账户基金积累制的财务可持续性优越于随收即付制的结论也就不成立。个人账户的基金积累制不适合中国，

---

① 邸东辉. 中国养老保险改革取向. 中国改革，2001 (7)：40.

这可以说是大家都认可的事实，该事实并不因为是部分个人账户基金积累而有所改变。因为对于资本市场发育不足、技术管理水平较低的中国来说，基金投资面临的风险依旧，只是面临风险的基金数量减少了而已，原指望能增值的部分养老基金，现实中也许连基金本身的安全性都难以保证。

再次，社会养老保险制度的收入再分配功能和储蓄功能可以通过不同的制度体现，但难以在同一个制度中兼容。其原因是，如果在同一个制度中兼容，就必然存在一部分不缴费或少缴费的受益者（“老人”和部分“中人”），存在另一部分多缴费的少受益者（“新人”和部分“中人”）。这样，该制度就会激励覆盖者不缴费或少缴费，激励尚未被制度所覆盖的社会劳动者选择不加入，长期下去，财务的可持续性就大为降低①。

最后，从管理效率来看，通常认为，个人基金账户的行政管理费用比现收现付制的更高一些。据美国社会保障部咨询委员会估计，基金制“额外的”行政管理费用要超过个人 40 年工作所积累的全部养老金的大约 20%。英国个人账户价值的 40%被用于行政管理，而那些比较贫穷的发展中国家，其行政管理费用更是养老金账户最沉重的负担之一。从效率方面来看，政府对养老金的指数化所做的承诺，或者说以现收现付形式的不断介入是非常有效率的，没有证据表明它具有负面的效率影响（当然，这也并不意

① 李绍光. 养老保险的困境与出路. 经济社会体制比较，2000(3)：37.

味着现收现付制从未出现过浪费）；另一方面，在公平方面有充足的证据表明随收即付制所带来的效果是较好的①。

以上是从部分积累制与随收即付制的一般理论比较中，发现我国目前社会养老保险制度改革的前四种统账结合思路，有着明显的缺陷。如果对照表4-2“基本养老保险制度的区域协调程度评估”中的第五列，具体分析评估我国目前社会养老保险制度与上述前四种改革思路，同样会得出类似结论：在地方统筹的混合养老保险模式下，区域基本养老保险制度的协调发展程度很低，不利于我国人群差距、区域差距的缩小。

综上所述，我国上述六种改革思路，都是有明显缺陷而不太适合中国的。我们需要在上述统账结合与完全基金制的思路之外寻找更适合中国国情的社会养老保险模式。

第二节　我国基本养老保险制度改革的现实选择

依据第一章第四节的表1-3“区域基本养老保险制度的协调发展程度评估指标体系”，对目前三种养老保障制度的区域协调发展程度进行分析评估，我们发现，全国统筹的统账部分结合制度与全国统筹的随收即付制度的区域协调程度，高于我国目前地方统筹的社会养老保险模式。笔者认为，全国统筹的随收即付制度是更适合我国现阶段的实

① 郑秉文. 关于养老保障几个问题的理论争议，见邓大松、李珍主编. 社会保障问题研究（2002）. 武汉出版社 . 2003. 429.

际国情的模式。

一、几种基本养老保险制度的区域协调程度评估

目前，世界各国的养老保险模式虽然千差万别，但从养老保险资金筹资与支付的财务制度角度划分，大致可分为三种模式：随收即付制度、基金积累制度、随收即付与基金积累相结合的混合制度。

随收即付制度，也称为社会统筹制或现收现付制，是上一代人的养老金由同时期正在工作的下一代人缴费支付。由政府测算出一年或若干年内社会养老保险所需费用，然后按照就业人数计算出需要缴纳的供款率，当年提取当年使用，实现当年收支平衡。若出现入不敷出，则由财政补偿差额，承担最后保底责任。该制度具有的优点有：管理成本低，体现社会互济功能，能实现社会成员之间横向再分配，所领取的养老金不受通货膨胀的影响。

基金积累制度是同一代人自己在工作期内缴费积累以支付退休时的养老金，是个人收入纵向平衡调剂的制度。通常先预测未来退休时的养老金需求，按照收支基本平衡的原则确定缴费率，建立个人账户，记录劳动者的缴费、基金存储产生的利息与基金投资营运所得的利润。个人账户的总积累成为今后退休时的养老金来源，养老金的支付水平按以收定支的原则确定。该制度具有的优点有：能够形成庞大的基金积累，可以避免人口老龄化时的保险金支付风险，能够通过储蓄效应、投资效应促进资本市场发育与经济发展，劳动者的权利义务关系非常紧密，能够避免逃费和代际冲突。

混合制度是指结合随收即付制度与基金积累制度的某

些特征，希望能够在随收即付制度与基金积累制度间“趋利避害”而产生的一种新制度。“混合制度”在许多学术文献中具有两种不同的含义。

一种混合制度是“部分积累制”，它将养老金收入和支出都分为两部分，一部分为现收现付，提供最低基本养老保障，实现社会成员互济；另一部分则存入个人账户，形成基金积累，个人账户中的一部分缴费可以交由私人部门管理并投资于资本市场。由于对“部分积累”概念的解释不同，使个人账户有实账与空账的差别。部分积累式“混合制度”的优势在于部分地解决了财务可持续性和部分便携性问题，但不是从根本上解决了这两个问题；其劣势是仍然需要相当规模的转型成本。由于转型成本太大，可能会影响制度的正常运行，使其优势难以发挥出来。中国目前实行的就是这种“部分积累制”的“混合制度”。“部分积累制”要实现财务可持续性，必须满足的客观条件是“养老基金的投资收益率高于工资增长率和人口增长率之和”，如果这个假设在现实中不成立，“部分积累制”就将失去“财务可持续性增加”这个优势。

另一种混合制度是“名义账户制”，融资方式采取的是现收现付制，养老金给付计算方法方式却是完全积累制的方式。“名义账户制”虽然也建立了个人账户，但事实上其功能定位却是“名义”性质和虚拟的，个人账户只是作为计发养老金的依据，而没有把个人账户做实，账户积累的是按名义利率计算出的空账。这种模式虽然只是部分地解决了财务的可持续性问题，但却具有较好的“便携性”，并且它完全解决了转型成本问题。“名义账户制”要实现财务可持续性，必须满足两个客观条件，一个是名义利率与缴费增长率相等，另一个是决定养老金的寿命预期的指数不断得以修改并可以反映现实。如果这两个假设在现实中不复存在，“名义账户制”就将失去财务可持续性优势①。

依据第一章第四节的表1-3“区域基本养老保险制度的协调发展程度评估指标体系”，可以将目前世界各国采用较多的三种养老保险制度的区域协调发展程度进行分析评估，得出基本养老保险制度的区域协调程度评估表（见表4-2）。

从表4-2中的三种养老保险制度的区域协调程度评估比较中，我们可以得出以下结论：

第一，全国统筹的统账部分结合制度的区域协调程度，高于地方统筹的统账部分结合制度：在表4-2中，与序号为（5）的地方统筹的统账结合制度相比，序号为（4）的全国统筹的统账部分结合制度具有更多的良性功能，区域协调程度更高。全国统筹的统账部分结合制度克服了后者的许多缺陷，尤其是基本功能方面几乎都可以达到最优。

第二，全国统筹的统账部分结合制度与全国统筹的随收即付制度的区域协调程度高：从区域协调发展的角度评估，序号为（4）的全国统筹的统账部分结合制度与序号为（1）的全国统筹的随收即付制度是最好的制度，两者的区域协调程度都非常类似，不同的是，全国统筹的随收即付制度具有管理简单、管理成本低的特点，而全国统筹的部分结合制度具有个人缴费的激励机制。

---

① 郑秉文. 欧盟国家社会养老的制度选择及其前景——兼论“名义账户”制对欧盟的适用性. 欧洲研究，2003（2）：74.

表 4-2　　基本养老保险制度的区域协调程度评估

评估指标体系 \ 社会养老保险模式		随收即付制度（社会统筹）全国统筹 (1)	随收即付制度（社会统筹）地方统筹 (2)	个人账户基金积累制度 (3)	随收即付与基金积累相结合的混合制度·统账部分结合·全国统筹 (4)	随收即付与基金积累相结合的混合制度·统账部分结合·地方统筹 (5)	随收即付与基金积累相结合的混合制度·名义账户·全国统筹 (6)	随收即付与基金积累相结合的混合制度·名义账户·地方统筹 (7)
基本养老保险制度框架的区域统一程度		++	—	++	++	—	++	—
基本养老保险水平的区域均等程度		++	—	—	+	—	+	—
基本养老保险负担的区域公平程度		++	—	—	++	—	++	—
区域基本养老保险制度功能的实现程度	社会公平程度（制度覆盖率）	++	++	+	++	+	++	++
区域基本养老保险制度功能的实现程度	人群间社会再分配作用	++	+	—	++	+	—	—
区域基本养老保险制度功能的实现程度	区域间社会再分配作用	++	—	—	++	—	—	—
区域基本养老保险制度功能的实现程度	社会安全感	++	++	—	++	+	—	—
区域基本养老保险制度功能的实现程度	财务的可持续性程度	#	#	#	#	#	#	#
区域基本养老保险制度功能的实现程度	管理的简便程度	++	+	+	+	+	++	+
区域基本养老保险制度功能的实现程度	个人激励程度	—	—	++	#	#	—	—
区域基本养老保险制度功能的实现程度	个人权益的便携性	++	—	++	++	+	++	++
区域基本养老保险制度功能的实现程度	促进经济增长	#	#	#	#	#	#	#
区域基本养老保险制度功能的实现程度	促进资本市场发展	—	—	#	#	#	—	—
区域基本养老保险制度功能的实现程度	化解转制成本	++	++	—	+	+	++	++

说　明：++　表示该模式具有此项功能很强；

　　　　+　表示该模式具有此项功能较强；

　　　　—　表示该模式具有此项功能很弱；

　　　　#　表示该模式具有此项功能取决于相关的环境条件。

二、我国基本养老保险制度的现实选择

从上面的分析中，我们知道：在表4-2中，序号为（4）的全国统筹的统账部分结合制度与序号为（1）的全国统筹的随收即付制度是最好的制度，它们的区域协调程度很高；序号为（5）的地方统筹的统账部分结合的混合制度，就是我国目前的社会养老保险模式，它的区域协调程度要比全国统筹的统账部分结合制度差，也比全国统筹的随收即付制度差。所以，从基本养老保险制度的区域协调程度分析，从理论上讲，我国更应该选择全国统筹的统账部分结合制度与全国统筹的随收即付制度。而在这两种制度中，我国基本养老保险到底应该选择哪一种制度？如果一定要权衡取舍这两种制度中某一种制度，一定要分析这两种制度中哪一个更适合中国国情的话，那就要考虑养老保险区域协调发展以外的制度选择因素。

笔者认为，在我国现阶段，全国统筹的部分结合制度充满许多变数与不确定性，如果能使这些不确定性因素变成能达到制度要求的确定性因素，如果考虑未来所选择制度与现有制度的衔接方便，如果考虑减弱未来所选择制度的实施阻力，那么，全国统筹的部分结合制度也是一个很不错的制度设计，它也可以作为我国基本养老保险制度发展的一种选择方案。它的进一步完善，就是我国现有基本养老保险制度的改革深化。

如果以上全国统筹部分结合制度实施中的不确定性因素，难以变成能达到制度要求的确定性因素，那么，相对来说，笔者认为我国现阶段应该选择全国统筹的随收即付制度。

全国统筹的随收即付制度被认为更适合我国现阶段实际国情，其原因有：

第一，管理复杂混乱、管理成本高不是一个小问题，这方面美国的教训应该引起我们警惕、反省。著名经济学家米尔顿·弗里德曼（Milton Friedman）曾经指出：在美国，如果将救济款总额除以按官方统计的贫民总数，那么，处于贫困线以下的人们的收入将比普通公民的平均收入高出一倍半到两倍，美国的贫困现象应该早已不复存在。可事实上，美国的贫困阶层仍然存在，其原因是社会保障机构庞大、保障项目繁杂、机制运行不畅，其资金浪费和体制的低效率问题突出，大部分救济金都被在福利管理机关的“高薪门客”挥霍掉了，而能分给贫困者的救济金所剩无几①。美国的管理技术、管理效率被公认为是高水平的，而太过复杂的管理体系在技术管理水平不高的我国，其结果是令人担忧的。

第二，缴费激励机制对于社会养老保险制度的良性运行虽然也非常重要，但该激励机制的形成是有条件的。个人账户做实，才有利于激励保险对象的缴费积极性；如是空账，则降低了激励作用。目前，我国由于转制成本问题没有解决，个人账户一直是空账，激励作用也就很小。同时，我国个人账户的基金管理机构并不是真正由作为缴费人的企业、缴费者个人和最终受益者的职工所推举的代表以及由他们聘请的基金管理专家而组成的。我国缺少一个缴费人自己的组织，这样养老保险基金实际上就处于“所有者缺位”

① 李京文．借鉴国际经验，建立具有中国特色的社会保障制度．中国社会科学院研究生院学报，1998（5）：26.

状态。处于这种状态下的基金很容易发生融资困难和资金普遍被挪用，其结果必然也使保险对象的缴费积极性大为降低。是否可以改造我国的养老基金管理机构，使它成为缴费人自己的组织？对于公民结社能力较弱、自组织能力不强的中国来说，这是有很大难度的，即便政府强制性地组织起来，其公信力与组织能力也还是让人持怀疑态度。另外，如果社会保障法制健全、强制性的税收征管制度有效，缴费激励机制的积极效应在全国统筹的随收即付制度中同样可以获得。

总之，从三种养老保险模式的区域协调程度的分析评估中，我们发现，全国统筹的随收即付制度可以克服其他制度的许多缺陷，最有可能实现区域养老保险协调发展的制度目标。目前，世界各国的养老保险制度并没有也永远不会仅只有一个“统一”的模式，各个国家的养老保险制度在设计理念、组织架构与管理方式方面都有很大差异，而且几乎所有实施养老保险制度的国家都在不断地改革，以探索最适合本国国情的养老保险模式。由于历史文化传统不同，经济发展阶段不同，中国未来的养老保险制度应当如何设计，并没有现成的模式可以仿效，尽管我们需要注意汲取国际上一些国家的经验教训，但更为重要、更为明智的是要充分考虑中国的国情。所以，笔者认为，全国统筹的随收即付制度是最适合我国国情的基本养老保险模式。

第三节 区域基本养老保险协调发展思路的制度设计

从国际经验来看，完全消除区域之间的经济发展差距几乎是不可能的，而通过建立全国各区域基本养老保险协调发展的政策手段逐步缩小区域间居民生活福利水平的差距却是有可能实现的。建立全国统筹的、全民性的、随收即付的基本养老保险制度①，是实现区域基本养老保险协调发展的有效方法。该制度的目标定位为“社会安全网”，目标覆盖对象是中国全体老年人；中央劳动与社会保障部门对各级地方劳动与社会保障部门实行纵向垂直管理，两者的关系是决策、监督与执行的关系；资金来自当期的国税收入、中央政府的财政补贴收入，实行全国养老基金统筹，财务上采取随收即付模式；给付水平与最低生活保障线接近。

一、制度目标

一个制度在建立时的主要目标是否明确、科学，是决定该项制度能否持续发展的一个决定性因素。社会养老保险制度的终极目标是化解老年生存风险、消除老年贫困，基本功能是增加社会公平、具有人群间的社会再分配作用、具有区域间的社会再分配作用（缩小区域差距）、增强社会

---

① “全国统筹的、随收即付的基本养老保险制度”可以做两种理解，一种理解是作为社会养老保障的一个独立的支柱，它与自愿性的其他养老支柱（单位养老年金、商业养老保险、个人储蓄养老等）相结合，共同构成多支柱养老保障模式，例如，我国目前统账结合基本养老保险制度、美国强制性的老年社会保险、澳大利亚全民普享的国家养老金项目、日本的国民养老保险与被雇佣人员养老保险、英国的基础养老金制度与附加养老金制度。另一种理解是仅作为基本养老保险制度支柱中的一部分，例如，我国目前统账结合基本养老保险制度中的基础养老部分（社会统筹部分）、日本的国民养老保险部分、英国的基础养老金制度部分。在此，“全国统筹、随收即付的基本养老保险制度”的含义是指第一种理解。

安全感。至于附属功能，由于不同的养老金制度可能对储蓄率和资本形成的影响在理论和实践中都没有明确的定论，应该将其放在尽量兼顾的位置。因此，基本养老保险制度的目标定位，应该更多地从增进社会福利的角度着手，尤其对收入差距较大的还是发展中国家的我国，更应重视缓解老年贫困、实现社会再分配功能。

世界各国社会养老保险制度的目标与国家财政、社会养老基金的缴费机制相关联。各国社会养老保险制度建立的目标通常有三种，即“纯粹养老保险”、“社会安全网”与两者结合的混合目标。

1. “纯粹养老保险”目标

该目标下的养老金计划，是将个人养老金给付水平与他的缴费机制结合起来，从财务的角度看，是将养老金建立在他缴纳的养老保险费上，从而自负盈亏，不需要政府财政的额外补贴，旨在维持被保险人的日常生活水平。养老保险费按个人工资的一个固定百分比收取，而该个人最终的养老金给付也与其收入水平、缴费年数直接关联，通常是在最后几个工作年度薪水的一定百分比（如图 4-1 所示）。

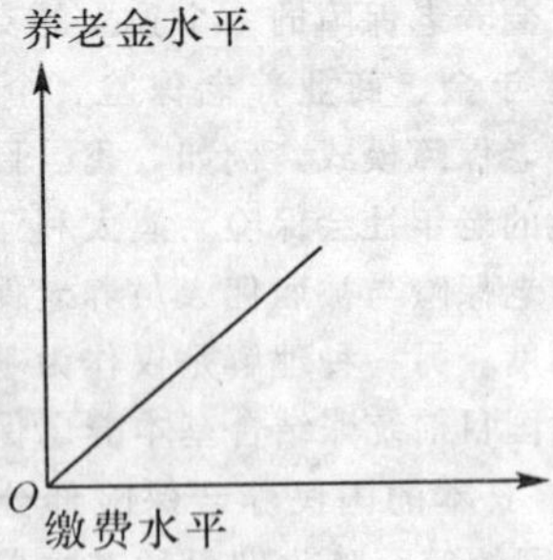

图 4-1 “纯粹养老保险”目标

2. “社会安全网”目标

“社会安全网”目标下的养老金计划，是个人养老金给付水平与他的缴费多少没有关系，它是按照单一费率向所有被保障对象提供养老保障，个人在退休期间领取相当于最低收入水平的养老金。在一个纯粹的安全网制度下，一个人支付的养老保险费是定额的，与其工资无关。“社会安全网”计划有强大的再分配功能（如图 4-2 所示）。

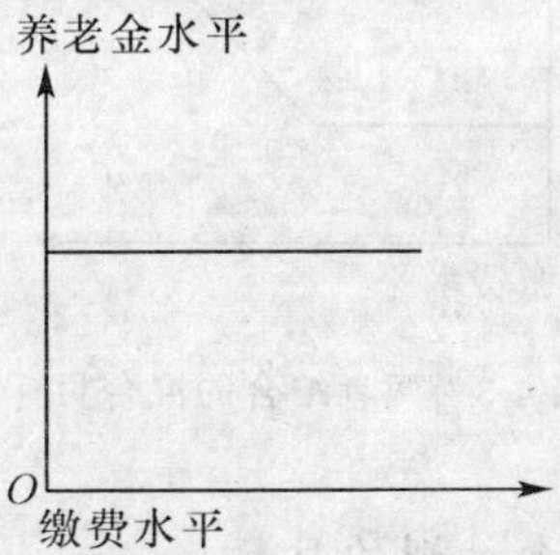

图 4-2　“社会安全网”目标

3. 两者结合的混合目标

许多国家的养老金计划目标可能既偏向于“纯粹养老保险”目标，又具有“社会安全网”目标。这种养老金计划既提供养老保险制度，同时也提供最低养老金水平保障。许多国家的养老金制度改革趋向于将“社会安全网”功能与保险功能分离，将“社会安全网”功能留在公共部门，而将保险功能转移到私营保险基金。例如，东欧的爱沙尼亚、捷克和斯洛伐克实行的就是两者结合的混合制度。在这三个国家，养老金给付标准根据被保险人缴付的养老保险费而定，但同时规定了一个最低养老金给付水平。斯洛伐克的养老金给付还有一个上限（235 欧元/月）。在爱沙尼亚，老年养老金由三部分组成：基本金额、服务时间和养老金保险。在这三个国家中，养老基金接近于自负盈亏，政府预算的补贴十分有限（如图 4-3）①。

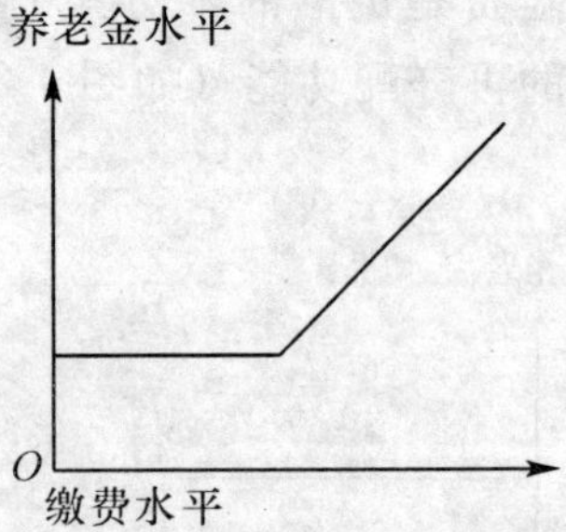

图 4-3　两者结合的混合目标

4. 我国的养老金计划的目标

我国是发展中国家，老年人口数量庞大，国家财政支持供给养老的水平有一定限度，居民收入的人群差距、区域差距非常大，管理技术水平也不高，所以，我国基本养老保险制度的目标应该定位为“社会安全网”，使之具有强大的再分配功能，能够保障全体公民在退休期间能领取到相当于最低收入水平的养老金，保障全国公民的福利最大化。

如果将我国基本养老保险制度的目标定位为“社会安全网”与“纯粹养老保险”相结合的混合目标，理论上，是比较理想的；但是，在现实中，可能会因为我国管理技术水平较低、管理对象庞大且收入差距很大、管理对象收

① 林义. 农村社会保障模式国际比较及其研究（内部资料）.

入信息的透明度差等原因而难以达到理论设计的要求。所以，将我国基本养老保险制度的目标定位为“社会安全网”，更符合我国国情与实际。

二、制度框架

全国统筹的、全民性的、随收即付的基本养老保险制度的特征是全国统筹、广覆盖、低水平、可持续、强制性①。制度的设计目标在于使社会所有人群在老年期间有一个生活的最低保障。它的付费水平以最低生活保障线为参照系，其目标覆盖对象、中央政府与地方政府在养老保险中担负的责任、资金来源、财务机制、管理体制、各区域间地方政府关系、给付水平、与其他养老支柱的关系，具体安排如下：

1. 目标覆盖对象

中国全体老年人，不论他们居住在城市还是农村，不论他们是就业于正规部门还是非正规部门，他们的养老需求日益趋同，理应同等享受基本养老保障权益。

2. 中央政府与地方政府在养老保险中担负的责任

世界各国政府在养老保险制度中都承担不同程度的责任，虽然目前部分国家存在着养老保险私营化改革取向，但这并非是政府责任的完全推卸，而仅是政府承担责任的方式、力度的调整。在全国统筹的、全民性的基本养老保险制度中，中央政府应为这一支柱建立制度框架，制定管

---

①　虽然目前我国城镇基本养老保险制度设计时的目标与特征，也是“广覆盖、低水平、可持续、强制性”，但是，现实中运行的制度并没有达到制度设计时的目标，也不具有所设计制度的特征，参见第三章第四节的分析。

理调控政策，通过国税的方式来解决资金供给问题，并提供最后财政担保。中央劳动与社会保障部门对各级地方劳动与社会保障部门实行纵向垂直管理，两者的关系是决策、监督与执行的关系。中央劳动与社会保障部门负责政策制定与对地方政府相应部门的监督，各级地方劳动与社会保障部门负责基本养老保险的具体运行。

3. 资金来源

资金主要来自当期的国税收入、中央政府的财政补贴收入。从长远来看，国税应该征收个人所得税和遗产税，因为它比企业保险费更能有效地调节收入分配，更能最大限度地减少对劳动力流动、企业竞争力及经济增长的负面影响。在现阶段，由于个人所得税、遗产税有限，可以仍然征收企业所缴的社会保险税。随着个人所得税的增长和遗产税的开征，逐步降低企业社会保险缴费的比例。养老保险税率可与失业、医疗、工伤等项合并为总税率，总税率水平应该低于国际劳工局建议的25%水平，这是因为税率的确定一般取决于经济实力强弱和社会保障程度和范围的大小。我国在社会保障范围不够宽、保障水平较低的情况下，如果税率设计太高，将来往高水平调整的难度就会太大。我们必须充分考虑纳税人的负担能力，要彻底放弃"以支定收，略有节余"设计原则，尽量采用低税率①。

① 1997年国务院26号文件规定的社会保障总费率为41%，超过了国际税收29%的心理极限，而现实中，各地方政府层层加码，实际缴费率远远高于制度设计的41%。当然，考虑到我国核定的社会保障费实际征收的工资基数大大低于实际工资水平，有人因此折算出的实际缴费率约为25.75%，按人均GNP值时各国税率的比较分析，25.75%的社会保障税率也偏高。参见：萧明同. 社会保障税制与政府责任的国际比较. 福建税务，2002（1）：30.

4. 财务机制

采取随收即付模式，实现年度平衡，养老责任在群体之间实现代际转移，让下一代人承担上一代人的养老责任。在资金管理方面，实行收支两条线管理，社会保障税形成中央政府财政收入之后，由中央财政直接进行专户管理，而不是由地方财政分散管理。在完善资金管理体制的同时，应考虑以此为基础，建立独立的社会保障预算制度。

5. 管理体制

由于我国各区域人口老龄化程度不同、经济发展水平不同、基本养老金收支的现金流量也不同，只有中央政府才有能力、也才有可能进行统一调整、统筹安排。因此，新的基本养老管理体制是全国统筹、中央政府统一管理，其具体运作机构主要包括征收机关、管理机关和监督机关。征收机关为国税部门，可以充分利用税务机关与企业联系密切、遍布城乡等优势，充分利用税收的强制性、连续性、稳定性特点，保证税款及时足额征收，直接缴入国库，可以避免地方政府各部门从中截留、隐瞒。税务机关应拥有征收、检查、处罚等方面完整的征收管理权，做到应收尽收，征税的基本依据来自地方政府的基本养老金信息系统。地方政府要根据参保登记情况，对税务机关的征缴记录进行必要的复核。社会保障税形成中央政府财政收入之后，由中央财政直接进行专户管理，财政部、劳动和社会保障部共同负责社会养老保险金的测算与使用，通过财政转移支付拨给各级地方政府社会保障部门，根据各级政府基本养老保险预算按需分配。社会基本养老金的具体发放工作可以委托金融、保险机构或者邮政部门来完成，它们负责社会保险费征收、发放过程中的资金安全和及时划拨。由全国人民代表大会及其常务委员会、政府审计部门、财政部门具体对社会养老保险金进行监督使用，它们在各自职责范围内，依法对社会保险基金的收支、管理进行监督。

6. 各区域养老保险制度间的关系

我国统一的社会主义市场经济体制，迫切要求中央政府拥有全国统筹的基本养老保险制度建立运行的决策权与调控权，这恰如市场经济体制下的宏观调控权只能由中央政府来行使，决不能实行各地方政府分级调控。新制度要求各区域建立统一的基本养老保险制度，因为只有统一我国各区域的制度，才能真正做到社会养老保险资金使用的“统一标准、统一管理、统一调剂”，真正做到全国统一的社会保障税税率、统一的养老金计付办法、基本养老保险基金的统一调配。统一各区域社会养老保险制度是在总结我国十多年来决策分散、管理权限分割的教训后提出来的。各区域间的基本养老保险的筹资模式、计发模式、管理系统、征缴体制、统筹层次、统筹对象等相关管理制度相同，不同的是养老金领取标准方面体现区域物价差异，这是因为我国各区域经济发展水平差距的客观存在，各区域维持老人基本生存费用（最低生活保障线）的不同。

7. 给付水平

采取待遇确定型模式支付基本养老金，其给付水平可设定为退出工作岗位的老年人维持日常最低生活所需的现金，它与最低生活保障线接近，相当于各区域的最低生活保障线①。由于我国各区域经济发展水平差距较大，确定一个全国通用的最低生活保障标准没有可行性，但确定一个统一的最低生活保障标准的计量方法则是可行的。这样，也就确定了各区域统一的基本养老金标准计量方法。待遇水平不再与退休前个人收入及工龄长短挂钩，而是参照各县市级区域最低生活保障线水平统一计发，这样不仅计算简单，而且能实现社会再分配。养老金给付不能以省级区域的社会平均工资为计发基数，更不能以全国的社会平均工资作为计发基数，因为我国目前省级区域经济发展水平差异较大，省级区域间工资水平也存在很大差异。如果以省级区域或全国的社会平均工资为计发基数，将会造成省级区域之间、省内区域之间事实上的工资替代率差异过大，严重影响高收入地区和群体的缴费积极性。给付水平与县市级区域最低生活保障线水平挂钩，全国所有老人基本养老金的差别只有区域物价差别，其余都一样。具体可按照

① 目前我国各区域的最低生活保障线的确定方法很不科学，随意性极强，不是真正依据居民的基本生存需要而确定，而是有的依据地方政府的财政供给能力确定，有的依据该区域平均生活水平确定，有的依据维持基本生活的救助标准来确定。国际上确定最低生活保障线的方法有相对方法与绝对方法两种，绝对方法依据人们消费的生活必需品的绝对水平来确定。相对方法有相对收入法（收入比例法和平均收入法）、生活形态法（根据实际生活状况来确定贫困者，根据他们的需求、消费和收入来计算出标准）、市场菜篮法（根据生活消费的必需项目和最小需求量而计算出标准）、恩格尔系数法（又称最低饮食费用测算法，用最低饮食费用除以恩格尔系数 0.6 ，0.6 为需要救济的贫困家庭界线）、数学模型法（用消费函数来确定）等。参见：陈五川．城市居民最低生活保障制度的若干问题与对策．武汉大学硕士学位论文，2004（6）：25.

如下方法确定各区域基本养老保险支付标准：可以先确定基本生活资料实物项目，然后计算平均消耗量，在此基础上再乘以各地的物价水平，即可计算出各地的基本生活费用标准。这样的标准既有全国的统一性，又可以照顾到各地物价水平的差别。

8. 与其他养老支柱的关系

全国统筹、随收即付的基本养老保险制度支柱与自愿性的其他养老支柱相结合，共同构成我国多支柱养老保险模式。中央政府在全国统筹、随收即付的基本养老保险制度与自愿性的其他养老支柱中担负的责任是不同的。基本养老保险制度支柱应当由中央政府承担起主要责任，中央政府应为这一支柱提供制度框架与管理系统，通过国税的方式来解决资金供给问题，为单位、个人缴费部分提供税收优惠，并提供最后财政担保。在自愿性的其他养老支柱中，政府不承担直接的责任，尤其是不承担直接的财政责任，但政府可以通过政策引导鼓励它们发展。例如，对于家庭或自我保障支柱，政府就可以通过鼓励储蓄、宣传维护家庭养老等政策来促进该支柱的功能发挥。对于企业年金养老保险，其发展虽然取决于企业的发展战略与劳动力市场竞争的需要，但政府也可以通过适度的税收优惠等政策来加以引导。对于市场提供的商业老年保障，其发展虽取决于市场供求关系与市场竞争，政府也可以通过创造公平的竞争环境和规范市场竞争行为来促进该领域的发展（见表 4-3）。

9. 实现制度目标的步骤

尽快实现基本养老保险省级统筹，为最终实现全国统筹做好准备。目前我国基本养老保险的统筹层次很低，离

表 4-3 全国基本养老保险支柱与自愿性的其他养老保障支柱比较

<table>
<tr><th></th><th>基本养老保险</th><th>职业年金计划</th><th>个人养老储蓄</th></tr>
<tr><td>保障目标</td><td>保障退休后基本生存</td><td>提供更高的退休后收入</td><td rowspan="7">银行储蓄、购买商业保险等多种方式，政府通过减免税等方式鼓励</td></tr>
<tr><td>组织方式</td><td>政府强制实施</td><td>单位自愿实施，政府通过税收优惠鼓励</td></tr>
<tr><td>资金筹集</td><td>雇主、雇员共同缴费</td><td>雇主、雇员共同缴费或雇主单方缴费</td></tr>
<tr><td>待遇确定方式</td><td>待遇确定型(DB)</td><td>缴费确定型（DC），通过个人账户实施</td></tr>
<tr><td>资金流程</td><td>现收现付</td><td>基金积累</td></tr>
<tr><td>资金管理</td><td>政府部门管理</td><td>商业机构管理，政府监督</td></tr>
<tr><td>保障对象</td><td>全国所有老人</td><td>自愿参加的各类组织的工作人员</td></tr>
</table>

高度社会化的全国统筹还有很大差距。由于目前基本养老保险省级统筹尚未实现，因此，就是资金有结余的省份内部也不能调剂。各级政府尤其是资金有结余的地方政府应提高认识，负起责任，首先推进省级统筹的实现。在此基础上，再逐渐实现基本养老保险全国统筹。

10. 区域之间的税率与养老保险水平

在新制度下，我国各区域是否需要征收同一水平的养老保险税？各区域是否享受同一水平的养老保险待遇？

如果各区域征收同一水平的养老保险税、各区域享受同一水平的养老保险待遇，虽然表面上似乎可以保障各区域之间负担绝对公平、待遇绝对平等，但是，这可能会导致地区间资金、人才的逆向流动。

如果我国各区域征收差别税率、各区域享受有差别的养老保险水平，这样，水平待遇、负担是与区域经济水平相适应的，但却可能会使区域之间的经济差距、福利差距拉大，出现前面第三章分析的区域养老保险协调发展程度差的情况。

事实上，如果我们对各区域征收统一的税率、养老保险水平是各区域统一的收入替代率，采取的是相对比率值而不是绝对数值，那么，以上两种弊端就都可以避免。

第四节　区域基本养老保险协调发展思路的实施

新制度能否有效运行下去？新制度的保障水平是否能够保障老年人的基本养老需求？如何减少新制度实施中的阻力、维护正常的既得利益？为使新制度具有可操作性，需要我们在实施中注意以下关键问题：明确基本养老金的政策含义，注意新制度与现有制度的衔接，强调政府与其他组织的分工合作，估算新制度养老金的保障水平，谋划应对人口老龄化高峰的对策。

一、明确基本养老金的政策含义

首先，由于新制度的目标定位于“社会安全网”，旨在保护居民免于老年贫困，退休期间领取的是相当于最低收入水平的养老金，是一种预防性的老年生活救助。从公民权利的角度讲，每个人的基本养老金在除去区域物价因素影响外，应该等同划一，能够保障所有老年人的生存权利。

我国的基本养老金要保证退休人员的生存需要。如果按照生存线、温饱线、发展线和享受线的划分，最低收入水平的养老金确定为生存线以上、温饱线以下的最低生活保障线，是较为合适的。把基本养老金和最低生活保障线统一起来，便于明确政府、企业和个人的责任。政府只负责基本养老保障部分；对于超过基本养老金以上的需求，由企业和个人根据实际可能性予以满足，政府只担负引导、鼓励等职责。如果基本养老金保障的“基本生活水平”被确定在最低生活保障线以上的温饱、发展和享受需要阶段，政府则会背上沉重的财政压力，而补充养老保障的企业年金与个人养老计划就发展不起来。

二、衔接新制度与现有制度

新制度与现有制度的衔接牵涉两个问题：一是统筹基金结余的部分如何处理？现有制度有积累的个人账户如何处理？二是目前已经退休的老人（即“老人”）和改革前参加工作的在职职工（即“中人”），由于我国计划经济时期的低工资制度而没有个人储蓄等其他养老支柱的辅助，新制度的低水平支付如何保障他们的安全养老？

关于第一个问题，新制度与现有制度的衔接影响到地方政府与中央政府的纵向关系，也影响到地方政府之间的横向关系。对那些目前养老负担轻、有统筹基金结余的地方政府，如何处理结余基金？有两种思路可以解决该问题：一是将地方政府的结余统筹基金保留到地方，用于社会保障的其他基础性项目；二是将地方政府的结余统筹基金交给中央政府，由中央基本养老保险基金管理机构统一调配。第一种思路的实施，来自地方政府的阻力要小些，但留给中央政府更多的财政压力，而且从一个较长的时间段分析，这种思路不够合理。第二种思路，容易被理解为中央政府不尊重地方政府利益，来自地方政府的阻力要大些。但是，如果我们从养老保险基金较长时期的运行情况分析，就会得出地方政府的结余统筹基金交给中央政府是有其合理性的。因为，一个区域的养老保险基金的收支状况都不是绝对的，它可能在一个时期收入大于支出，随着人口老化程度增强，在未来也就会出现收入小于支出的状况。从一个较长时期看，任何区域的养老保险基金的收支状况都不可能永远是收大于支，也不可能永远是收不抵支。各区域在人口增长规律大体一致的情况下，目前赡养率低的区域在下一个周期必然是赡养率高的区域，是支大于收的区域，也就是将来收不抵支的区域。因此，基本养老保险全国统筹对于各个区域而言，完全可以看做是资金跨周期的自我调剂，各区域地方政府应该认识到这一点，并积极减少对全国统筹的阻碍。

原制度所积累的个人账户如何处理？从理论上讲，应该作为个人缴费转入随收即付制的中央财政管理的基本养老保险财政专户。因为随收即付制是下一代为上一代人养老，每个人现在积累的养老金权益，在自已将来退休时可以通过下一代人的缴费来实现。在现实中，如果担心政府不能兑现原养老保险制度建立时的承诺而会影响政府信誉，可以采取以下办法：保留已经建立的个人账户，承认个人账户资金属于个人所有的权益，可发放“记名债券”，以银行储蓄利率来计算利息，个人年老退休时才能兑付。

关于第二个问题，新制度为随收即付制，目的就是下一代人为上一代人养老，如果不是我国从计划经济向市场经济转型，也就不存在老人与中人的养老保障不足问题，因为上一代人累积的养老金权益可以通过下一代人的缴费来实现，并一代一代往下递推，不需要进行专门的处理。但是，由于我国计划经济时期实行的是低工资制度，工资水平只够维持当时生存，工资中没有包含未来养老的部分，也就没有个人储蓄的养老支柱的辅助。新制度的支付水平只是最低社会保障线水平，这对他们的权益实际上是有损害的，所以，新制度应该对他们有一定的补偿。必须制定一个特殊的补偿办法，维护原制度的政府承诺，保障退休职工的权益。

中央政府作为承担补偿的责任主体，其资金来源，一是中央政府目前和今后的财政收入，二是国有资产变现，三是中央政府分年度发行长期特种债券。从现实的情况看，单纯依靠任何一种手段都会存在困难，应该采取多种方法来筹集所需资金。第一个渠道的优点是操作简便，但由于转轨初期的支出压力较大，单纯依靠财政的思路显然有很大风险。对于第二个渠道，由于现有国有资产存量中有很大一部分就是由“老人”、“中人”劳动贡献的“预先扣除”形成的，现在用部分国有资产变现来补偿就是合理的办法，目前我国正在进行国有经济的战略性重组和国有企业的股权结构调整，这是一个可以充分利用的机会。如果以上两个渠道还难以解决问题，可以根据当期支付需要，由中央政府分年度发行长期特种债券，以确保退休职工的养老金发放。

三、强调政府与其他组织分工合作

在我国区域基本养老保险协调发展思路的实施中，我们应该注意将基本养老金与职业年金、养老储蓄、商业保险、互助性养老保险等其他养老保障计划有机衔接起来，应该注意将养老保障体系与住房、卫生等其他基本保障项目有机衔接起来。同时，注意将经济保障与服务保障有机衔接起来。所有以上项目共同整合成为一个较为完善的老年人保障制度。只要这些项目互相衔接、协调发展，是能够保障老年人的基本养老需求的。

由于全国统筹的随收即付制度提供的基本养老保险金的水平较低，这要求在基本养老保险制度之外，应该有市场和非营利组织提供的多种补充性养老保障，应该有政府、市场和非营利组织在社会保障领域的密切合作。当今世界上大多数国家和地区，实行的是多支柱的、复合的养老保障制度，即养老保障制度是由政府、企业、个人、民间互助非营利性组织提供的不同养老保障项目组成，其中，政府负责基本养老保险，企业或工会负责职业退休金计划，个人或家庭负责个人养老储蓄，商业保险公司提供商业养老保险，社区等民间非营利组织提供互助性个人互保。各种组织提供的项目互为补充，共同保障职工退休后尽可能维持原有的生活水平。在多支柱复合的养老保障制度中，政府承诺的基本养老保险一般都是低标准的、强制性的、现收现付的，而其他支柱的保障水平根据经济增长和个人收入水平而定，是非强制性的。

政府、非营利组织、企业、个人应该彼此合作，共同提供养老保障产品，这是因为：

一方面，政府在提供社会保障产品方面，自身存在许多缺陷，政府不可能包揽一切养老保障产品的供给，在政府之外必须有许多市场组织、非营利组织参与其中。

从我国计划经济时期的社会保障实践、前苏联与东欧国家社会保障改革中，我们可以看到，单一的政府供给的养老保险模式会带来财政压力增加、企业竞争力降低、人们对福利过分依赖等问题，不利于养老保险的可持续发展。

在提供养老保险产品方面，政府自身存在的缺陷为：政府内部推行官僚制，层级分明、管理僵化、服务非人性化，很难满足多层次、不同水平的养老保障需求；养老保险项目相对固化，增设、删减项目都涉及较复杂的行政程序，导致公共决策的时滞，政策难以快速跟踪不断变化的情况；官僚主义现象严重，正如英国学者C·N·帕金森所著《帕金森定律》指出：官僚主义者喜欢无事忙，总是尽可能地扩大预算规模，从而通过使自己所在的机构升级或自己地位的高升来增加自己的利益。这些导致人浮于事、养老保险管理成本增加；监督政府困难，社会养老保险基金的运行流程透明度低，财务不公开，为挪用、侵蚀基金等腐败行为创造了条件，也使得社会保障项目的实施难以达到预定的目标；政府在决策过程中可能会受到特殊利益集团的影响，而对弱势群体的养老保障需求则相对忽视。

在提供养老保障产品与服务方面，非营利组织存在许多优势：非营利组织更容易接近被服务对象，服务更人性化；更具有灵活性、创新机制和基层参与等特征；财务更公开，透明度更高，更易为社会所监督，得到人们的信任更多。

关于企业、个人在供给养老保障产品中的作用，自从我国改革开放以来，人们已认识到它们的重要性，也从国外的社会保障实践中看到它们在各个领域发挥的作用，目前要做的是如何结合中国的实际，将市场主体更有效地引入社会保障产品的供给中来。商业人寿养老保险属于竞争性的私人产品项目，理应由市场来提供，这样能充分利用市场在资源配置中的高效率机制。

另一方面，养老保障作为一种公共物品，它的供给完全市场化，存在信息不对称、道德风险和逆选择等市场失效的地方，为弥补市场的不足，为了能调节收入分配，促进社会公平，防止贫富差距扩大、防止社会矛盾激化与社会不稳定，需要政府介入养老保障产品的供给，这是政府应尽的职责。因此，非营利组织、企业、个人不可能代替政府在基本养老保险产品供给中的作用，政府永远是基本养老保险产品供给的重要主体。

四、估算新制度养老金的保障水平

将基本养老金定位于保证退休人员的生存需要，新制度的保障水平是否能够保障老年人的基本养老？这是新思路必须回答的问题。

基本养老保险制度的设计目标是为在老年期间的人群提供一个生活的最低保障。因此，它的付费水平以最低生活保障线为参照系，大约相当于社会平均工资的 20%①。另外，据估算，养老保障第三支柱（包括人寿保险、养老

① 接近现有的统账结合制度中的统筹保障水平。参见：景天魁. 中国社会保障的理念基础. 吉林大学社会科学学报，2003（3）：60.

储蓄的个人养老金），在退休后的所得大约占到社会平均工资的 30%①。

基本养老保险金的水平只要相当于职工平均工资的 53.33%，就能够维持现阶段老年人正常体面的生活②。在笔者设计的思路中，仅基本养老金制度与个人养老金支柱两项养老保障计划的总和就达到 50%，加上职业年金计划提供的保障，是足以能够保障老年人的养老的。

另外，对于退休老人来说，养老金定在什么水平，要看他们的基本生活需要得到怎样的照顾。如果退休老人在住房和医疗方面能得到充分的保障，他们会乐于接受低于目前水平的养老金的。

五、谋划应对人口老龄化高峰的对策

由于我国 20 世纪 50～60 年代的人口高速增长，70 年代以后实行严格的计划生育政策，我国将在 2020～2030 年面临迅速的人口老龄化，而同时期的养老供款人口则在急剧减少，这是我国与其他国家不同的特殊之处。新制度如何应对 2020～2030 年人口老龄化的压力，保障财务上的可持续性？

一般来讲，收支平衡的现收现付制应该是当前的养老金正好与当前的缴费相等，其资产总额为零，但人口老龄化的出现使这一制度将出现收不抵支的情况，未来支付压

---

① 参考了中国社会科学院社会学研究所制度设计中的估算。参见："中国社会保障体系研究"课题组．中国社会保障制度改革：反思与重构．社会学研究，2000（6）：49.

② 郑功成等．中国社会保障制度变迁与评估．中国人民大学出版社．2002.201.

力增大。

在随收即付养老保险制度中，影响财务收支平衡的各因素间有如下关系：

$$C=BD$$

即：养老保险的制度供款率C等于目标给付水平B与制度负担率D的乘积，其中，供款率是以税或费的形式向企业、个人征收的占工资的一定比例，目标给付水平为给付的养老金占社会平均工资的比例，制度负担率为受益人与供款人的比例①。

随收即付制的收入是供款率和工资总额的乘积，工资总额又是制度内在职人口和社会平均工资的乘积。制度内在职人口由就业水平、退休年龄及制度覆盖率来决定。

在面临人口养老高峰（制度负担率D变大）时，保持养老金财务收支平衡的途径有如下三种：

一是增加收入，如提高现收现付制的供款率、提高或取消缴费工资的上限、据实有工资基数征费②。

二是减少支出（降低目标给付水平B)，如提高退休年龄。

三是利用养老保险以外的其他方式进行“预筹基金”，即留出某些资源以满足未来养老增长的需求。例如，挪威政府就将其石油税收中的一部分来建立基金，其目的是在

---

① 李珍著. 社会保障制度与经济发展. 武汉大学出版社. 1998. 174.

② 因为非工资收入的存在，我国企业上报并由社会保险机构核定的养老保障缴费工资总额远小于统计的工资总额，与发达市场经济国家相比，中国的社会保险供款基数大大缩小了。参见：李珍著. 社会保障理论. 中国劳动保障出版社. 2001. 227.

将来面临人口老龄化时来补充税收；美国也有一个预备性信托基金，用于未来养老金的支付；加拿大政府也正在筹备相似的方案①。

当我国进入2020～2030年人口老龄化时期，我国政府可以研究采取其中的某一种对策，以应对未来老年高峰的支付困难。

六、采取配套保障措施

在基本养老保险实现全国统筹之前，区域基本养老保险协调发展还需要一系列配套保障措施，具体包括下列几个方面：

1．提高社会化管理的技术水平：在全国一体化的信息平台上进行基本养老保险管理，有利于不同区域之间实现资源共享、进行经验交流，提高管理和服务水平，产生信息分割状态下所难以达到的效果。

2．建立能预警区域基本养老保险差异的信息统计系统：依据宏观经济运行状况，确定不同区域基本养老保险基金运行的临界指标，为有效地制定和调整基本养老保险政策提供科学依据。

3．增强中央政府的权威与协调能力：根据我国国情，建立一个强大的中央政府，能整合区域地方政府的利益，增强民族凝聚力，保证政治、社会的稳定运转。在推进基本养老保险实现全国统筹的过程中，中央政府必须承担相应的责任，主要负责制度的设计、政策的制定和运行的监督。

---

①　郑秉文．关于养老保障几个问题的理论争议．见邓大松、李珍主编．社会保障问题研究（2002）．武汉出版社．2003．424．

第五章

区域基本养老保险协调发展的难点分析

为了顺利建立与实施我国各区域基本养老保险协调发展模式，我们必须分析区域基本养老保险协调发展制度建立与运行过程中存在的主要难点。我国各区域基本养老保险协调发展的难点主要是以下三个方面：区域经济发展水平的差距过大，基本养老保险的城乡分割、人群分割状况严重，地方政府的利己主义行为。它们加剧了基本养老保险制度的区域分割，进一步扩大了各区域间的基本养老保险水平差距，使各区域间的政府、个人、企业负担更为不公平，也使基本养老保险制度的功能更难以实现。逐一研究这些难点的种种表现及其产生的原因，有利于探寻相应的对策措施。

第一节　经济发展水平的区域差距与城乡差距过大

我国地域辽阔，各区域间、城乡间的自然禀赋与经济发展基础不同，经济发展水平也就参差不齐。这种现象在许多国家普遍存在，但是，我国区域间、城乡间以基尼系数反映的居民收入总体性差距正在逐年拉大，已经超过国际公认的警戒线，而且这种区域、城乡差距还在继续不断扩大。这些给全国统筹的、全民性的基本养老保险制度的建立带来了障碍，因为区域间、城乡间差距过大，既影响区域间、城乡间的居民缴费供款能力，也使如何确定不同区域、不同城乡居民的个人缴费率与养老金领取标准增加了难度。

一、我国经济发展的区域差距

从中华人民共和国成立到1978年的30年间，我国政府一直实行区域均衡发展战略。这一时期以现价计算的国民生产总值年均增长速度，东、中、西部地区之比为6.81：6.78：7.63。这种速度差的积累，使东西部地区的经济差距呈现出缩小的趋势。但1978年实行改革开放以后，我国区域开发转向非均衡发展战略，使得新中国建立后曾一度缩小了的区域经济差距重新扩大，区域间以基尼系数反映的居民收入总体性差距正在逐年拉大，已经超过国际公认的警戒线，而且这种差距还在继续不断扩大（见表5-1）。

表5-1　**我国东、中、西部地区国民生产总值的比重情况**

年份	全国	东部地区	中部地区	西部地区
1978	100	52.50	29.70	17.80
1980	100	52.17	30.30	17.53
1986	100	53.11	30.88	16.01
1991	100	54.90	29.80	15.30

续表

年份	全国	东部地区	中部地区	西部地区
1992	100	56.55	28.60	14.85
1993	100	58.29	27.25	14.46
1994	100	59.12	26.83	14.05
1995	100	59.00	26.50	14.50
2000	100	59.40	27.02	13.58
2001	100	59.59	26.85	13.55
2002	100	62.47	23.44	14.10

数据来源：1978～2001年统计年鉴，其中2002年数据来自各省公报。

1978～2002年的25年间，按可比价格计算的国民生产总值年均增长速度，全国为9.8%，其中，东、中、西部地区的增长速度比为11.3∶9.9∶9.2，东部地区高于西部地区2.1个百分点。国民生产总值的比重也发生较大的变化。从表5-1可以看出，东部地区在国民生产总值中的比重逐渐加大，而西部地区所占国民生产总值的比重呈现出逐年降低的走势。另据国家统计局资料，2000年全国100个最发达县（市）的县均国内生产总值为106.6亿元，为最不发达的100个县（市）5亿元的21倍。实际上，我国地区经济发展差距的扩大之势，主要体现在各地区经济增长速度之间所存在的明显差别上。如以东部的江苏、中部的湖南、西部的贵州为例，1979～2003年江苏省的国民生产总值的增长速度远远大于西部的贵州省，特别是在1992年，江苏和贵州的经济增长速度相差17个百分点，从1998～2003

年的走势上看，还存在增长速度的差距逐年增加的趋势①。

中国科学院、清华大学国情研究中心胡鞍钢先生将我国的区域差距概括为“一个中国，四个世界”，他认为中国是世界上区域发展差距最大的国家，从人均国民收入看，上海、北京、深圳等高收入发达地区相当于第一世界，第二世界是天津、浙江、广东、福建、江苏、辽宁等大中城市和沿海地区上中等收入区域，第三世界是山东等下中等收入区域，第四世界是中西部贫困地区、少数民族地区、农村地区、边远地区和低收入地区。

如果以 1999 年的人均 GDP 作为比较基数，胡鞍钢阐述这“四个世界”的基本特征为：第一世界中的上海和北京人均 GDP 分别为 15 516 美元和 9 996 美元，明显高于世界上中等收入国家的平均水平（8 320 美元），分别达到高收入国家收入水平（24 430 美元）的 63.5%和 40.9%。上海、北京两市人口约占中国总人口的 2.2%。属于第二世界的省级区域为天津、广东、浙江、江苏、福建、辽宁，第二世界的人均 GDP 均高于世界下中等收入国家的平均水平（3 960 美元），而低于上中等收入国家水平，这六省市人口占中国总人口的 21.8%。属于第三世界的区域为河北、吉林、黑龙江、河南、湖北、湖南等，第三世界的人均 GDP 均低于下中等收入国家平均水平，居世界第 100～139 位之间，人口占中国总人口的 26.0%。属于第四世界的主要是

① 韩传峰. 浅论我国地区差距与区域经济的协调发展. 武汉大学：武汉大学硕士学位论文，2004.

西部省区，第四世界的人均 GDP 排名在世界第 140 位之后，人口占中国总人口的一半①。

造成我国各区域经济发展差距很大的原因是多方面的，自然资源、生产要素禀赋是区域差距形成的一般原因。各个区域的历史发展基础、经济体制、宏观政策、政治制度、价值观念、行为方式等非经济因素（人文因素）的影响，也是区域差距形成的原因。其中区域自然资源（土壤、气候、矿藏等）的差异是导致区域差异最初始的原因。生产要素的禀赋差异影响区域的分工水平和结构水平，进而影响该区域的经济发展水平，是区域差距形成的一般原因。历史发展基础、价值观念等非经济因素，放大、强化了各区域间的差距。

二、我国经济发展的城乡差距

半个多世纪以来，我国工业优先发展的非均衡发展战略，造成了典型的二元经济结构。从分配的角度看，农村长期以来处于“负保护”状态，每年约有几千亿元资产从农村流出，城乡收入和财富差距日益扩大。从人均收入水平、消费水平、城乡劳动生产率、工农技术装备水平看，城乡差别都很大，并且表现出继续扩大的趋势。

按照一般的统计口径，我国城市居民收入是农村居民收入的 2～3 倍，而国际上人均 GDP 为 800～1 000 美元的国家的城乡人均收入分配差距约为 1.7 倍，我国已远远高出国际一般差距状况。如果扣除农民用于扩大再生产的费

---

① 胡鞍钢等著. 第二次转型：国家制度建设. 清华大学出版社. 2003. 49.

用，再把城市居民的各种福利也计算进来，那么中国的城乡居民收入差距实际已经达到了5：1或者是6：1，这种城乡差距几乎居世界之首。我国城乡财富差距（金融资产差距）比收入差距更大，近20年来基本上是在10倍以上。收入差距增加会导致财富差距扩大，而财富差距扩大又会进一步扩大收入差距（见表5-2）①。

表5-2　**城乡居民人均可支配收入差距状况（1982～2003）**

单位：元

年份	城镇居民人均可支配收入	农村居民人均纯收入	城乡差距
1982	525.96	309.77	1.70
1983	607.56	355.33	1.71
1984	685.34	397.06	1.72
1985	827.90	423.80	1.95
1986	916.00	462.55	1.98
1987	1 119.40	544.94	2.05
1988	1 260.70	601.50	2.10
1989	1 372.00	602.00	2.28
1990	1 544.30	708.55	2.18
1991	1 826.10	783.99	2.33
1992	2 336.54	921.62	2.54
1993	3 179.15	1 221.00	2.60
1994	3 892.94	1 577.70	2.46
1995	4 839.45	1 926.10	2.51

① 刘志英．中国城乡贫富差距与社会保障制度．江汉论坛，2004(3)：126.

续表

年份	城镇居民人均可支配收入	农村居民人均纯收入	城乡差距
1996	5 160.74	2 090.12	2.47
1997	5 418.55	2 162.01	2.51
1998	5 846.56	2 210.00	2.65
1999	5 854.0	2 210.3	2.65
2000	6 280.0	2 253.4	2.79
2001	6 859.6	2 366.4	2.90
2002	7 702.8	2 475.6	3.11
2003	8 472	2 622	3.23
2004	9 422	2 936	3.16

资料来源：据中国统计局网公布的数据整理。

国家统计局小康评价指标测算结果也证明了缩小城乡差距在未来全面建设小康社会中的紧迫性。据报告，在《全国人民小康生活水平的基本标准》规定的指标体系中，1999 年底，我国城镇居民生活已达到小康标准的 94%，其中经济发展水平、物质生活水平和人口素质水平已基本实现小康水平（实现程度 90%以上）；农村居民实现小康标准的程度为 88.45%，其中经济发展水平实现程度为 85.14%，物质生活水平实现程度为 84%，人口素质水平实现程度为 87.22%，三项都仅处于温饱有余的生活水平阶段（实现程度为 80%～90%）①。

胡鞍钢先生将我国的城乡差距概括为“一个中国、两

① 国家统计局小康研究课题组：中国小康进程进入冲刺阶段．中国信息报，2000 年 11 月 27 日．

种体制”，他认为这“一个中国、两种体制”不是指大陆与港澳间的“一国两制”，而是指在我国存在城乡居民的两种身份制度、教育制度、就业制度、公共服务制度和财政转移制度。这“两种制度”的设计安排和延续，不仅导致中国城乡居民人均收入差距日益扩大，而且也导致城乡居民公共服务水平过于悬殊。①

城乡收入差距通常包括合理差距和不合理的差距两部分。所谓合理差距，是指经济系统内存在的与一定经济发展水平相适应的收入差距。它是经济发展的固有属性，有利于经济的发展，任何经济系统都应追求合理的收入差距。不合理的差距主要是指由外生的社会经济变量或一些偶然因素决定的差距，如我国现行的户籍管理制度和城镇就业制度的屏蔽、对非公有制经济的政策歧视、不同的地区发展政策以及体制转轨过程中出现的垄断行为及腐败等因素造成的城乡差距。在城乡差距中，这种不合理的差距所占比重越大，越不利于经济的持续稳定增长。

据国家统计局农调总队课题组（1994）建立的人均 GDP 与城乡合理差距关系的回归模型测算，从 1985 年到 1999 年，我国城乡差距的合理差距部分基本呈缓慢上升趋势，但在近几年处于稳定状态，保持在 1.65 左右，说明在这一时期我国处于城乡合理差距扩大的经济发展阶段，而且目前可能已经到达倒 U 形曲线的顶端，今后将开始下降。不合理的差距总体呈上升趋势，且波动很大，在我国城乡合理差距缓慢上升的情况下，成为我国城乡差距扩大和波动

---

① 胡鞍钢等著．第二次转型：国家制度建设．清华大学出版社．2003.31.

的主因。同合理差距相比，不合理的差距上升速度大大高于合理差距上升的速度。因此，在我国城乡差距扩大中，不合理的差距所占比重越来越大，尤其是20世纪90年代以来，总体保持在30%～40%①。

由此看来，如果不能有效抑制和消除城乡的不合理差距，将会使我国的城乡差距大幅度拉大。

胡鞍钢先生将我国城乡差距、城乡“两种制度”能够长期存在的原因，归结为历史原因与政治原因。他认为，中国尽管农村人口占全国人口的大多数，但他们在政治决策、财政转移支付、国家投资分配、公共服务提供等方面，均缺乏自己的代表，也缺乏社会声音，更缺乏影响政策的制度渠道②。

事实上，我国城乡差距拉大还有众多的政策与制度原因。

计划经济体制遗留下来的“城市偏向”是新时期城乡差距非正常扩大的根源。这种“城市偏向”目前还在起作用，它使国家重视和支持“三农”的政策都难以取得预期的效果。

所谓“城市偏向”，是指在计划经济时期形成的城乡差别发展战略、城乡分割的二元结构和“以农补工”、“以乡养城”的国民收入分配格局。“城市偏向”体制的产生是为了适应我国半个多世纪工业优先发展的非均衡发展战略，缓和当时微弱的小农经济和急剧推进的城市工业化之间的

---

① 梁万泉. 对我国城乡差别的剖析. 天府新论，2003（1）：25.

② 胡鞍钢. 中国存在两种制度四种社会. 江苏经济报，2002年2月27日.

矛盾。维系着“城市偏向”利益格局的政策与制度包括：“工农产品价格剪刀差”、“财政税收收支差”、“金融资金存贷差”、“土地征用出让价格差”以及“城乡居民税费负担差”。据估计，这五个“以乡养城”的政策与制度，导致每年约有5 000亿元的资金无形的从农村流入城市①。

以上是有形的货币形态的“以乡养城”，事实上，还存在许多具体的制度与政策，使农民处处受到无形的歧视。这些制度与政策不利于缩小城乡差距，而是在维护甚至是在强化城乡差距。

在初次分配领域，存在不利于缩小城乡差距的制度与政策。比如，户籍管理制度以及与之相伴而生的就业安置、住房福利分配、子女免费或低收费入学制度，就是在维护和强化一种社会身份等级制，它们是城乡隔离的栅栏。又如，区别对待城乡居民的基础设施、教育、卫生等公共产品供给的政策，同工不同酬的劳动就业制度，不能自由出售买卖的农村土地制度，也在一定程度上维护和强化了城乡居民之间的隔离，人为地助长了二元经济结构，扩大了城乡差距。

在再分配领域的居民税负方面，由于城乡分治体制的作用，与城镇居民相比，农民承担了高得多的税费负担。农民即便收入低，在农村税费改革前，也必须人人承担农业税费，而城镇居民，即使每个人都照章纳税，纳税人比例也不超过城镇居民总人口的1/1023。税收制度客观上根本没有起到调节城乡居民收入差距的作用。另外，农民还

---

① 顾益康、邵峰．全面推进城乡一体化改革．中国农村经济，2003（1）：20.

由于工农业产品剪刀差间接为国家积累了大量的财政资金，而且这种积累方式目前还在持续①。

在再分配领域的社会保障方面，原本应当起调节城乡收入差距作用的社会保障制度，在我国则作用相反。中国社会保障制度呈现出城乡迥异且相互隔离的二元保障格局，城市基本上已经拥有了较为完善的基本养老保险体系，而农村，主要是低水平的农民自我保障，由于正式基本养老保险制度的缺乏，农村居民的贫困缺少缓解的渠道。与户籍管理制度相伴而生的我国城镇基本养老保险制度，把农民、农民工排除在福利制度之外。城乡二元基本养老保险制度处于不同的水平，两种制度无法有效对接。这降低了城乡之间资源配置的效率，并使城乡贫富差距扩大到不合理的程度。

三、我国区域经济、城乡经济差距巨大造成的影响

我国区域经济、城乡经济差距不断扩大，不仅不利于资源的合理配置，影响经济的发展速度，降低经济的可持续发展能力，而且会影响到社会的安定和国家的经济统一。当前，我国存在巨大的区域经济差距、城乡贫富差距，已使欠发达区域与农村出现了一个庞大的贫困人口群体，这对经济发展和社会稳定都是巨大的威胁。如果区域差距、城乡差距不缩小，“惠及十几亿人的更高水平的小康社会”目标就难以实现。

从区域差距、城乡差距对养老保险制度制定与运行的

---

① 顾益康、邵峰. 全面推进城乡一体化改革. 中国农村经济，2003 (1)：20.

影响来讲，我国区域经济差距扩大给我国统一的基本养老保险制度的建立与运行带来了障碍。因为区域差距、城乡差距过大既限制了落后区域与农村居民的个人储蓄能力，限制了他们在基本养老保险中的供款能力，也使全国统筹的、全民性的基本养老保险制度在确定不同区域缴费率与养老金水平方面，增加了难度。

同时，我国区域经济差距、城乡经济差距扩大，导致各区域地方政府基本养老保险基金收支状况不同（因为基本养老保险基金是以职工的工资总额的一定比例征收的，区域间人均收入差距拉大必然使基本养老保险基金收支产生区域差别），导致各区域地方政府对基本养老保险的财政补贴量不同，这两种结果导致我国越是富裕的区域，地方财政越能安排更多的财政补贴给基本养老保险，基本养老保险基金征收部门越能征收到更多的基本养老保险基金，基本养老保险基金收入大于支出，出现大量基金结余，且基本养老保险支付水平较高。而与此相反，越是贫困区域，地方财政不能安排更多的财政补贴给基本养老保险，基本养老保险基金征收部门能征收到更少的基本养老保险基金，基本养老保险基金入不敷出，支付水平较低，难以发挥基本养老保险的功能。

第二节　养老保障的城乡分割与人群分割严重

中华人民共和国成立初期，由于当时特殊的政治经济条件与重视工业轻视农业的非均衡发展战略，中国的社会保障制度在其建立与发展中具有明显的城乡分割、人群分割的特征，主要体现为城市居民具有较高水平的社会保障和较全面的社会福利，而农民基本上被排斥在正式社会保障制度之外；公有部门的职工具有较高水平的社会保障和较全面的社会福利，而公有部门以外的人员基本上被排斥在正式社会保障制度之外（1997 年以后的扩大覆盖面政策要求将私营部门职工、个体工商户纳入制度内，但动机仍然是因为这些人员年龄结构轻，有利于分担原制度的负担、缓解原制度的财务不平衡）。这些是全国统筹的基本养老保险制度建立的障碍。因为这两种分割，既会使养老保险的区域衔接更加复杂困难，也会遭遇到既得利益者的强力阻挠。

一、我国基本养老保障的城乡分割现状

基本养老保障制度是由国家为解决退出工作岗位没有工作收入的退休人员的基本生存问题而确定的基本原则与措施，并通过法律、经济、行政手段付诸实施。我国养老保障的城乡分割主要是指城乡居民因身份不同而拥有不同的养老保险制度、享受不同的养老保险待遇。

通常，一个国家为了维护社会公平而将部分财政收入以社会保障形式无偿让渡给部分区域和个人，即进行社会保障转移支付，这有助于缓解区域之间、居民个体之间的贫困。1982 年，贝克尔曼和克拉克通过一项经验式研究，得出了这样的结论：如果没有当时的社会保障制度，英国生活在贫困中的人将比实际多出 7 倍①。中华人民共和国成

---

① 刘志英．中国城乡贫富差距与社会保障制度．江汉论坛，2004(3)：126．

立初期，由于当时特殊的政治经济条件与重视工业轻视农业的非均衡发展战略，中国的社会保障制度在其建立与发展中具有明显的城乡分割特征，主要体现为城市居民具有较高水平的社会保障和较全面的社会福利，而农民基本上被排斥在正式社会保障制度之外。改革开放以来，由于我国城乡分治制度与计划经济的遗留影响，也由于经济水平偏低这一客观原因，我国养老保障的城乡分割现状没有得到根本改变（参见表 5-3“我国人均离休、退休、退职费的城乡差距与人群差距”）。

表 5-3　**我国人均离休、退休、退职费的城乡差距与人群差距**　单位：元

统计年份	全国城乡平均	城市居民			农村居民
		企业单位员工	事业单位员工	政府机关员工	农民
1990	1 712.76	1 663.78	1 889.50	2 006.08	
1995	4 194.75	3 869.82	5 163.24	5 612.40	
1999	6 455.29	5 841.47	8 587.42	8 532.80	354.45
2 000	7 000.00	6 200.81	9 614.08	10 035.90	417.83
2001	7 579.89	6 472.14	11 020.78	11 927.02	481.21
2002	8 591.04	7 411.54	12 379.37	13 494.15	429.40
2003	9 092.45	8 221.09	13 499.51	14 882.84	492.15

资料来源：1991～2004 年劳动与社会保障统计年鉴。

中国基本养老保险制度目前还是城乡迥异且呈相互隔离状态的二元保障制度，城市基本上已经拥有了较为完善的基本养老保险体系，而农村，由于正式基本养老保险制

度的缺乏，农村居民的贫困缺少缓解的渠道，农民基本上被排斥在正式基本养老保险制度之外，农民对老年生活存有“后顾之忧”，部分农村老人的基本生活需求都难以得到满足。

政府机关、事业单位员工的养老退休制度，是适应计划经济条件的一种高福利的国家养老制度。政府机关指具有代表国家权力和行使国家行政、检察、审判职能，组织协调社会、政治、经济、科技等活动的独立核算单位，包括国家机关、政党机关和社会团体。事业单位指从事为生产和生活服务以及提高人民科学、文化水平和素质服务的独立核算单位，包括：公用事业和咨询服务事业，卫生、体育和社会福利事业，教育、文化艺术和广播电影电视事业，科学研究和综合技术服务事业，等等。政府机关、事业单位员工在计划经济时期被统称为“干部”。

企业单位员工、部分经营性事业单位员工的养老保险制度，是国家根据一定的法律和法规，在劳动者达到国家规定的解除劳动义务的劳动年龄界限，或因年老丧失劳动能力而退出劳动岗位时，为解决他们的基本生活而建立的一种社会保险制度。每个人在中青年时期被强制地缴纳保险费（或者税收），年老时只要符合领取条件，个人就可以领取养老金。

农民养老模式立足于农民自我保障与家庭保障，采取“集体保障＋家庭保障＋土地保障”模式，其中土地是保障的主要物质来源，家庭是保障的具体承担者，集体在整个保障体制中发挥组织协调作用。这种保障方式在农村人民公社体制和自然、半自然经济条件下，具有较高的稳定性。这是因为当时没有实行计划生育政策，家庭成员众多，加上传统“养儿防老”思想在农村根深蒂固，农村老人养老问题可以通过家庭多成员的代际转移得到解决。当个别家庭遇到不可抗拒的困难时，他们的养老问题还可利用生产队、大队或公社的资源解决。但是，在当前的中国，由于计划生育政策的推行，由于西方个人主义自立意识对传统的互助精神、家庭意识的冲击，由于集体经济的削弱等众多原因，家庭养老意识正在逐渐淡化，家庭养老功能正在日趋削弱。

基于以上情况，1991 年民政部在全国试点推行《农村社会养老保险基本方案（试点）》。现将该方案下的农民互保自助式保险制度与城市居民的养老退休制度、养老保险制度比较如下：

上述不同人群拥有的不同的养老保障制度，虽然都是国家主办建立的，但不同人群享受不同的养老保障待遇，而农民拥有的是政府承担供款责任最少、享受养老保障待遇最低的养老保障制度（见表 5-4）。

表 5-4　　我国城乡、人群的不同养老保障制度比较

养老保障制度	城市居民		农村居民
	企业单位员工、部分经营性事业单位员工	政府机关员工、主要事业单位员工	农民
基本养老模式	养老保险制度	养老金制度	立足于农民自我保障：集体保障＋家庭保障＋土地保障
主管单位	劳动与社会保障部门	人事部门	民政部门
资金来源	企业、个人缴费	财政拨款	集体、个人缴费

续表

养老保障制度	城市居民		农村居民
	企业单位员工、部分经营性事业单位员工	政府机关员工、主要事业单位员工	农民
财务模式	社会统筹与个人账户相结合的“混合模式”	现收现付	完全个人积累制（基金制）
财务平衡方法	以支定收、财政最后“兜底”	根据养老支付需求从财政列支	以支定收
政府责任	财政承担最后“兜底”职责	财政承担所有职责	不与财政挂钩，财政不承担“兜底”职责
受益模式	待遇确定型与缴费确定型	待遇确定型	缴费确定型
社会再分配功能	强	强	弱
与基本养老配套的制度	有最低生活保障（待遇确定型）	有最低生活保障（待遇确定型）	没有最低生活保障

资料来源：据国务院 1997 年 26 号文件、民政部 2001 年农村养老保障改革试点文件整理。

在许多国家，农业是一个弱势产业、农民是一个弱势群体，而中国的农业与农民更是由于特定的工业经济优先发展战略而成为弱势产业、弱势群体。我国的工业优先发展战略与政策，使农村长期处于贫困循环中，在市场经济尤其是经济全球化过程中，中国农业和农民的弱势表现得更为突出，他们在初次分配领域处于明显的不利地位；而包括基本养老保险在内的公共资源的分配也是倾斜于城市居民的（再分配不公平），这更是加深了城乡社会不公平问题。以社会保障支出的城乡比例为例，1990 年我国社会保障支出 1 103 亿元，城市人口支出 977 亿元，占 88.6%，农村人口支出 126 亿元，占 11.4%。这就是说，2.8 亿城镇人口人均社会保障费为 413 元，而 8.2 亿农村人口人均才 14 元，前者是后者的 29.5 倍①。

由于再分配政策调节的滞后，农村和农民没有等量同享经济增长的成果，城乡收入差距在不断扩大。城乡居民收入差距反过来又进一步拉大了城乡居民的基本养老保险水平的差距，因为贫困限制了农民的个人储蓄能力与参加商业保险的能力，也限制了他们参与政府组织的基本养老保险的供款能力（1991 年民政部举办的农村养老保障试点，即便是山东这样相对富裕的省，农民选择的供款大多也是每月 2 元，更不用说中西部贫困农民，他们甚至每月 2 元的养老保险费也负担不起）。

我国基本养老保障的城乡分割使基本养老基金难以在城乡之间进行调剂使用，削弱了基本养老保险的保险功能，同时还带来许多负面影响。首先，基本养老保障的城乡分割给劳动者个人跨城乡流动带来不方便，城乡统一的劳动力市场难以形成。建立全国统一市场是市场经济健康发展的要求，统一的劳动力市场能消除区域间的劳动力流动壁垒，有利于降低经济运行成本，也有利于人力资源在更大的地域空间内有效配置。而现实中的基本养老保障的城乡分割，为劳动力的城乡自由流动设置了一道无形的壁垒，阻碍了劳动力资源的优化配置，妨碍了城乡之间生产要素的合理流动，难以形成统一的劳动力市场。

---

①　罗寒光等．关于完善我国社会保障制度的几点思考．中国法律教育网，http：//www. chinalawedu. com/news/2004_9/14/1119512598. htm.

其次，基本养老保障的城乡分割容易导致社会、政治整合度差，引起社会的不安定因素。城乡统一的基本养老保险体系是政治和社会稳定的基础。我国基本养老保障的城乡分割，城乡地方政府由于财力差距过大，在提供基本养老保险能力上也存在很大差距：财力较好的地区，提供基本养老保险的行政能力较强；财力较差的地区，提供基本养老保险的行政能力较弱。这影响基本养老保险的整体运行效率，因为尽管目前实行相对独立的分级管理体制，但地方政府的基本养老保险支出一旦出现危机，上级政府不可能甩手不管。事实上，任何地方政府基本养老保险支出如果出现危机，都不可能仅仅是“自己的事情”，而是必然要影响到上下级政府之间的关系，影响到更大范围、甚至是全国的政治社会稳定。同时，我国东、中部地区民族构成比较简单，而西部地区是少数民族聚居之地，其中有20多个少数民族与境外同一民族跨国界而居，这些地区基本养老保险发展的现状明显滞后于东、中部地区，如果长期得不到妥善解决，就可能会引发国家边防不稳等一系列问题。我国基本养老保障的城乡分割，还使基本养老保险行政管理成本难以降低，造成资源浪费。

以上这些情况，必须引起国家的高度重视。因为，如果一个社会的基础阶层产生了相对剥夺感，那将是潜伏社会危机的信号。

二、我国基本养老保障的人群分割现状

基本养老保障制度是由国家为解决退出工作岗位没有工作收入的退休人员的基本生存问题而确定的基本原则与措施，并通过法律、经济、行政手段付诸实施。我国养老

保障的人群分割主要是指不同的社会群体由于就业与否、就业的所在部门不同，而带来的不同身份的人员享有不同的养老制度与养老待遇。例如，我国农民与市民间的养老制度与养老待遇不同，市民内部的就业职员与非就业职员间的养老制度与养老待遇不同，就业职员内部的公有部门员工与私有部门员工之间的养老制度与养老待遇不同，公有部门的政府机关工作人员、国有企业职员、事业单位职员之间的养老制度与养老待遇不同（参见表5-3）。正是由于我国养老保障的这种多重人群分割，扩大了我国区域间的养老保障水平差距，使各区域之间的政府、企业、个人的负担极不公平；同时，由于不同人群拥有不同的养老保险制度，管理养老保险的部门太多、政策差异大，影响部分人员参加养老保险的积极性，影响了劳动力的跨职业、跨区域自由流动，也使我国各区域基本养老保险制度统一的成本与难度加大。

在此，我们从利益层面来具体分析我国养老保障的人群分割情况。

在我国社会政治经济体制的变迁过程中，不同人群由于在政治社会经济生活中所处的位置不同，其获取利益的途径和渠道不同，逐渐形成了不同的利益阶层。利益阶层指的是在某些问题上有共同利益并且有类似人口特征的群体。随着市场经济的发展，人们的利益要求大大分化，我国原来计划经济时期利益一致的格局彻底被打破了，各种利益阶层纷纷出现。我国养老保障制度的改革也形成了不同的利益阶层。

我国养老保障制度改革所形成的不同利益阶层可分为既得利益者与未获得利益者（也可称为“非既得利益者”）。

既得利益者，顾名思义，即为现行体制的受益者，是当前社会的强势群体。

关于既得利益者的影响力，经济学家索尔斯坦·维希托在他所著的《既得利益》一书中认为，既得利益是一种只取不予的非常权利，一个社会中的既得利益者除非不得已，他们永远也不会放弃这种既得利益。前苏联经济学家斯坦尼拉夫·缅希科夫在前苏联1987年改革的当年就指出，前苏联中央集权管理改革如此缓慢的原因，是因为这种集权已经造成一批维护自身既得利益的官僚阶层，这些官僚阶层为了维护自身既得利益总是在力图证明新的改革体制不起作用①。这些值得我们深思，养老保险制度的改革应该避免这种情况发生。

当然，不是所有既得利益者都会阻碍改革，只有那些极力维护现行体制弊端、深恐制度变革会增加多数他人利益而损失自己利益的原制度受益者，才会成为改革的阻力。这样的既得利益阶层为保持自己的权益而趋向于保守和分享特权，他们拥有的政治、经济、社会权力与资源很多，改革的成本主要是针对他们而支付的，因为只有当他们的既得利益受到保护或者损失较小时，改革才能顺利地进行。这些既得利益从法理上说还不是违法的，但这些既得利益与我们理论上和理想中的社会目标是相冲突的。

在中国过去的几十年内，由于城乡分治、身份制度的遗留影响以及计划经济的需要，也由于经济水平偏低这一客观原因，占人口大多数的农民、市民中的未就业者、市

---

① 刘智峰著. 第七次革命——1998年中国政府机构改革备忘录(上). 经济日报出版社 . 1998. 102.

民中的就业于私有部门的工作人员，长期以来基本上被排除在社会养老保障体系之外，我国真正纳入政府组织的社会养老保障制度体系的人员只占我国人口总数的很小的比例。20世纪80年代以来的社会养老保障制度建设、改革与养老保障扩面，主要是在保障城市里的少部分国有、集体企业职工、国家干部和军人等少数群体的养老问题。

我国现有养老保障制度的既得利益者包括：就业于国家公有部门（包括政府机关、国有企业、国有事业单位）的工作人员。他们中的一部分会出于维护自己个人或阶层的利益而积极阻碍改革，这些个人或阶层对养老保障制度的制定与执行、对社会舆论有着强大的影响力。所以，来自这些既得利益者的阻力是新的养老保障制度能否顺利推进的难点。要改革现有养老保障制度，必须探索合理弱化这些既得利益的有效措施。我国现有养老保障制度的未获得利益者是相对于现有养老保障制度的既得利益者而言的。我国现有养老保障制度的未获得利益者，主要是指农民、市民中的未就业者、市民中的就业于私有部门的工作人员。

据估计，全国机关事业单位退休人员的平均养老金水平约为企业退休人员的平均养老金的两倍。例如，2000年，全国企业退休人员的平均月养老金为507元，机关事业单位退休人员的平均月养老金超过1 000元①。

H省城镇机关事业单位养老保险还处于试点阶段，实行的是低缴费、高待遇，与企业养老保险制度不统一。据

---

① 葛延风等著. 中国机关事业单位养老金制度改革研究. 外文出版社 . 2003. 46.

调查，2003 年 H 省城镇机关事业单位退休人员退休费全省月平均水平比企业离退休人员养老金高 454 元，这造成企业职工心理不平衡，许多原已参加企业养老保险的事业单位纷纷要求改为参加机关事业单位养老保险。企业离退休人员现在反映最多的不是退休金不落实的问题，而是待遇差别过大的问题。

深圳市本地户籍员工与外地户籍员工因为户口的差异而领取相差三倍的退休金。同样在深圳工作，依法纳税，深圳本地户籍员工现在退休最低每月可领取 1 800 元退休金，外地户籍员工最低只能拿 600 元退休金①。这种养老金的水平因为人群身份的差别而有劫贫济富之嫌，户籍问题成为参加养老保险的一道很高的门槛。有没有本地户籍，参保时付出的代价和享受的待遇大不一样的情况，在全世界大约也很少见。

市场经济最重要的目的就是通过市场实现人、财、物的自由流动，达到资源的优化配置。而现有养老保障制度造成的人群分割状况却为劳动力的自由流动设置了一道无形的壁垒，阻碍了劳动力资源的优化配置。

从以上情况，可以明显看出我国现有养老保障制度下的人群分割问题的严重性。这些现象在全国普遍存在，久而久之，大家都对这种养老保障人群分割严重的现象习以为常。从国内决策层的部分领导到行政执行层的部分普通政府职员，从学术精英到普通黎民百姓，许多人都不疑惑我国现行养老保障制度本身的缺陷，而仅是主张“打补丁

---

① 李红光. 深圳劫贫济富的社保政策. 北京大军经济观察研究中心网，www.dajun.com.cn.

式”（现有制度实施中的补充）地完善我国现行养老保障制度，以至于目前新一届中央政府做出“统筹城乡发展”、“统筹区域发展”的正确决策时，有些人感到疑惑甚至感到惊奇：这可能吗？这不是“洋跃进”吗？他们总在强调我国的经济实力不强、区域差距与城乡差异过大，总是认为如果养老保障制度覆盖到农民等现有养老保障制度的未获利益者，政府就会有财政危机，企业就会缺乏国际竞争力，诸如此类，各种理由不一而足。

事实上，他们的观点是缺乏说服力的。首先，他们忘了最基本也是最根本的一点，那就是现行人群分割的养老保障制度，既违背了政府作为公共组织存在的理由，也违背了政府作为公共组织的行为目标。现代国家政府，它应该维护全体国民的利益。经济实力不强、城乡差异过大，不能成为公民有差异性地获得基本社会保障的依据。虽然社会保障水平受制于经济的发展水平，但经济的发展只是一种手段，人的全面发展才是目的。如果因为经济水平的差异，使得很多社会成员的社会保障权益被忽略，这种社会保障制度的合理性也就面临着危机①。

其次，他们也忘记了这样一个基本常识：一个设计科学的制度正面效应远远优越于一个设计不科学的制度与一百个“制度补丁”总和的正面效应。政府完全可以通过变革旧制度、设计一个科学合理的基本养老保险制度的方式，达到打破人群分割、保障全体老人利益而又不损害政府与企业持续发展的目标。

---

① 王国军．中国城乡社会保障制度衔接初探．战略与管理，2000（2）：33．

在国内许多人对我国养老保障人群分割严重的现象习以为常的同时，部分西方学者却对此感到特别的疑惑，他们提出质疑："中国有社会保障制度吗?"因为在他们看来，社会保障必须具有普遍性，如果一种待遇是只有少数人才享有的"优待"，那不如称做"特权"更恰当些，怎么会是社会化的"社会保障"呢①？

第三节　地方政府的利己主义行为

我国地方政府在职能上既承接中央政府授权、委托的任务，又代表所辖地区承担辖区内的经济、社会管理任务。客观上，它们有着自身相对独立的合理经济利益，但是，在我国基本养老保险制度的建设与运行中，部分地方政府表现出一系列的利己主义行为。这种利己主义行为损害了其他区域政府和居民的利益，削弱了中央政府的制度、政策权威，使我国区域养老保障非均衡发展的现状进一步恶化。

一、地方政府利己主义行为的表现

利益是利益主体对满足自己需要的稀缺资源的占有程度。利益是人们行为的出发点和直接依据。作为我国单一制国家地方政体中一级政权实体的地方政府，职能上既承接中央政府授权、委托的任务；又代表所辖地区，承担所辖地区的经济、社会管理任务。它们承担着对中央政府负责和维护地方利益的双重责任。

---

① 景天魁．城乡统筹的社会保障：思路与对策．思想战线，2004(1)：27.

随着我国市场化改革的推进，国家逐步下放部分决策权力给地方政府，各级地方政府逐渐成为相对独立的利益主体，中央政府与地方政府、地方政府与地方政府之间的权力和角色关系，逐步开始发生转变。首先，中央政府和地方政府的一体化利益格局被打破，各区域地方政府日益成为相对独立的利益主体，各自有着自己的利益需求。这主要体现为地方政府作为地方利益的代言人，其行为开始更多地考虑满足自身利益的需求。其次，各区域地方政府间的横向竞争意识在加强，并倾向于在追求本区域利益最大化的基础上，确定对外区域关系策略，各区域地方政府之间的关系日益演化成为竞争伙伴关系。

由于我国基本养老保险水平的区域差距不断扩大，区域之间的经济利益摩擦因之激化，地方政府为了追求和保护自身利益，往往以行政区为依托，利用能制定地方政策的权力，构筑各种政策制度壁垒，出台损害其他区域、保护本区域的基本养老保险政策。在我国基本养老保险制度的建设与运行中，部分地方政府不惜利用行政的、经济的、技术的甚至法律的手段，保护本区域地方政府的利益，表现出明显的损害他人利益（包括其他区域地方政府、非本辖区公民与全国整体的利益）的利己主义行为①。这种利己

① 地方利己主义行为在我国经济一体化建设中也有许多表现。在行政区经济的运作条件下，区域经济的地方政府行为色彩浓厚。一方面，由于行政区“经济”的牵引，各行政区重复建设，产业结构趋同，区域之间在比较优势基础上的分工和协作难以寻觅，经济要素资源配置效率低下，浪费严重；另一方面，行政区经济阻碍全国统一市场的形成和发展。由于我国区域经济发展差距不断扩大，区域之间的利益摩擦因之激化，各级地方政府为了追求和保护自身利益，往往以行政区为依托，构筑贸易壁垒，实行市场封锁，阻碍经济要素资源的自由流动。

主义行为，主要有如下几种：

1. 为减少地方政府养老负担、截留统筹基金，设置养老金领取的高门槛

这主要体现在以下两种行为中：一是地方政府希望职工（主要是农民工）退出养老保险，以便吞噬掉社会养老统筹基金；二是地方政府希望缴费者在本地区缴费，在异地退休，以便减少养老金支出，将养老负担转嫁给其他区域。珠江三角洲部分县市曾经出现农民工纷纷断保退保的热潮。奇怪的是，当地的地方政府为了追求和保护自身利益，不但不加以阻止，反而积极鼓励。这其中的奥妙就在于：将养老保险关系退回原籍或退回给个人，既可以减少本地地方政府的养老负担，又可以截留社会养老统筹基金，可以双重获利。现在，全国每年养老保险的缺口有 300 多亿元，各个地方的养老保险基金是地方统筹、自负盈亏，于是各地方都希望交钱的人多一点，而领钱的人少一点。

以《深圳经济特区企业员工社会养老保险条例》为例，该条例第三十七条规定，达到国家规定退休年龄但不满本条例规定的缴费年限 15 年的非本市户籍的员工，以及退休前调出或辞工离开本市的员工，个人账户积累额或转入当地社会保险机构，或退还本人。2002 年 7 月 24 日，由深圳市长签发的《〈深圳经济特区企业员工社会养老保险条例〉若干实施规定》明确规定，非深圳户籍员工未在深圳缴费的工作时间不视为缴费年限。这与 1997 年后中央政府制定的基本养老保险政策相矛盾。中央政府的政策规定是：基本养老保险改革前的国有企业职工，参加保险前的工作年限应被视同缴费年限。对此，中央政府也无可奈何。

《〈深圳经济特区企业员工社会养老保险条例〉若干实

施规定》第十三条，更是将养老金领取的高门槛设置为："非本市户籍员工在本市退休按月享受养老保险待遇的，应在达到国家规定退休年龄的前5年，在本市连续缴费。"否则，只将个人账户积累额而不是包括统筹基金的全部资金，转入当地社会保险机构或退还本人。这实际上是让几百万没有深圳户口，但是在深圳工作和缴纳社保费的人，在深圳领不到社会养老保险金。因为现实情况是：对于没有深圳户口的员工，在退休前5年还能在深圳找到工作，并连续工作的人，其数量极为稀少。同时，这些规则对于从外地调入的员工是很不公平的。因为缴纳的养老保险费，是按照员工缴费工资的13%，而退回的只是缴费工资的11%，剩余部分被计入了深圳的社会统筹基金而无法退回，它们被深圳市社会保障局截留。深圳市社会保障局所截留的这些统筹资金，据计算，2002年一年就有近20亿元①。

参加社会保险的目的就是为了退休后能老有所养，类似深圳市政府的做法，不但违背了劳动者参加养老保险的初衷，而且也令养老保险的建立失去了应有的意义。

2. 为保护地方利益，随意调整养老保险社会统筹部分的比例

当中央政府没有要求实行养老保险全国统筹时，一些地方政府则违背国家政策，竞相提高企业缴费率，提高养老保险的社会统筹比例，缩小个人账户的比例，以扩大地方政府利益。这既是地方政府与所辖区域职工争利益，损害了职工个人利益，又是地方政府与企业、国家争利益，

---

① 李红光．深圳劫贫济富的社保政策．北京大军经济观察研究中心网，www.dajun.com.cn.

加重了企业负担，侵蚀了国家财政的税基。当中央政府要求全国养老保险统筹时，这些地方政府则迅速赶在中央政府政策实施之前，竞相降低社会统筹的比例，提高个人账户的比例，以尽可能减少上缴中央政府的经费，尽可能增加保留给地方政府的经费，以保护地方利益。养老基金富余区域担心结余基金被转移支付给了其他地方政府而导致利益受损，基金不足区域担心中央政府下拨社会保障经费少而导致利益受损，这样，许多地方政府就随意调整养老保险社会统筹部分的比例。这既是地方政府与中央政府争利益，也是地方政府与其他地方政府横向争利益①。

3. 挤占挪用养老基金，地方政府盈利动机与行为明显

一些地方政府在基金运用上存在明显的盈利动机与行为，特别是对于结余基金的使用。目前，全国的养老保险结余基金已达几百亿元。为了保障其安全和实现保值增值，中央政府明确规定，结余基金除留两个月左右的备付金外，应全部用于购买国债或存进银行，但许多地方政府"有令不行"，养老基金的实际营运与国家政策调控导向相去甚远。有的将其通过放贷进行投资，到期不能回收或由于贷方无力还贷而形成死账；有的将其挪用于基本建设和公用事业建设投资，甚至用于国家限制建设的办公楼、宿舍，从事房地产及证券投资，其中许多挤占挪用与地方投资返还不力，造成相当一部分资金因投资失败而无法收回，加大了社会保险基金的缺口，降低了基金使用效率，危及了

---

① 据调查，一些省份的养老保险缴费率大大超过了国家规定的缴费率。广东省政府曾经打算实行省级统筹，各县（市）政府于是纷纷提高个人账户的比例，降低社会统筹的比例。结果，因统筹基金过少，无法实现财务平衡，广东省政府被迫放弃省级统筹计划。

基金安全。一些地方政府的盈利动机与行为还表现在财政上多预算多列支，而实际少支出，截留上级政府下拨的社会保障经费。一些地方的养老保险基金缺乏财政有效的管理和监督制约，导致养老保险基金的循环和运转在一定程度上处于失控状态。这些地方政府根本不去考虑养老基金是若干年后需要兑付的老百姓的养老养命钱。

4. 争抢养老基金管理权，不考虑未来的支付风险

一些地方政府深恐上级政府实行养老保险基金统筹。例如，部分养老负担较轻的县市政府害怕省级统筹，部分养老负担较轻的省级政府害怕中央政府全国统筹，这些地方政府都想自己掌握养老保险基金的管理控制权。究其原因，不排除是对养老保险工作的责任与认识问题，但最根本的原因是利益问题，争夺基金管理权的背后是“争钱”。他们迫切希望眼前能控制基金，不考虑未来的支付风险与危机，似乎养老基金是一块可以抢夺的没有产权的美味肥肉。尤其在1997年前，养老保险经办部门可以提取统筹基金管理费的3%时，各级政府的相关职能部门更是争先恐后地去争抢养老保险基金的管理权。

二、地方政府利己主义行为产生的危害与原因

以上地方政府的利己主义行为，在某种程度上的确产生了一些短期效益，包括增加了本区域政府的地方财政收入，提高了本区域政府的财政能力，减轻了本区域政府的养老负担，有利于本区域养老保险的财务平衡，在一定程度上保障了本区域政府与居民的利益。但是，地方政府的这些地方利己主义行为是以其他区域政府、其他区域居民的利益损失为代价的，它使全国劳动力市场受到扭曲，无

法实现社会资源的优化配置，损害的是公民个人权利，从而带来全国性的更大的利益损失。地方政府所取得的以上这些效益，基本上是短期的、局部的，从长远的、全面的观点看，这类做法得不偿失、弊大于利，甚至可以说是在饮鸩止渴。因为这些行为既损害了其他区域政府和居民的利益，恶化了该区域与其他区域的关系；削弱了中央政府的制度、政策权威，降低了中央政府的调控能力；使我国区域养老保险非协调发展的现状进一步恶化；也损害了本辖区居民的个人权益，损害了当地政府的形象。

目前，对地方政府利己主义行为有很多的批评，但导致这些行为的体制性因素却没有受到应有的重视。因此，我们要特别地研究导致养老保险发展中地方利己主义行为的体制性因素，研究各区域政府的决策者为什么要选择这样的行为。

造成以上地方政府利己主义行为的根本体制性的因素，是中央政府供给的养老保险制度在各区域内不统一，这无形中给地方政府的不合理行为提供了机会与可能。这些不合理行为显然违背了政府作为公共组织存在的理由，也违背了政府作为公共组织的行政目标。

传统政治学理论认为，政府作为一级组织，只存在公共利益，不存在部门集团利益，政府公务员个人只存在公共利益，不存在个人利益。据此，无法解释地方政府追求不合理利益的行为。公共选择学派认为，政府作为政治市场的主体之一，政府与政府官员也是“经济人”，只要条件许可，他们也追逐薪水、职务津贴、升迁机会、个人名誉、权力等政治、经济利益。美国制度经济学派阐述的“诺斯悖论”，对解释地方政府的这些非正常行为有一定作用。地方政府作为“理性人”，从本质上是追求合法性，即长治久安的，但政府同时又是一个“经济人”，有自己独立的利益，这种利益通常总是与社会利益保持一致的。诺斯（1991）指出，政府在追求合法性的过程中，经常陷入两难选择，在历史上经常会出现政府收入目标偏离社会目标的现象。例如，为了增加财政收入而不惜采取损害社会经济发展的措施，为了增加政府收入而加强对经济的管制，甚至采取政府直接经营的方式，或提高税率水平，增加政府所得。政府一旦为了自身的生存或扩张而不惜损害社会利益，政府就走向了自己的反面，这种现象被称为“诺斯悖论”。出现这种现象的原因很复杂，但社会目标是政府的长期目标，而收入目标是短期目标，短期目标的追求常常驱动政府忘记了长期目标，这是“诺斯悖论”现象产生的重要原因之一①。

“诺斯悖论”从普遍意义上分析了政府非正常行为产生的一般原因。不过，我国地方政府非正常行为的产生，还有着许多具体的原因。

自20世纪80年代以来的经济体制改革进程中，国家逐步下放部分决策权力给地方政府，地方政府逐渐成为相对独立的利益主体，各地方政府相互竞争意识在增强，并倾向于追求本地利益最大化。行政区经济的影响与分税制的实施，使地方政府追求本地利益最大化的欲望进一步得以强化，区域社会保障也进一步带有强烈的地方政府行为

---

① 熊丽娟．关于乡村两级债务问题的实证研究与政策建议．见李珍、黎民主编．武汉大学公共管理（MPA）论丛（2004年卷）．崇文书局．2005.263.

色彩。同时，由于社会保障区域差距不断扩大，区域之间的经济利益摩擦因之激化，地方政府为了追求和保护自身利益，往往以行政区为依托，不惜损害社会养老保险制度利益，构筑各种壁垒。

第六章

区域基本养老保险协调发展的保障措施

为了保障我国区域基本养老保险协调发展模式的顺利建立与实施，必须探讨克服区域基本养老保险协调发展制度建立与运行过程中所存难点的对策措施。缩小区域、城乡经济差距到适度水平的对策措施，是取消不合理制度与政策对欠发达区域和农村的歧视性限制；消除基本养老保险城乡分割和人群分割状况的主要措施，是减少既得利益者的阻碍，建立并实施全民性的基本养老保险制度；消除地方政府利己主义行为的主要思路，是对其进行有效的预防、惩罚、监督，并提高中央政府的经济协调能力。

第一节　将区域、城乡经济差距缩小到适度水平

我国巨大的区域、城乡经济差距，给统一的基本养老保险制度的建立带来了障碍，但是，我们是否要将我国区域间、城乡间的这种经济发展水平差距完全消除？我国目

前区域间、城乡间的这种经济发展水平差距是否适度？我们将在分析回答这两个问题之后，进一步探讨缩小我国区域、城乡经济差距的对策措施，尤其是探讨消除我国区域、城乡经济产生不合理差距的对策措施。

一、区域、城乡经济差距的适度性

我国区域间、城乡间的这种经济发展水平差距是否适度？是否已经是负面影响多于正面影响？造成这种差距的原因是否合理？

合理的、适度的区域、城乡经济差距，能通过极化效应使封闭和沉淀的生产要素流动起来，流向发展条件较好和回报率较高的区域，使生产要素充分发挥作用，提高了全国资源的整体利用效率。否则，生产要素不能跨区域流动，有的长期沉淀下来，不能创造财富，反而造成无形和有形的损耗。

合理的、适度的区域、城乡经济差距，是区域间竞争与合作的基础。没有差异，便无所谓优势，从而也就无所谓区域比较优势的发挥。适度的差异可以使不发达区域认识到自己的差距，挖掘自身经济增长的优势，扬长避短，形成全国产业结构的合理布局。

区域、城乡之间的不合理差距的含义正如第一章第二节所述，一是指超过社会容忍度、会带来社会稳定问题的差距；二是指由于歧视性的户籍管理制度、就业制度等因素造成的区域、城乡差距。如果不合理的区域、城乡经济差距过大，就会产生一系列的负面影响。例如，社会不稳定甚至动荡，资源配置不合理，违背基本的社会公平与人道主义精神。

我们要缩小区域、城乡间的经济差距，不是指缩小区域、城乡经济所有差距，而是仅指缩小区域、城乡经济的不合理差距，也就是缩小我国区域、城乡经济差距到一个适度水平，消除造成产生不合理差距的外生社会经济变量或一些偶然因素。

衡量我国区域间、城乡间的经济发展水平差距的标尺，通常是基尼系数。除了基尼系数外，还有一个最低衡量标准，这就是：区域间、城乡间的经济发展水平差距适度的下限是各区域间、城乡间的经济发展水平普遍有所增长，不能出现个别区域、个别农村经济发展水平大幅度下降的状况。上限是保持社会秩序的基本稳定，当区域间、城乡间的经济发展水平的差距影响社会的稳定时，差距不能再扩大。需要根据社会的容忍程度来界定区域间、城乡间经济发展差距的适度域值，区域间、城乡间经济发展的差距在某一个域值内，意味着社会还可以容忍；否则，超过了该域值，则意味着社会不可以容忍，政府就应该采取措施来缩小这种差距。

二、将我国区域、城乡经济差距缩小到适度水平

目前，我国区域、城乡经济差距被普遍认为已经超过了基尼系数的警戒线，也超过了区域、城乡经济差距的最低、最高上下线。我们必须采取一定的对策措施来缩小我国区域、城乡经济差距，尤其是要采取有力的对策措施来消除产生不合理差距的制度、政策影响。

缩小我国区域、城乡经济差距，要求我们在全社会共同发展的大背景下，对区域、城乡经济发展全面考虑、统筹谋划，要把欠发达区域与农村作为重中之重，既要优化区域、城乡的产业结构，减轻农民税费负担，更要拆除阻

隔区域间、城乡间经济与人口流动的户籍制度及其附生的各类制度栅栏，积极推进劳动力等生产要素跨区域、跨城乡转移。据世界银行报告，由于农产品的收入弹性和价格弹性很低，改进农业基础设施、引进科技等提高农民收入的传统方法，会出现“谷贱伤农”、“增产不增收”的现象，而让农民有序地向非农产业和城镇转移，大量减少农民数量，积极推进城市化进程，是增加农民收入、缩小城乡贫富差距的有效办法。

缩小区域、城乡经济差距，要求我们改变城乡有别的户籍制度、就业制度，改变基础设施、教育、卫生等公共产品的供给政策，从制度上保障所有区域、所有城乡居民的初始机会平等，从而保障初次分配公平。“初始机会”是指人的各种基本权利，如生存权、发展权、创业权、财产权、迁徙权等等。要缩小区域、城乡经济差距，就必须全面保护所有区域、所有城乡居民的各项基本权利，尤其是在公共卫生和义务教育方面的权利。它们是提高人口素质的最好手段，能有力保障个人竞争起点公平，保证初次分配的公平性。如果这种“初始机会”不公，单是在收入再分配时用重税来维护公平或者追求社会保障“福利主义”，其结果只能是挫伤一部分人创造财富的积极性，助长另一部分人的依赖性，最终会损害全社会的总体效率。近年来部分地区已经在改革户籍制度，但如果仅仅是为了方便“农业人口”的户口迁移，仅仅只改革户口本身，而不改革与户籍制度相伴而生的就业制度和基础设施、教育、卫生等公共产品供给制度，就无法实质性地消除城乡差别。要使农民真正成为一种职业，而不是一种世袭的身份，只改革户籍制度还远远不够。

缩小区域、城乡经济差距，还要求我们加强税收和社会保障等再分配工作。我们既要建立公平的区域、城乡居民税负制度，发挥好税收杠杆在收入再分配中的调节作用，又要调整国家财政支出结构，加大向欠发达的区域与农村的转移支付力度，打破城乡二元基本养老保险结构，打破基本养老保险的区域分割，推动区域、城乡基本养老保险制度的有机衔接。

第二节　消除养老保障的城乡分割、人群分割

消除我国养老保障的城乡分割、人群分割，有利于消除我国养老保障的区域分割，这是区域养老保障协调发展的重要保证。消除养老保障的人群分割主要是依靠全国统筹的、全民性的基本养老保障制度的建立并实施，只要全国统筹的、全民性的基本养老保障制度能确实推行，人群分割的难题也就迎刃而解①。消除养老保障的城乡分割，由于目前我国农民的供款能力、农村土地、城镇化等问题而变得复杂无比，许多人对全民性的基本养老保险制度覆盖农民的必要性与可行性提出质疑。在此，我们专门重点探讨消除养老保障的城乡分割的对策，主要是讨论我国目前建立农村社会养老保障制度的必要性与可行性、国外建立农村养老保险体系对我国的借鉴。

---

① 湖北省将进行改革，于2005年底，将农村养老保险工作由民政部门移交到劳动保障部门，届时，将由劳动保障部门统一管理城镇企业职工基本养老保险、机关事业单位养老保险、农村养老保险。参见：庹丹亚．我省农村养老保险工作将从民政部门移交到劳动保障部门．楚天都市报，2005年5月8日．

一、建立农村基本养老保险制度的理论依据

建立农村基本养老保险制度是否有必要？建立的可行性有多大？关于建立农村基本养老保险制度的必要性，已经有学者提出了补偿论、互惠论、公民权利论等观点，还从多方面做了非常全面的理论论证。他们认为，以下要求决定了我国目前应该而且必须建立农村基本养老保险制度。这些要求是：履行宪法精神的需要、“三农”问题的解决和人口城镇化发展的需要、城乡均衡发展的需要、社会整合的需要、改善人口结构及防范人口老龄化风险的需要、保护社会人力资源的需要、福利指数最大化的需要、有效需求管理的需要、规避私人养老风险的需要（个人对养老风险的短视、商业保险的失灵），等等①。

关于建立农村基本养老保险制度的可行性，已经有学者分析了国外部分发达国家历史上建立农村社会养老保障制度时的社会经济条件，并在比较分析我国目前的社会经济条件中，来探讨我国建立农村社会养老保障制度的可行性。他们的研究表明，英国、德国、日本、丹麦等部分发达国家建立农村社会养老保障制度时的时机可以概括为：农村经济极不稳定，农村社会问题日益严重的时期；工业化中期老年人口压力最大的时期；经济发展水平中的工业化中期或后期；社会保障制度从工业扩展到农业、从城市延展到乡村，一般都经历了漫长的过程，这期间存在一个时间差。这些国家建立农村社会养老保险的具体条件为：(1) 农业占国民生产总值的份额下降，且在15%以下；农

---

① 李珍、刘志英．2003年国家自然科学基金项目“农村社会保障制度理论研究”的成果报告（内部资料）．

业劳动力结构份额在20%以下（见表6-1）。(2) 农业人口在全国总人口中所占比例已下降到40%以下，且总人口增长处在人口增长的第三阶段后期（见表6-2、表6-3、表6-4）。(3) 经济发展总体水平较高，人均GDP在2 000美元以上（当年美元）。(4) 城乡社会保障制度建立基本上有一个时间差（见表6-5）。

表6-1 **部分国家建立农村社会养老保险制度时农业部门的份额**

国家	时间（年）	农业产值占GDP之比（%）	农村劳动力占社会总劳动力之比（%）
联邦德国	1957	5.7	13.7
日本	1971	8.0	14.7
美国	1990	2.0	—
丹麦	1977	6.9	8.2
芬兰	1977	10.8	13.3
波兰	1977	14.5	—
韩国	1994	8.0	—

资料来源：杨翠迎，庹国柱．建立农民社会养老金保险计划的经济社会条件的实证分析．中国农业观察，1997（5）：55.

表6-2 **部分国家建立农村社会养老保险制度时农业人口情况**

国家	总人口（万人）	农业人口占总人口的比重（%）
日本	11 613.0	24.1
丹麦	511.7	20.0
芬兰	476.6	40.0
波兰	3 540.0	42.0
韩国	4 200.0	26.0

资料来源：杨翠迎，庹国柱．建立农民社会养老金保险计划的经济社会条件的实证分析．中国农业观察，1997（5）：56.

表 6-3　　人口增长阶段与工业化成长阶段相对应的关系

人口增长类型	工业化阶段	促进工业化的一般政策
低增长率型（高出生率、高死亡率）	工业化发展以前	提高农业劳动生产率；改进医疗条件，降低高死亡率
高增长率型（高出生率、低死亡率）	工业化初期	提高农业劳动生产率；控制高出生率
低增长率型（低出生率、低死亡率）	工业化中期	建立社会养老保险，保障工业化初期高增长率阶段所出生人口的养老

资源来源：杨翠迎，庹国柱．建立农民社会养老金保险计划的经济社会条件的实证分析．中国农业观察，1997（5）：57．

表 6-4　　工业化与农村社会保障体系建立的关系

工业化阶段	工业化的动力	工业与农业的关系	工农业结构	制约工业化的重要因素	缓解制约因素的政策
工业化初期	依靠农业的支援	以农养工	6∶4	农业积累少、高人口出生率	提高农业生产率；控制高出生率
工业化中期	依靠工业自身的剩余积累	工农自养	8∶2	工业生产率提高缓慢	建立社会保障体系（全民或工人）
工业化后期	农业的发展需要工业支持	以工养农	8.5∶1.5	农业的发展缓慢，难以与工业的发展相协调	建立农村社会保障体系

资源来源：杨翠迎，庹国柱．建立农民社会养老金保险计划的经济社会条件的实证分析．中国农业观察，1997（5）：57．

表 6-5　　部分国家和地区城乡社会养老保障制度建立的时间及经济发展水平

国家或地区	建立社会养老保险制度的时间			建立农村社会养老保险时的人均GDP（美元）
	城市	农村	时差（年）	
德国	1889	1957	68	—
日本	1941	1971	30	3 802
丹麦	1891	1977	86	12 943
美国	1935	1990	55	21 696
加拿大	1927	1990	63	21 842
波兰	1927	1977	50	1 822
中国台湾	1950	1994	44	—

资料来源：杨翠迎，庹国柱．建立农民社会养老金保险计划的经济社会条件的实证分析．中国农业观察，1997（5）：55.

与国外这些国家建立农村社会养老保障的历史条件相比较，目前我国农业发展处于什么阶段呢？是否具备建立农村社会养老保险制度的条件？通过研究，我们发现：

第一，我国农业在国民经济中的地位逐渐下降，2004年农业在国民经济各部门中的份额为 15.2%，农业劳动力份额为 46.9%。

第二，我国 2004 年农业人口占全国总人口的 58.24%，人口基数庞大，人口出生率由 1990 年的 21.6‰下降为 2004 年的 12.29‰，正处在人口增长的第三阶段中期。

第三，我国 2004 年人均 GDP 为 1 276 美元（按当年价格计算)。

第四，我国城市的单位退休金制度的建立在20世纪50年代，城市企业社会统筹的养老保障制度的建立在20世纪90年代。

对比分析，建立我国农村社会养老保障的条件似乎不具备，时机似乎不成熟。其主要表现：一是农业人口所占比例大；二是经济发展总体水平偏低；三是城乡社会保障制度建立的时间差还不够大。

对于第一个问题“农业人口所占比例大”，由于我国是特殊的农业大国，加上人口增长曾经失控等实情，与以上那些发达国家不具有可比性。如果真正要等到农业劳动力结构份额在20%以下，在目前众多制度政策壁垒阻碍农民非农化的框架下，恐怕需要漫长时间才能达到①。

对于第二、三个问题，当前我国经济发展总体水平确实偏低，城乡社会保障制度建立的时间差确实还不够大，但是，能否因此就认定我国目前不应该建立农村社会养老保障制度呢？

据预计，我国在2050年前后的人均国民生产总值为3万美元左右（以1990年美元汇价计算）。依发达国家经验，工业化中期一般所用时间较短，如美国用了30年，日本用了10年，中国台湾省用了10年。那么，我国依目前

---

① 目前我国阻碍农民进入城市的制度政策壁垒主要有：户籍制度以及与之相伴而生的就业安置、子女免费或低收费入学制度，基础设施、教育、卫生等公共产品供给政策，同工不同酬的劳动就业制度，不能出售买卖的农村土地制度，农民负担重而保障不足的税负与社会保障制度。另外，农民还由于工农业产品剪刀差间接为国家积累了大量的财政资金，且这种积累方式目前还在持续。

的发展速度，要不了几年就会度过这一阶段而跃入工业化成熟期或更高的阶段①。

比照国外经验，工业化中、后期是建立农村社会保障的有利时期，全国性社会养老保险制度的建立应该被考虑提到政府的工作议事日程上来。虽然我国目前还没有进入以工补农的工业化后期阶段，似乎建立专门针对农村的专业性农民养老年金计划还不完全具备经济条件，但是，对我国而言，还是不能因此就认为目前我国农村基本养老保险制度不能建立。其主要原因有以下三个方面：

第一，影响一项公共政策出台的因素非常复杂，经济条件是一个方面，起决定作用的还有社会压力与政治稳定等方面。

第二，国外发达国家在建立专业性农民年金制度之前，基本上通过不同的公共年金制度已经为全体国民（包括农民）提供了基础性养老保障。如日本虽然在1971年才建立农民年金保险制度，但早在1958年就建立了包括农民在内的国民健康保险制度，1959年建立了包括农民在内的国民年金制度。

第三，国外欧美许多国家大都实行的是土地私有制，且人均经营的土地规模比较大，土地确实能起到较强的保障作用，而我国，农民没有土地所有权而仅拥有承包经营权，农民年老后最需要钱的时候土地不能变卖。而且，我国的工业优先发展战略与政策，使农村长期处于贫困之中，大多数地方的农民没有为年老准备足够的养老积蓄。

---

① 杨翠迎，庹国柱．建立农民社会养老金保险计划的经济社会条件的实证分析．中国农业观察，1997（5）：55.

二、国外建立农村养老保险体系对我国的启示

尽管外国与我国经济、社会发展状况差异很大，但它们在建立农村养老保障体系过程中的某些普遍性经验依然对我们有重要启示。

1. 发达国家普遍十分重视农民问题和农村养老保险，城乡间社会保障差距小

尽管在发达的工业化国家，农民在总人口上只是极少数，但政府并没有忽视农民和农村问题，农民在工业化国家享有较高的政治、社会地位。然而，在中国，虽然农民在总人口中占绝大多数，但他们却没有获得同等的政治和社会地位。我国迄今还没有一项针对农民的正规性保障制度安排，这不得不令我们反思。从某种程度上说，一个国家农村养老及社会保障体系能否建立，并不完全（甚至不是主要）取决于国家财政和经济能力问题，关键在于政府决策层的政治决心，以及在诸多的发展计划中政府优先考虑哪一项。例如，是优先给公务员加薪呢，还是给农民建立一个较低水平的基本养老保险制度？是扶持某些公有企业呢，还是给农民建立一个较低水平的基本养老保险制度？

2. 工业化国家对农村养老保险制度的建立给予了大量财政支持，充分体现了收入再分配功能

与工业产品相比较，农产品贸易地位低，因而农民平均收入水平低，这是一种普遍现象。为缩小城乡收入差距和社会保障差距，鼓励农民参加养老保险制度，工业化国家政府都对农民参加公共年金制度、专业性农民年金制度提供了大量财政补贴。例如，德国农业劳动者养老保险资金来源中财政支持所占比例为70%。法国国家财政对农业

劳动者保障计划的投入占计划总资金的30%，其余58%的资金是从其他行业的保障计划的资金中拨转过来的。日本各级农民年金组织的经营管理费用，全部来自财政补助金。日本农民年金制度采用的是现收现付制，每年的年金支付额基本上是当年所收保险费的3倍以上，差额主要由国库补助金和国库负担金弥补。也就是说，日本政府补贴了农民年金计划基金的2/3以上，农民年金通过保险契约的形式起到了国库资金再分配的作用，而这对稳定老年农民收入来源和缩小城乡社会保障差距是十分必要的。在农业占重要地位的几个国家（波兰、罗马尼亚、保加利亚和斯洛文尼亚），政府对养老金制度的财务支持力度也很大。因为除了波兰，其他三国农场主和农业工人归全民社会保障制度管辖。政府并非有意向农业进行转移支付，但事实结果是这样的。因为农业收入低于各行业平均收入，而养老金给付标准与收入（影响其养老保险费率）的关系却很弱甚至没有关系。对农业的转移支付在波兰是很明显的，因为波兰的农场主受到一个特殊计划的保障，政府负担该计划94%的开支①。

中国作为发展中国家，有没有财政补贴呢？1991年民政部组织的农村养老保障试点方案规定的筹资政策是：个人缴费、集体补助、国家政策支持，可见国家没有直接的财政补贴。

3. 农村土地与养老保障良性互动关系的处理，值得我国借鉴

虽然各国农民都需要依靠土地养老，但是基于土地实

① 林义．农村社会保障模式国际比较及其研究（内部资料）．

现养老的途径却很不同。发展中国家的农民普遍自我经营农产品的生产和销售，如果遇到生产风险（天灾人祸）、销售风险（信息不对称、交易成本高、生产过剩），农民可能既失去生活保障，更无养老储蓄可言。当他们老年以后，靠子女经营土地的收入养老，他们将面临生产风险、销售风险和道德风险（子女不孝）。但是，在土地私有制国家，农民拥有土地所有权，可以靠出租和出卖土地养老。

在欧盟国家，农民拥有土地，自我经营生产，供销由政府统包，农民的基本收入和养老保障缴费能力有保障。例如，因欧盟对农民实行限制生产政策，导致农民收入下降时，国家对农民提供养老金缴费补贴。老年农民可以从政府那里得到一份基本养老金，还可以外包、出租或出卖土地，以补贴老年生活①。

在日本，农民拥有土地，自我经营生产，供销则由农协统包，农民收入和缴费能力有保障。转让土地产权和使用权（10 年以上）的农民可以得到一次性补偿和年金补偿（2002 年以前，计入养老金）。老年农民可以从覆盖日本全体国民的国民年金计划得到基本养老金，从农民共济基金得到补充养老金。日本在 1971 年建立的专门针对农民养老的年金制度，其目的除了保障农民晚年生活，同时还在于促进农地经营权转让，使农地经营主年轻化，防止财产继承时的农业土地被无限细分②。法国也因为同样的目的而对放弃耕地的老年农民给予补助。

---

① 吴言军．农民工养老保障研究．武汉大学硕士学位论文，2005：28.

② 杨燕绥等．建立农村养老保障的战略意义．战略与管理，2004(3)：32.

我国是发展中国家，是一个农业大国，农民在承包的土地上基本处于自我经营状态，他们的收入面临很多风险，这影响到农民供养老人和为自己进行养老缴费、储蓄的能力。我国农村实行土地集体所有制，农民只享有土地的使用权和经营权，不能出售土地，依赖土地养老的风险不仅大于发达国家，而且也高于其他发展中国家。如何借鉴国外的一些做法，在把农民纳入社会养老保险体制的同时，注重建立社会养老保障与土地保障之间的替代关系，从而促进农地转让，防止土地细化？如何使农村土地与养老保障的关系在我国实现良性互动？这是一个迫切需要研究的课题。

三、建立全民性基本养老保险的经济能力分析

尽管从某种程度上说，一个国家农村养老保险体系能否建立并不完全（甚至不是主要）取决于国家财政和经济能力问题，而是关键在于政府决策层的政治决心，但这并不是说我们完全不需要进行该制度建立的经济可行性分析。

以下的分析表明，只要我们真正具有打破基本养老保险人群分割、城乡分割的决心，建立覆盖农民在内的全民基本养老保险的经济能力是已经具备一定条件的。

全民性的基本养老保险与目前城镇养老保险的主要差别之一，是前者将农民纳入而后者没有将农民纳入。那么，为农民建立基本养老保险到底需要多少经费呢？

如果保留现有的城镇养老保险制度，只是将农民纳入城镇养老保险制度体系之中，那么，为农民建立基本养老保险所需要的经费简单估算如下：

2004 年中国统计年鉴显示，2003 年我国农民人均纯收

入仅有 2 622 元（只有城市居民 8 472 元的 1/3），在如此低的收入水平下建立的农村养老保险制度所需要的财政补贴也是很低的。目前我国农村 65 岁以上老人为 7 031 万（目前我国城镇人口中 65 岁以上老人比例为 6.4%，而在农村这一比例已达 7.5%，中国农村统计年鉴中，我国 2003 年农村在册人口为 9.3751 亿），按 30% 的设定替代率计算，每年向每位 65 岁以上老人给付养老金 720 元（每月 60 元），全年需要经费 506.232 亿元，它仅占 2003 年我国财政总支出 24 649.95 亿元的 2.05%，也仅占全年行政管理费 3 437.68 亿元的 14.72%！这说明我国财政完全有能力承担建立包括农民在内的全民性基本养老保险的经费补贴，建立包括农民在内的全民性基本养老保险具有经济可行性。

如果改革现有的城镇养老保险制度，真正建立起全国统筹的、全民性的、现收即付的基本养老保险制度，为农民建立基本养老保险所需要的经费也是中央政府完全能够承受的，其分析参见第二章第三节第四目中的“全国统筹的基本养老保险的经济可行性分析”。

第三节　消除地方政府利己主义行为

地方政府承担着对中央政府负责和维护地方利益的双重责任，它们也有着独特的地方利益。我们应该承认地方政府利益的客观存在，但同时，我们也应该正确面对地方政府的利己主义行为，坚决消除地方政府的损害其他区域利益与全国整体利益的利己主义行为。消除地方政府利己主义行为的最有效方法是强调地方政府的自律与他律，强化作为各区域共同调节者的中央政府作用，加强中央政府的权威与协调能力。为此，我们对地方政府既要强调局部利益服从全局利益的道德要求，也要强调中央政府与地方政府间通过权力的调整与利益的交换来达到我国区域基本养老保险协调发展的目标。

一、明确中央与地方政府在基本养老保障中的职能

中华人民共和国成立以来，在我国的经济社会发展过程中，能否恰当地处理中央与地方政府的关系，直接影响着整个国民经济与社会福利的发展。中央的许多次经济改革，其主要内容就是中央与地方关系的调整。在两者关系中，要么是中央集权多了，地方就缺乏积极性；要么是中央放权了，地方有了积极性，但很快就出现中央政府的令难行、禁难止局面，地方政府的部分经济行为演变为“失常”行为。例如，各地区重复建设、地方经济盲目扩张膨胀、区域市场封锁严重。我国中央与地方政府关系处于这种权力收放的循环中，地方政府行为相应地进入“一放就乱，一收就死”的循环。造成这种局面的主要原因在于，长期以来，我国地方政府与中央政府的分工关系不明确，中央对地方政府的经济职能缺乏明确的界定，中央与地方政府关系的随意性大，缺乏规范，缺乏必要的制度来规定中央与地方政府各自的责任与权限。

我们不能再沿用以前的办法，反复使用收权放权来调整，而应当在适当制度化分权的基础上处理好中央政府与地方政府的关系，应当用必要的约束机制来规范地方政府的行为，否则只会造成地方政府不是缺乏积极性就是乱用权力。为了保证全国统筹的、全民性的基本养老保障制度的有效执行，我们首先必须明确界定中央与地方政府的各

自权力与责任。

依据第二章第一节“区域基本养老保险协调发展的必要性（一）”的分析，基本养老保险的事权、财权应该主要集中于中央政府，中央劳动与社会保障部门和地方劳动与社会保障部门的关系是决策、监督者与执行者的关系，中央劳动与社会保障部门负责基本养老保障运行的政策制定与调整，同时对该支柱各个环节的运行过程以及相关机构的行为进行监督和宏观管理；各地方劳动与社会保障部门负责本区域的养老保障业务经办工作，其职能是根据中央政府统一的政策规定，处理涉及基本养老保险的各种具体事务，比如登记管理参保人的个人基本信息、记录单位和个人缴费情况、确定投保人在该支柱的养老金领取标准等。我们应该建立科学的决策机制，提高中央政府的决策能力及其导向能力，促使地方主动向中央政策靠拢。

为了避免中央政府的政策执行不畅通，对各级地方政府经办机构应实行垂直管理，这是实行全国统筹的组织保证。垂直管理的方式有两种：一是按照现有行政区划实施垂直管理；二是类似银行管理按地域分大区设置，比如按东北区、华北区、华东区、华南区、西南区、西北区等进行设置。前者的优点是可以利用政府力量，缺点是容易受到地方政府的干预。后者的优点是可以避免地方干预，缺点是机构的重建成本较高①。为了不打乱行政区划的政府等级关系，我国基本养老保障适宜实行以现有行政区划为基

① 美国社会保障署的派出机构是按大区设置的，例如费城社会保障署管辖了5个州。参见：葛延风等著．中国机关事业单位养老金制度改革研究．外文出版社．2003.84.

础的垂直管理。另外，鉴于地方劳动与社会保障部门的职能主要是经办执行，而没有决策职能，这样，地方劳动与社会保障部门的职能与原制度中的养老保险业务经办机构（即“养老保险局”，属于事业单位）的职能雷同，因此可以撤消“养老保险局”这一机构。

同时，养老保险制度应当由最高国家立法机关在广泛讨论的前提下通过相应的立法来确立，最高国家立法机关是这一制度的最高决策者。在最高国家立法机关没有立法的条件下，基本养老保险改革方案的设计应该由中央劳动与社会保障部负主要责任，地方政府可以参与协商，但决策的权力不能分散给地方，以确保制度在实施中具有权威性。

以上这种中央与地方政府的权责关系，是中央政府决策监督、地方政府执行的分工关系，有利于中央政府拥有基本养老保险制度的决策权与调控权，有利于打破中央政府与各地方政府分级调控的局面，有利于打破十多年来我国养老保险决策分散、管理权限分割的局面。分散决策、分割管理权限曾经产生众多不良后果，它使我国中央政府许多政令不能在地方通畅执行、中央政府政策的权威性不足，使全国劳动力市场分割，使养老保险管理成本居高不下，使各区域地方政府纷纷以邻为壑、将养老负担转移给其他区域。

二、规范地方政府行为

在明确界定了中央与地方政府权责的基础上，我们再来强调地方政府行为的规范性。在我国基本养老保障制度的建立与运行中，要消除地方政府利己主义行为、构建规范的地方政府行为体系，最有效的方法是强调地方政府的自律与他律。即：既要求地方政府的局部利益服从全国整体利益，要求地方政府自觉服从统一制度的权威，自觉执行中央政府的政策；同时，也要强化作为各区域共同调节者的中央政府的作用，强化作为各区域政府服务对象的公民的作用，运用中央政府的监督与绩效考核等手段，运用公民参与、监督等方法，强化中央政府与公民对地方政府行为的监管，促使地方政府接受来自中央政府与公民的他律。

1. 地方政府的自律

我国新的基本养老保障制度的建立，事实上是权力与利益的一次再调整，要推动改革，必然要触动既得利益区域的权力与利益，这要求地方政府站在“三个代表”重要思想的高度，去认识基本养老保障制度改革的意义，要求他们真正按照“三个代表”重要思想的要求处理基本养老保障运行中出现的新情况、新问题，要求他们自觉尊重统一制度的权威，自觉服从中央政府的要求，自觉以大局全局为重，淡化地方政府的不合理利益，自觉消除损害其他地方政府、非本辖区公民与全国整体利益的利己主义行为。

2. 来自中央政府、公民的他律

在全国统筹的、全民性的基本养老保障制度中，中央政府的制度与政策主要是通过纵向的各地方政府来完成，公民养老保障需求的满足程度，也深受地方政府所提供的养老保险服务质量的影响，地方政府有可能受行政权力、信息掌握程度、利益偏向等因素的局限，而出现与中央政府、公民的目标不协调的现象，并且可能会与其他地方政府发生冲突，这就需要中央政府与公民对地方政府的行为进行监督。

中央政府作为各区域共同利益的调节者，具备对各区域养老保险政策的干预能力与权力。我们应该充分发挥中央政府的作用，运用中央政府的监督与绩效考核等手段，加强中央政府对地方政府的监管力度，促使地方政府接受来自中央政府的他律，减少地方政府行为的随意性，增强地方政府行为的科学性。要求地方政府对其行为进行有效的约束，遵循中央政府统一的行为目标，严防地方政府随机性行为，严防地方政府的越权、渎职行为。

公民作为各地方政府的服务对象，具有监督地方政府的权利。我们应该充分发挥公民的作用，运用公民参政、公民退出等方法，加强公民对地方政府的监管力度，促使地方政府接受来自公民的他律，减少地方政府行为的随意性，增强地方政府行为的科学性。地方政府应该避免公民参政的高参与率、低参与热情、低参与绩效等现象发生，应该深化人民代表制度改革，以专职代表制取代兼职代表制，分阶段、有步骤地建立竞选制度，促使地方政府接受公民的监督约束。对于公民退出，应该改革户籍制度、促进居民迁徙自由，强化居民"以脚投票"的偏好显示机制，强化居民对地方政府的约束力。

除此之外，强化地方政府接受来自中央政府、公民的他律，还可重点抓好以下环节：

建立科学的地方政府绩效考核体系：要改革现行政绩考核机制，改变目前过分重视事前的下发文件与开会，轻视政策执行的事中、事后监督；加强地方政府同时"对上"负责、"对下"负责，强化地方政府接受中央政府与公民的监督；实行责任追究制，对于地方政府违反程序、执行中央政府政策制度不力等行为，严格追究相关人的责任；要求地方政府领导干部牢固树立“经济增长是政绩，公共产品与服务的供给（基本养老保险是其中的一种）、社会公正的维护也是政绩”的观念。

提倡合理有序的公民监督：公民作为各地方政府的服务对象，作为地方政府合法性的资源供给者，理所当然地具有监督地方政府的权利①。现代政府统治的基础是民意的认同，政府的权力是由公民授予的，公民有责任监督政府权力的行使。在民主政府里，除了需要政府体制内的权力制衡机制外，还需要体制外的强大权力制约，这种体制外的力量就是授权给公民。他们或者是单个的个人，或者结社成一定的组织，共同影响政府的公共决策，共同抵制来自政府的强权，以实现制约政府的目的。

在强调地方政府需要接受来自中央政府与公民的监督时，有两种错误观念需要澄清。第一种错误观念是认为，强调中央政府对地方政府的合理适度监督等于要重新回到中央集权体制中去。第二种错误观念是认为，强调公民对地方政府的合理适度监督等于在削弱地方政府的权威，干扰地方政府的正常行政秩序。任何没有监督的权力，必然

---

① 在资本主义以前的社会，政府的合法性主要来源于传统和个人魅力。在现代社会里，由于宗教世俗化的普及、统治者个人魅力的非继承性，政府的合法性基础发生了变化，传统和个人魅力的合法性资源让位给法理型统治。法理型统治的合法性资源是由一系列法律制度构成的，而法律制度之所以能成为政府合法性的基础，其根本的原因就是因为民众对规范自己的制度的认同。所以，现代政府的合法性资源既不是靠传统也不是靠个人魅力来提供，更不是靠政府自己来提供，而是来自于广大民众的共同支持。政府的合法性不能由政府单方面宣布，而只能由市民社会（公共领域）赋予。“政府合法性”作为一种公共物品只能由包括公民在内的社会提供，公民是政府合法性的资源供给者。

趋向于腐败，这是公共权力运行中的普遍规律，地方政府在基本养老保险政策执行过程中也同样如此。为了避免腐败，需要来自不同层面的监督。

我们需要正确审视我国地方分权与中央集权，需要正确审视我国的政府与社会分权。分权通常有两个方面：一为政府内部的分权，这包括纵向上的上下级政府间分权与横向上的政府部门间的分权；一为国家政府与社会之间的分权。

我国目前的这两种分权都出现了一定的问题。在进行政府内部的分权中，分权是否合理恰当的一个重要标准是看它是否有利于国家整体利益与宏观协调。依此标准，我国目前的分权出现了地方诸侯式的市场分割与争利，国家整体利益受损、中央政府的宏观协调能力下降，这是畸形的“权力分散”，而不是适度的合理分权。这种畸形“权力分散”是不同于分权的，它形式上是分权，实质上却是集权，只不过是用众多的集权取代单一的集权。

在国家政府与社会之间的分权中，分权是否合理恰当的一个重要标准是看它是否有利于实现政府高效率低成本（高效廉价）目标。依此标准，我国目前的分权出现了低效高价政府、“强政府、弱社会”的局面，这导致政府对社会的过分替代，政府与社会处于同构状态，政府垄断了过多的社会资源。这种政府与社会分权不合理的情况，带来的问题表现为：社会自主性缺失，可能造成社会的虚弱及社会对政府的依赖，从而使社会最终失去其自身发展的动力；个人目标因与政府目标相背离而受到强力的压制，最终将造成个人、社会对政府的疏远与冷漠，甚至容易引发社会对政府的反抗；如果那些个人目标有限度地被承认、被默许但并不被纳入政府的日程，社会将在政府之外创造自身满足的机制，这种体制外的活动主要表现为“黑市”（又称“地下经济”），这导致政府与社会的离异，政府所能控制的社会资源也因此而越来越多地流失，结果造成社会对政府的侵蚀；导致社会对自身发展的冷漠，因为社会对政府的目标没有兴趣，又没有可能满足的自身目标，人们就对自身未来发展失去信心①。

所以，以上两种观念都是错误的。强调中央政府对地方政府的合理适度监督不等于要重新回到中央集权体制中去，强调公民对地方政府的合理适度监督也不等于在削弱地方政府的权威，不等于在干扰地方政府的正常行政秩序。相反，强化中央政府与公民对地方政府的监督，更能保证地方政府规范地运行，更能维护国家与公民的利益。

三、加强中央政府的经济协调能力

消除地方政府的利己主义行为，除了明确地方政府职能、规范地方政府行为以外，还需要加强中央政府的经济协调能力，以便实现中央对地方政府的宏观调控。因为有力的宏观调控体系需要雄厚的财力作为后盾。

1. 改革中央政府与地方政府的财政分配体制

中央财力过于分散会带来中央宏观调控能力的削弱。有鉴于此，1994 年，中央与地方已实行分税制，希望将以前过分下放的部分地方政府的财政收入重新收回中央，中央将再次掌握调控地方经济的能力。目前的问题是，分税制维护旧财政分配体制的既得区域利益格局，导致中央政府的财力集中不够，中央政府转移支付的目标错位、随意

---

① 唐士其著. 国家与社会的关系. 北京大学出版社 . 1998. 245.

性大①。今后，应该进一步增强中央政府的财力、规范对地方政府的转移支付②。

增强中央政府财力的目标，王绍光、胡鞍钢在比较世界各国经验的基础上，提出我国国家财力（包括中央政府与地方政府财力）增强的短期、中期、远期目标，还提出我国中央政府财力增强的短期、中期、远期目标③：

我国国家财力（包括中央政府与地方政府财力）增强的短期、中期、远期目标是：短期目标是通过强化税收征管，抑制财政总收入和总支出占GDP比重的下降趋势；中期目标是使预算外资金全部纳入预算内管理（约占GDP比重的4%），同时新增加财政收入占GDP比重的6%；长期目标是提高政府财政总收入和总支出占GDP的比重，逐步达到30%以上，逐步达到发展中国家平均水平。这需要扩大税收征收来源，例如，将排污费改为排污税作为地方政

---

① 规范的政府财政转移支付制度的根本目标应该是在提高财政收支效率的基础上，使全国各地都能提供大体均等的公共服务水平，即以公平为主，兼顾效率。我国目前的转移支付制度从某种意义上讲，实际是以效率优先，兼顾公平，这虽然与我国经济体制改革总方针相一致，但与转移支付的根本目标是相悖的。参见：张菊良．完善我国现行政府间财政转移支付制度的若干思考．广东商学院学报，2000（3）：53.

② 关于增强中央政府的财力的原因与措施，可参见：王绍光．分权的底线．战略与管理，1995（2）：37. 当然，本着权责对称的管理原理，中央政府财力增强的同时，中央政府也应该承担相应的事权职责，不能将部分中央政府的事权依靠行政权力的优势强行下移给地方政府。目前我国在强调财权向中央政府集中的同时，却对事权过分下放地方的现实重视不够。

③ 王绍光．分权的底线．战略与管理，1995（2）：37；胡鞍钢、邹平著．社会与发展——中国社会发展地区差距研究．浙江人民出版社．2000．241.

府专项财政收入，开征不动产税和财产税作为地方专项收入，强化个人所得税征收，提高个人所得税占税收总额的比重。

我国中央政府财力增强的短期、中期、远期目标是：从国际经验看，中央财政收入和支出占 GDP 比重一般不得低于 10%，这是地方政府分权的底线。目前我国中央财政收入和支出占 GDP 比重低于这一分权底线。增强中央政府财力的近期目标是抑制中央财政收入和支出占 GDP 这两个比重继续下降的趋势；中期目标是使这两个比重逐步提高到 10%左右；长期目标是要使两个比重分别达到 15%和 12%以上。其保障措施主要有：一是中央财政将铁路建设基金、电力建设基金、养老保险基金、失业保险基金，一律列入预算内管理专收专支；二是将中央政府增值税的分成比例从 70%扩大到 85%；三是将社会保障税作为中央政府的国税统一征收。

2. 建立基本养老保险资金危机准备金制度

特殊的国情和现状决定了我国中央财政在处理基本养老保险支付危机中应该义不容辞地承担责任。目前，我国政府预算中的预备费制度还难以担当起应对基本养老保险支付危机的重任。为了防范基本养老保险资金支付危机，必须逐步建立有效的反危机准备金制度。准备金可以来自中央政府增发的国债收入，或者从每年的税收增收中提取。

综上所述，地方政府的利己主义行为是中央与地方政府关系正常化过程中的巨大障碍，也是危害中央权威、公民权利的主要因素，我们必须坚决消除地方政府的利己主义行为，消除的主要思路应是预防、惩罚监督与提高中央政府自身协调能力相结合。从预防角度看，主要是要有必要的制度来规定中央与地方政府各自的责任与权限；从惩罚监管角度看，主要是加强来自中央政府与地方公民的监督；从提高中央政府自身协调能力的角度看，主要是进一步完善分税制，建立基本养老保险资金危机准备金制度。

小 结

一、基本结论

探讨一种适合我国国情的养老保险模式，是一项艰巨复杂的任务。本书试图从一个国家内部各区域基本养老保险的差异及其相互关系的视角，探讨我国各区域之间基本养老保险协调发展的现状，提出我国区域基本养老保险协调发展的基本模式。全书的基本结论主要包括如下观点：

1. 基本养老保险的区域协调，是一种能促成区域之间化解冲突、增进合作以达到全国整体福利最大化的有序状态。

2. 评估区域基本养老保险发展是否协调的指标体系包括：各区域基本养老保险制度的统一程度、各区域基本养老保险水平的均等程度、各区域社会养老负担的公平程度、各区域基本养老保险制度功能的实现程度。

3. 基本养老保险的管理决策权、筹资权是中央政府的事权与财权范围，客观上要求我国基本养老保险制度必须实行全国统筹；我国社会主义市场经济的高效运行，客观上也要求我国必须建立打破区域分割、人群分割的全国统筹的、全民性的基本养老保险制度。

4. 我国实行的单一制国家结构形式、强调树立和落实科学发展观、实行公共财政体制与分税制、地方政府的特定发展历史，为我国建立各区域协调发展的基本养老保险制度提供了许多便利条件。

5. 目前我国基本养老保险的区域协调发展程度的实证分析表明：我国基本养老保险的区域协调程度较差。

6. “全国统筹的、全民性的、随收即付的养老保险制度”是一种适合我国国情的基本养老保险模式。

7. 目前，我国区域经济发展水平的差距过大、基本养老保险的城乡分割与人群分割状况严重、地方政府的利己主义行为，在阻碍着我国全国统筹的、全民性的、随收即付的养老保险制度的建立。

8. 为了保证新的基本养老保险制度顺利实施，必须缩小区域与城乡经济差距到适度水平、减弱城乡分割和人群分割状况、消除地方政府利己主义行为。

二、有待进一步研究的内容

本书可能存在一些不足之处，其表现之一就是以下内容还来不及作深入探讨，有待今后进一步研究：

1. 本书对区域基本养老保险协调发展问题的国际比较研究较少，今后可对美国、加拿大、俄罗斯、德国等区域差异大的国家进行分析，探讨这些国家区域基本养老保险协调发展方面的客观规律，以资中国借鉴。

2. 本书提出的我国各区域基本养老保险协调发展模式，是“全国统筹的、全民性的、随收即付的基本养老保险制度”，该模式的区域供款率、区域基本养老金的工资替代率怎样体现区域的物价差距？它们有待进一步明确。

3. 在我国各区域基本养老保险协调发展模式中，低水平、广覆盖、全国统筹是该模式的基本特点。为了保证该模式的正常运行，财务上到底需要多少资金？政府、企业、个人的基本养老保险供款能力到底有多大？中央政府需要多大程度的财政支持？这些需要做短则一年、长则几十年的基本养老保险财务平衡测算，这些也有待于今后进行深入的研究。

附　录

与本书相关的重要论文、政府文件

附录 1　我该到哪里领养老金？

附录 2　全国各省市区全面建设小康社会目标实现程度的综合评价和分析（节选）。

附录 3　农村全面小康社会的综合评价。

附录 4　国务院关于企业职工养老保险制度改革的决定。

附录 5　关于深化企业职工养老保险制度改革的通知。

附录 6　关于建立统一的企业职工基本养老保险制度的决定。

附录 7　国务院关于实行企业职工基本养老保险省级统筹和行业统筹移交地方管理有关问题的通知。

附录 8　关于建立基本养老保险省级统筹制度有关问题的通知。

附录 9　关于对户籍不在参保地的人员办理退休手续有关问题的复函。

附录 10　国务院关于完善企业职工基本养老保险制度的决定。

附录1 我该到哪里领养老金?

2002年6月9日，南京市白下区法院一审判决蒋乃群诉南京市社保局不履行办理退休手续法定职责案败诉。

“按照国务院有关规定，我的养老保险‘视同缴费’和实际缴费年限累计达37年。可为什么我还领不到养老金呢?现在法院也判我败诉了。我在哪里才能领到养老金?难道我工作了一辈子，到头来却是‘老无所养’?”

两年来，60多岁的蒋乃群一直在为自己的养老金苦苦奔波于深圳、南京和北京三地。而问题至今没有得到解决。

- 两地“踢皮球”

2002年4月7日，年满60周岁的蒋乃群收到了深圳市社保局的退休通知：他已到退休年龄，该局停止收取其社保费。

蒋乃群本以为，自己从此可以过上“老有所养”的悠闲生活，没想到，麻烦才刚刚开始。

很快，深圳市社保局又通知蒋乃群：根据《深圳经济特区企业员工社会养老保险条例》第23条规定，非深圳户籍员工必须实际缴费年限累计满15年，才能享受按月领取养老金的待遇，而他在深圳的实际缴费年限只有7年。因此，他不具备在深圳市按月领取养老金的条件。

蒋乃群的户籍在江苏南京，他1962年起在南京汽车制造厂任职全民固定工，连续工龄30年。在此期间，他于1987年随企业参加南京市的社会统筹。

1992年，50岁的蒋乃群从南汽办理离职手续，南下深圳，应聘于一家外企。同时，他的档案也从南汽调入南京市人事局人才服务中心。

按照深圳有关地方法规的规定，蒋乃群从 1995 年 6 月开始在深圳参加社会保险，缴纳社保费，直至 2002 年 4 月正式退休。

“我在南汽工作的 30 年，按照国务院的规定是‘视同缴费’，再加上在深圳缴费 7 年，累计 37 年，现在却领不到养老金！这晚年生活怎么过呢?”为争取自己的晚年生活保障，蒋乃群开始一次次到深圳市社保局上访、求情，希望该局能“网开一面”，让他“老有所养”。

但深圳市社保局始终没有“松口”。不过，该局给蒋乃群指出了一条“生路”：按照有关规定，蒋乃群可在自己的户籍所在地退休，而其在深圳缴纳的社保金积累额可全部转往户籍所在地社保机构。

2002 年 5 月，蒋乃群找到南京市劳动和社会保障局，要求解决其退休养老的问题。但得到的答复竟是“无法办理”。该局养老处负责人告诉蒋乃群，按照劳动保障部的说法，在哪里缴纳社保金就应该在哪里领取养老金。所以他应该在深圳领取养老金，因为南京没有他的社保号。

“皮球”又被“踢”回了深圳。无奈之下，蒋乃群所能做的就是把南京市劳保局的答复意见反馈给深圳市社保局。同时，他还向深圳市社保局表明，根据《国务院关于建立统一的企业职工基本养老保险制度的决定》第 5 条的规定，他此前在南汽工作的 30 年应视为“视同缴费 30 年”，这已大大超过了深圳方面缴费 15 年的规定。

但深圳市社保局答复蒋乃群，按照《〈深圳经济特区企业员工社会养老保险条例〉若干实施规定》，非深圳户籍员工未在深圳缴费的工作时间不视为缴费年限。因此，他不符合在深圳按月领取养老金的条件。如果其户籍所在地社保机构不接受其所缴保费的积累额（即个人账户），就一次性全部退还给本人，就此结束社会保险关系。蒋乃群7年的个人账户积累额大约有1万多元。

对于这样的处理结果，蒋乃群当然无法接受。

他告诉记者："我参加社会保险的目的就是为了退休后能老有所养，现在如果一次性退还社保金，不但违背了劳动者参加养老保险的初衷，而且也令养老保险失去了应有的意义。何况，1万多元怎么解决我在深圳的养老问题？"

"深圳社保局不承认我在南京的视同缴费年限，那南京市劳保局总该承认了吧？"2002年6月，蒋乃群又找到南京市劳保局。

这一次，南京市劳保局告诉蒋乃群，国家劳动和社会保障部办公厅在2002年5月30日给上海社保部门的一份《关于对户籍不在参保地的人员办理退休手续有关问题的复函》（劳社厅函【2002】190号文）中有关于他这种情况的明确答复：（1）参保人员因工作流动在不同地区参保的，不论户籍在何处，其最后参保地的个人实际缴费年限，与在其他地区工作的实际缴费年限及符合国家规定的视同缴费年限，应合并计算，作为享受基本养老金的条件；（2）参保人员达到法定退休年龄时，其退休手续由其最后参保地的劳动保障部门负责办理，并由最后参保地的社会保险经办机构支付养老保险待遇。

拿到这份"红头文件"，困扰已久的蒋乃群如获至宝。时隔两年后，他仍清晰地记得自己当时喜悦的心情，"我以为有了劳保部的文件，我的问题应该不难解决了"。

然而，残酷的现实再一次击碎了蒋乃群短暂的喜悦。

当蒋乃群拿着上述文件再次来到深圳市社保局讨要自己的养老金时，该局工作人员却说，该文件发出日期是 2002 年 5 月 30 日，而他的退休日期是 2002 年 4 月 7 日，文件内容对其不发生效力。

当年 11 月，深圳市社保局在《关于蒋乃群养老保险待遇问题的答复》中更进一步表示，劳社厅函【2002】190 号文和《深圳经济特区企业员工社会养老保险条例》的规定“直接相冲突”，“按照《立法法》第 65 条规定，特区法规在经济特区范围内适用”，而该文件“仅是劳动和社会保障部办公厅对上海社保部门发出的一个复函，并非具有普遍约束力的法规，在法律效力上远远低于作为特区法规的《条例》”。因此，对于蒋乃群的养老保险待遇问题，“只能适用《条例》，而不能适用劳社厅函【2002】190 号文件”。

绕了一大圈，蒋乃群的养老金问题又回到了原地。

两地社保机构都引法据规，而个人的无奈和愤懑，在政策法规面前，显得苍白无力。但蒋乃群还是要问：“那我该去哪里领养老金呢?”

● 被逼上法院

多次碰壁之后，蒋乃群想到了仿效上海市社保部门的做法，向劳动和社会保障部反映自己的问题，并咨询处理意见。

2002 年 7 月 18 日，蒋乃群将反映自己情况的材料发往国务院法制办、劳动和社会保障部。

同时，在南京市社保局养老处 A 处长的要求下，蒋乃群咨询了劳动和社会保障部的专家田先生。这位专家告诉蒋乃群：深圳特区有法规规定，他的户籍在南京，个人缴费不足 15 年，不符合在深圳退休的条件。

看来在深圳退休已是“此路不通”，蒋乃群只得又把希望寄托到了南京方面。当年 9 月 12 日，一直关注此事的《深圳特区报》刊载《南京市社保局解决蒋乃群老人养老金问题》一文，称“南京的社保机关部门负责人”表示“可以解决蒋乃群的养老金问题”，由于“蒋乃群来深前已在南京汽车制造厂工作 30 年，来深后其档案一直托管在南京人事局人才服务中心。因此，蒋乃群只要将档案从劳动人事部门转到社保局办理退休手续，并补齐从南京汽车厂工作 30 年后至退休前这段时间的社保费，就可以在南京取得社保号并享受养老待遇”。

山重水复疑无路，柳暗花明又一村。蒋乃群以为这一次自己的问题总算可以解决了。

2004 年 1 月 20 日，蒋乃群将上述报道先后传真给南京市劳保局和南京市人才服务中心，并于 2 月 8 日再次来到南京，与市人才服务中心的 B 科长一起会见了市社保局的 A 处长。

没想到，A 处长只是重申了根据劳社厅函【2002】190 号文件的精神，强调蒋乃群在深圳参加社会保险，就应该在深圳办理退休养老。

A 处长还告诉蒋乃群：“你在南京没有社保号，现在已超过了退休年龄，我们不好给你办退休养老。你应该向国家劳动保障部写信反映。你要到书面回复后，我们才能按批示办理你的退休手续。”

2 月 10 日，蒋乃群上访到南京市劳保局监察室。该室的 C 主任要他去南汽“把参加统筹的证明开出来”。

2 月 16 日，南汽向南京市社保局开出证明称，“蒋乃群自 1962 年 10 月至 1989 年 4 月期间任南京汽车制造厂全民固定工，1992 年 9 月调入南京市人事局人才服务中心”，并强调，南京市 1987 年起实施企业养老统筹时，南汽“同步加入，并按规定缴纳养老保险费”。

拿到这个证明，蒋乃群才知道，他早在 1987 年就已参加了社保，应该属于“在南京确有社保关系”，而且作为全民固定工有视同缴费 30 年，符合国务院的规定，完全可以在南京办理退休。因此，他再次要求南京市劳保局为他解决养老金问题。

面对蒋乃群的质问，南京市劳保局这回祭出的法宝是《江苏省城镇企业职工养老保险规定》（省政府 139 号令）第 20 条的规定：“参加我省养老保险规定的职工在达到国家、省规定退休年龄的，企业和个人按照规定缴纳养老保险费的，缴费年限满 10 年以上的，可以按月领取养老金。”该局认为蒋乃群于 1995 年在深圳参加社会保险，一直缴费到退休年龄（2002 年 4 月），不符合在南京市办理退休的条件。

这个回复，让蒋乃群刚刚燃起的希望又一次像肥皂泡一样破灭了。

“难道我真的领不到养老金了吗?”蒋乃群愤懑地对记者说，“看来只有通过法院来讨回我的权益了。这是我最后的希望了，希望我能在有生之年看到问题的解决。”

● 意料中的败诉

今年 3 月 29 日，蒋乃群向南京市白下区法院递交了诉状，起诉南京市劳保局不履行办理退休手续的法定职责。同时，他还将市人才服务中心作为第三人起诉到法庭，认为“当年人才中心和其签订的托管合同中有‘代办社会养老保险’的规定。但 10 年来，该中心只管每年收取管理费，没有尽到通知义务，致使原告在不知情的情况下，只在深圳参加了社会养老保险”。因此，该中心对他领不到养老金的问题应负主要责任。

蒋乃群要求法院判决南京市劳保局立即为他办理在南京的退休手续并按月计发养老金，同时补发拖欠的养老金本金和利息及精神损失费 10 000 元。

4 月，白下区法院开庭审理了此案。6 月 9 日，该院作出一审判决：驳回了蒋乃群的诉讼请求，因为他没有证据证明他及相关企业按规定为其缴纳了养老保险费用。“我预料到自己会败诉。但是，我就是要这个判决，要这个书面的证据”。蒋乃群告诉记者，“两年来，南京劳保局话说了一大堆，但始终不给我任何书面回复。有了判决，即使输了，我还可以上诉，还可以上访。总会有地方讨回公道啊！”

目前，蒋乃群已提出了上诉。他在上诉书中写道：“按照国务院决定，我有视同缴费年限 30 年，个人缴费年限 7 年，累计满 37 年，完全符合中华人民共和国企业员工退休养老的条件。我的退休养老问题直接关系到我的生存，南京政府主管部门必须从‘国家尊重和保障人权’出发，为我解决退休养老问题。”

5 月底，记者在深圳再次见到蒋乃群。距今年 1 月初次见面仅过了几个月，他又憔悴了很多。

蒋乃群的代理人徐女士告诉记者：“蒋乃群是高级工程师，20 世纪 80 年代是南京汽车制造厂常驻意大利业务代表，负责南汽依维柯有关技术引进项目；2000 年作为中方首席设计师，负责上海 APEC 会议主会场的照明工程。现在，由于退休养老没有解决，他不得不继续工作，参加西部开发建设，2003 年全年长期出差。就这样还要到北京去上访，身体受损很大。谁不想有个安闲的晚年，但他工作了一辈子，到头来还是老无所养啊！”

● 如何应对“蒋乃群式”的问题

国家建立社会养老保险制度的目的，就是要实现“老有所养”的社会理想。但作为具体执行机构的南京和深圳的社保部门为什么要把蒋乃群老人的养老金问题推来踢去呢？

深圳市社保局政策法规处的一位工作人员认为：“蒋乃群的问题的根源，在于户籍制度及依附在户籍制度之上的社保制度。即使户籍制度取消了，但依附在其上面的其他制度并不会随之自然取消，城乡二元结构以及内地落后地区和沿海发达地区的差距也无法消除。”

这位工作人员还告诉记者：“目前国务院关于养老保险制度只有一个原则性的规定，并没有具体的实施细则。所以像蒋乃群这样的问题，只能由各地方自己制定实施细则来解决。”

据了解，《国务院关于建立统一的企业职工基本养老保险制度的决定》（国发【1997】26 号文件）虽然明确要求“具体办法，由劳动部会同有关部门制订并指导实施”。但 7 年过去了，劳动部并没有制定出任何实施细则。

对此，深圳市社保局的这位工作人员分析说：“这是由于全国各地的情况太过复杂，劳动保障部无法制定出可供具体操作的细则。”

结果，各地纷纷以地方立法（如深圳）或政府令（如江苏）的形式制定出实施细则，而本应由国家统一认定的如“视同缴费”等问题，也都由各地按对自己有利的解释来执行了。

但情况复杂并不能阻止千千万万个蒋乃群在全国各地流动。如果蒋乃群的问题不能得到解决，那“蒋乃群式”的问题就会越来越多地出现。

“蒋乃群的事情要想在深圳解决，除非养老保险的政策全国统一，养老保险的基金全国统筹。但这一点现在还无法做到，近年内也无法做到。”深圳市社保局政策法规处D处长告诉记者，“现在的养老保险都是地方统筹，多养一个人就多一份负担。但如果改由国家统筹的话，地方又没有积极性，工作一样做不下去。”

有资料显示，现在全国每年的社保缺口高达1 000多亿元，其中养老保险的缺口有300多亿元。既然各地的养老保险基金是地方统筹、自负盈亏，那么可想而知，各地肯定都希望交钱的人多一点，而领钱的人少一点了。

“深圳现在的户籍人口只有100多万，而非户籍人口高达300万～400万。如果在深圳工作的人都在深圳退休而不加以限制的话，深圳肯定养不起。”深圳市社保局办公室副主任张先生说：“但在深圳工作、在深圳纳税、在深圳缴费，却不能在深圳领取退休金，这对蒋乃群个人来说是不公平的。”

张先生因此提出了一个解决问题的思路：“鉴于各地经济水平的差距，是否可以对以前在内地的缴费或视同缴费以打折的方式来处理，从而解决这部分人群的问题，以体现公平的原则?”

（资料来源：何雪峰.我该到哪里领养老金？南方周末，2004年7月1日）

附录2　全国各省市区全面建设小康社会目标实现程度的综合评价和分析（节选）

党的“十六大”提出了第三步战略目标的“新三步”走的具体部署，要在2020年全面建设小康社会，加快推进社会主义现代化建设的新阶段，2010年是新三步的第一步，这是承上启下的阶段，也是现代化建设的新起点。为系统研究加快小康社会和现代化建设的步伐，我们设计了一套指标体系，初步制订了2010年全面建设小康社会的发展目标，并以2002年各省市区实际达到的水平进行了实现程度的综合分析。

小康社会和现代化是动态的发展过程，它的基本内涵是以科技进步为先导，促进经济社会的协调发展，不断提高人口素质和生活质量，走向共同富裕。现代化是从传统的农业社会向工业社会发展，并逐步进入知识化社会的转变过程。指标体系确定的原则就是根据小康社会和现代化的内涵，参考了英格尔斯提出的10个现代化指标，并根据我国具体情况增加了社会发展、知识化和科技创新、生活质量和环保、法制等指标组成指标体系，共分五个子系统。它能全面反映小康社会和现代化建设的各个方面，突出反映了以人为本的全面发展。为加强指标体系的科学性和实用性，广泛征求了30多位专家的意见，确定了指标体系和权重。本报告提及的2002年的统计数据主要是根据《2003年中国统计年鉴》和向各部委收集的。2010年的发展目标是参考了近期的发展速度和中等发达国家的水平推算出来的。2002年在原来28个指标基础上加了城乡居民收入两个指标，又修改了个别指标的目标数，故与2001年的评价不完全可比。

由于我国地区经济发展极不平衡，所定目标对于发达地区可能偏低，而对中西部地区可能偏高，但只有用同一目标来衡量才能有可比性，才能从比较中看到本地区的进步和差距，了解本地区处于哪个发展阶段。在综合评价中居于前列的地区已基本实现了小康目标，就可以向现代化的目标迈进，居后的地区应针对薄弱环节采取有力措施迎头赶上，为全面实现小康目标而努力。

以下是2002年各省市区全面建设小康社会目标实现程度的综合评价和分析。

一、小康和现代化目标实现程度的综合分析

根据30个指标计算，我国2002年实现小康目标的综合指数为70.1%，也即已实现了2/3多。从五个子系统看，社会结构实现了80.1%，经济与科技发展实现了65.2%，人口素质实现了73.8%，生活质量实现了66.0%，法制与治安实现了65.5%。

分地区看，实现程度综合指数在74%以上的有十省市，它们是：北京、上海、天津、广东、浙江、江苏、辽宁、福建、黑龙江、山东；

实现74%～62%的是：吉林、湖北、陕西、重庆、山西、河北、新疆、海南、内蒙古、湖南；

实现62%～53%的是：青海、宁夏、四川、甘肃、江西、广西、安徽、云南、河南、贵州、西藏。

各子系统指数的分析如下：

1. 社会结构

它的优化是实现小康和现代化的基础和前提条件，由第三产业从业人员比重等五项指标组成，反映了社会化、城市化、非农化、外向型经济和智力投资。全国平均社会结构实现指数为80.1%，实现程度较高的是北京、上海、天津、广东、辽宁、江苏、吉林、福建、浙江九省市，在78%～148%之间，实现程度不足60%的是安徽、云南、河南。

从主要指标看，第三产业从业人员比重，全国平均为28.6%，实现目标的75.3%，比重最高的地区，除北京、上海、天津三市达41%～60%，已超标外，比重在30%以上，还有辽宁、吉林、湖北、广东、江西、浙江、重庆、新疆、海南、江苏、陕西11个省区，比重较低的是河南和云南，不足20%。

城镇人口比重，反映了城市化水平，2002年已达39.1%，分地区缺这一指标，用非农业人口比重，全国为27.9%，已实现目标40%的70%，上海、北京、天津比重已达59%～76%，超过目标的还有辽宁、黑龙江、吉林，在44%～47%之间，在35%以上的还有广东、新疆、江苏，城市化水平较低不足20%的是四川、贵州、云南、西藏。

预算内教育经费占GDP的比重2001年只有2.7%，实现目标4%的67.5%，比重最高的是北京、西藏，均为6.4%，超标的还有西北五省区和云南、贵州，在3.8%～4.6%之间，比重较低的是山东、江苏、浙江、河北、辽宁，在1.6%～1.9%之间。

2. 经济与科技发展

它是实现小康和现代化的经济基础和知识创新手段，由人均GDP等七项指标组成，反映了综合经济的投入产出、就业率、知识创新投入和发明创造能力。由于这些指标发展速度较快，制订的目标相对较高，所以实现程度就较低，只有65.2%，实现程度较高的均是东部地区，有北京、上海、天津、浙江、广东、江苏、福建、辽宁，在76%～270%之间，在40%以下的是贵州、四川和江西。

从主要指标看，人均GDP是经济社会发展的总成果。2010年的目标是13 265元，2002年已实现8 184元，实现61.7%，最高是上海，达3.34万元，北京、天津分别为2.29万元和2.04万元，超标和接近目标的、在万元以上的还有：浙江1.68万元，广东1.50万元，江苏1.44万元，福建1.36万元，辽宁1.30万元，山东1.16万元，黑龙江1.02万元，不足0.5万元的是贵州、甘肃，贵州只有3 104元。研究发展经费占GDP比重，全国平均为1.2%，实现目标1.5%的80%，比重最高为北京，达6.8%，陕西3.0%，超标的还有上海、天津，为2.0%和1.5%，除广东、辽宁、吉林、江苏、湖北、重庆在1.0%～1.3%之间外，其他地区均不足1%，海南、四川、新疆只有0.2%；

每万人口专利受理量平均为1.6件，实现目标3.5件的45.7%，最高是上海，为12.3件，北京达9.9件，天津为5.3件，广东为4.4件，浙江为3.7件，不足0.4件的是贵州、甘肃、青海和西藏。

3. 人口素质

文化科技素质的高低是对实现目标起决定作用的，它由人口自然增长率、专业技术人员等六项指标组成。全国平均实现73.8%，上海、北京、天津超标较多，在133%以上，达标100%以上的还有辽宁、吉林、江苏、湖北，不足60%的是云南、贵州、西藏。

从主要指标看，每万名职工拥有专业技术人员平均为2 926人，实现目标4 500人的65.0%，最高的是广西，达

3 533 人，在 3 000 人以上的还有云南、青海、北京、湖南、四川、贵州、河北、江西、浙江、陕西、山东、吉林、重庆，较低的是海南、黑龙江、湖北，只有 2 300 多人；

大专以上程度占六岁以上人口的比重平均为 4.7%，仅实现 7% 目标的 67.1%，北京最高，达 20.5%、上海 15.1%、天津 10.6%，在 5%以上的还有新疆、浙江、宁夏、山东、吉林、辽宁、内蒙古和广东，比重较低的是云南、西藏，只有 2%和 0.8%。

4. 生活质量和环保

它是反映生活现代化和电器化的，由城乡居民收入、恩格尔系数等八项指标组成，全国平均实现 66.0%，生活质量较高的均为沿海地区，除上海、北京二市已实现 100%以上外，在 80%以上的还有浙江、天津、广东、福建、江苏，西部地区均较低，甘肃、青海、贵州、西藏均实现 50%以下。

从主要指标看，城镇居民人均可支配收入 7 703 元，实现目标的 58.4%，最高是上海，为 1.33 万元，北京为 1.25 万元，浙江和广东为 1.17 万元和 1.11 万元，最低为贵州仅有 5 944 元。农民人均纯收入 2 476 元，实现目标的 64.6%，上海、北京最高，达 6 224 元和 5 398 元，浙江、天津、广东在 3 912～4 840 元之间，西部地区均较低，在 1 400～2 100 元之间。恩格尔系数是反映消费结构优化的指标，一般认为 40%～50%为小康型，降至 40%以下即为宽裕型，2002 年城镇为 37.7%，农村为 46.2%，城乡加权平均为 42.9%，总体水平仍为小康型，按逆指标计算，全国平均已实现目标 33%的 76.9%，北京最低为 34%，在 40%以下的有陕西、上海、天津、河北、山东、内蒙古、黑龙江、山西，在 50%以上的有西藏、海南、贵州、云南。工业废水处理率全国平均为 88.3%，实现目标 95% 的

92.9%，废水处理率在95%以上的是天津、北京、浙江、山东、江苏、安徽、福建七省市，较低的是西藏、宁夏、贵州。

5. 法制与治安

法制与治安是现代化建设的稳定机制。由刑事案件、治安案件、律师数和交通事故死亡率四项指标组成。按逆指标计算，全国平均实现64.5%，实现程度在100%以上的是北京、海南、山西，而发达地区均较低，如浙江、广东、福建均不足60%。

从主要指标看，每万人口刑事案件立案率，全国平均为41件，已实现目标22件的65.1%，立案率较低，在20件以下的是海南、河北、山西、云南、西藏，立案率较高的是上海、浙江、广东、河南、北京，都在50件以上。每万人口律师数平均为0.8人，实现目标1.1人的72.7%，最高的是北京，达5.7人，上海为3.2人，天津为1.7人，在1人以上的还有广东、辽宁、浙江，最低的是贵州、西藏，只有0.3人和0.2人。

二、小康和现代化第一发展阶段过程中存在的问题和对策建议

1. 地区差距过大并呈扩大趋势

小康和现代化水平（实现程度）按东、中、西部比较，东部12个地区平均为94%，中部9个地区为65%，西部10个地区为61%，东、中、西部比例为1∶0.69∶0.65，西部比东部低35%，现代化水平居前的10省市中有9个是东部地区，居后的10省区中除广西外，均为中西部地区，五个子系统中以经济与科技发展地区差距最大，北京和贵州相差8倍，人均GDP差距更大，而且呈扩大趋势，东部

为13 316元，西部为5 388元，东部是西部的2.47倍，比1991年的1.86倍扩大了0.61倍，如以最高的上海与最低的贵州相比较，相差12.9倍，比11年前的7.3倍扩大了5.6倍，如按省际间比较，浙江与贵州相比，也由11年前的2.7倍扩大为5.3倍，扩大了2.6倍。科教指标差距也很大，如人均教育经费东部地区除大城市外沿海各省都达二三百元，中西部只有100多元，这些数据说明了在地区间，由于经济基础、掌握的人力资源和自然条件的差异等多种因素，决定了东部具备了率先实现现代化的条件，这种差距将在较长时期内一直存在，但差距不应扩大，只有逐步缩小差距才能实现全国的现代化。今后十年，国家应加大对中西部地区小康和现代化建设的支持力度。发达地区要从资金、技术、人才等方面带动和扶持中西部的建设，实现资源共享、优势互补，中西部地区也应因地制宜，发挥自身特点和优势，学习东部地区的现代化管理水平，解放思想，争取跨越式的发展，力争在第一发展阶段中逐步缩小差距。

2. 经济和科技发展总体水平偏低

以人均GDP来看，2002年折合为988美元，2003年将超过1 000美元，2010年的目标按每年递增6.12%（GDP按7.10%，人口净增按0.7%计算）的速度预测，也只有1 600美元，2002年仅实现目标62%，如按2020年小康社会目标3 000美元计算，只实现33%，到2020年，基本上可达到世界中等发达国家水平。与国外比较，除有汇率不可比的因素外（应按购买力平价才有可比性），根本原因还在于我国人口规模大，社会劳动生产率低下，科教水平偏低。如预算内教育经费占GDP的比重，2001年仅2.7%，2010年的目标是按“十年教育发展纲要”到2000年达4%设定的，即使按此低标准计算，也只实现67.5%，估计十年内要实现此目标还比较艰巨，与世界比差距很大(世界水平平均在5%左右，中等收入国家平均为5.1%，低收入国家也达3.9%)。我国2001年人均公共教育经费只有203元，折合为25美元，仅为美国1 430美元的1.7%。大专文化程度占六岁以上人口的比重只有4.7%，高素质人才缺乏，知识创新投入比例也偏低，必然导致发明创造能力也偏低，申报专利少，在经济增量中科技含量低，这些都是影响实现小康和现代化进程的重要因素。各国现代化进程中的经验充分证明：要加快现代化建设，必须重视对教育和科技的投入，要彻底扭转重经济、轻社会的观念，争取在今后十年中实现公共教育经费占GDP的比重达到4%，知识创新投入比重达到1.5%。

3. 第三产业比重和城市化发展滞后

改革开放以来，这两个指标发展都很快，但目前的水平仍很低，距小康目标和现代化的要求还很远。与世界比较差距还很大。如第三产业从业人员比重只有28.6%，低于世界平均31%、中等收入国家54%的比例。目前我国第一、第二产业都有大量剩余劳动力，农村有2亿多人，城镇的第二产业有2 000多万需精简，累计还有失业下岗人员1 000多万。而当前新兴的第三产业供给不足，社区服务也需上千万的劳动力，这个矛盾需要有关部门采取有力措施，将剩余劳动力和城镇待业人员有序地向第三产业转移，在资金、税收方面加以扶持，在2010年达到目标的38%是有可能的。城市化水平也远远落后于世界水平，2002年为39.1%，低于世界平均水平47%的17%，与中等收入国家50%的水平相比，要低22%，要加快城市化的步伐，需要从政策、户籍制度等方面放开农民向城镇转移的种种限制和障碍，争取在2010年达到50%的水平是有可能的。

4. 一些地区经济与社会发展不够协调

如实现程度综合指数居前十位的东部地区，1～4 个子系统比较协调，但法制与治安与其他子系统则出现了相反的趋势，浙江、广东、福建由前四至八位降至末五位，福建、天津、辽宁也居于后列。刑事案件、治安案件和交通事故死亡率，沪、京、津、浙、粤都较高，中西部一般都较低。此外，广东、福建的人口素质相对较低，与经济社会发展不协调，辽宁、吉林、黑龙江、广西生活质量偏低，这与实际失业率较高有密切关系，实际失业率较高，在 8%～9%的还有湖南、青海、湖北、四川、江西、甘肃，严重影响了生活质量的提高。

5. 控制人口增长的基本国策不能放松

2002 年人口自然增长率为 6.45‰，已实现目标 5.6‰ 的 86.8%，上海已实现了负增长，北京、天津、辽宁、江苏、湖北、黑龙江均在 1‰～3‰之间，但还有西藏、青海、云南、新疆、宁夏、贵州六省区增长率高达 12‰～11‰，海南、江西、广东也高达 9‰左右。人口是各项指标的分母，30 个指标体系中就有 20 多个与人口指标有关，如不严加控制，就会超过大自然的承载力，影响小康和现代化目标的实现，影响生活质量的提高，因此，无论是发达地区还是少数民族地区都应严格控制人口的过度增长，控制较好的地区应巩固而不致回升，把人口控制在大自然可承载的范围之内。

（资料来源：朱庆芳．全国各省市区全面建设小康社会目标实现程度的综合评价和分析．中国人口信息网 http：//www.cpirc.org.cn/rdzt/rd_wx_detail.asp？id=1546）

附录3 农村全面小康社会的综合评价

一、综合评价方法

运用农村全面小康社会的指标体系、衡量标准，再选择科学评价模型即可实现对一个区域的全面小康社会实现程度和进程进行综合评价。

综合评价的基本步骤是：（1）确定各项指标的上、下限。全面小康目标值为上限，2000 年总体小康值为下限，评价的起点为 2000 年。（2）确定每个指标的实现程度。每个指标的实现程度是该指标的实际值减去 2000 年总体小康值，除以全面小康目标值与 2000 年总体小康值的差。（3）计算各种指标的实际得分，每个指标的实际得分是该指标的实现程度与其权数的积。我们采用了国际上常用的美国学者萨迪（T. L. Saaty）教授提出的层次分析法（AHP）来确定各指标的权重。（4）把单个指标得分加总即得出一个地区全面小康实现程度。

二、综合评价结果

根据农村全面小康标准和综合评价方法，我们对 2001 年和2002 年全国农村全面小康实现程度进行了测算，结果如下：

（一）从全国看，2000 年基期，由于农村居民基尼系数已实现目标值，农村全面小康实现程度为 4%；2001 年实现程度为8.8%；2002年实现程度为13.1%，平均每年提高4.55个百分点。照此速度计算，到2020年农村全面小康实现程度可以达到90%以上，基本实现农村全面小康目标。

各单项指标的实现程度和评价结果如下：

农村居民基尼系数实现程度最高，因为目前农村居民收入分配仍在合理区间，但随着工业化的推进和市场经济的发展，这一指数可能会继续升高，将影响其综合得分。第一产业劳动力比重近两年没有变化，实现程度为0，农村合作医疗覆盖率、农村养老覆盖率、农村居民居住质量指数、农民人均可支配收入、小城镇化率和农民主动性文化娱乐支出比重等指标的实现程度较低，分别只有2.5%、0.8%、8.8%、5.8%、7.9%和7%，这些方面是今后农村全面小康社会建设的重点。

（二）分地区看，东、中、西部地区农村全面小康实现程度差异较大。2002年东、中、西部地区全面小康实现程度分别为30.8%、9.8%和－14.1%，中西部地区比东部分别低21个百分点和44.9个百分点。东部地区已经走完了农村全面小康进程的1/3路程，估计再过10年左右可基本实现全面小康；中部地区走完了1/10的全面小康路程，但部分指标实现程度较低，如第一产业劳动力比重、农村小城镇人口比重、农民信息化程度和常用耕地面积变动幅度等指标实现程度为负值，说明这些指标还没有达到2000年全国农村总体小康标准的平均值。西部地区实现程度为－14.1%，表明西部地区距总体小康还差1/7的路程，全面小康建设任重道远。西部地区农村小康建设比东部地区至少落后10年，比中部地区落后5年左右。

（三）分省看，上海、北京、天津全面小康实现程度已经超过 60%，特别是上海郊区全面小康实现程度已达 82%，可以说基本实现农村全面小康。有 1/2 的省农村全面小康实现程度小于 10%，西南、西北多数省区的实现程度为负值，西藏最低，只实现了 2000 年全国农村总体小康目标的 72%。

（资料来源：国家农调总队：农村全面小康社会的综合评价．中国人口信息网 http：//www. cpirc. org. cn/rdzt/rd _ wx _ detail. asp? id＝1984）

附录4　国务院关于企业职工养老保险制度改革的决定

国发［1991］33号
（1991年6月2日）

我国企业职工的养老保险制度是20世纪50年代初期建立的，以后在1958年和1978年两次作了修改。近年来，各地区适应经济体制改革的需要，又进行了以退休费用社会统筹为主要内容的改革，取得一定成效。按照国民经济和社会发展十年规划和第八个五年计划纲要的要求，在总结各地经验的基础上，国务院对企业职工养老保险制度改革作如下决定：

一、根据我国生产力发展水平和人口众多且老龄化发展迅速的情况，企业职工养老保险制度改革要处理好国家利益、集体利益和个人利益，目前利益和长远利益，整体利益和局部利益的关系，主要是对现行的制度办法进行调整、完善。考虑到各地区和企业的情况不同，各省、自治区、直辖市人民政府可以根据国家的统一政策，对职工养老保险作出具体规定，允许不同地区、企业之间存在一定的差距。

二、随着经济的发展，逐步建立起基本养老保险与企业补充养老保险和职工个人储蓄性养老保险相结合的制度。

改变养老保险完全由国家、企业包下来的办法，实行国家、企业、个人三方共同负担，职工个人也要缴纳一定的费用。

三、基本养老保险基金由政府根据支付费用的实际需要和企业、职工的承受能力，按照以支定收、略有结余、留有部分积累的原则统一筹集。具体的提取比例和积累率，由省、自治区、直辖市人民政府经实际测算后确定，并报国务院备案。

四、企业和职工个人缴纳的基本养老保险费分别记入《职工养老保险手册》。

企业缴纳的基本养老保险费，按本企业职工工资总额和当地政府规定的比例在税前提取，由企业开户银行按月代为扣缴。企业逾期不缴，要按规定加收滞纳金。滞纳金并入基本养老保险基金。

职工个人缴纳基本养老保险费，在调整工资的基础上逐步实行，缴费标准开始时可不超过本人标准工资的3%，以后随着经济的发展和职工工资的调整再逐步提高。职工个人缴纳的基本养老保险费，由企业在发放工资时代为收缴。

五、企业和职工个人缴纳的基本养老保险费转入社会保险管理机构在银行开设的“养老保险基金专户”，实行专项储存，专款专用，任何单位和个人均不得擅自动用。银行应按规定提取“应付未付利息”；对存入银行的基金，按其存期照人民银行规定的同期城乡居民储蓄存款利率计息，所得利息并入基金。积累基金的一部分可以购买国家债券。

地方各级政府要设立养老保险基金委员会，实施对养老保险基金管理的指导和监督。委员会由政府主管领导任主任，劳动、财政、计划、审计、银行、工会等部门的负责同志参加，办公室设在劳动部门。

六、职工退休后的基本养老金计发办法目前不作变动，今后可结合工资制度改革，通过增加标准工资在工资总额中的比重，逐步提高养老金的数额。

国家根据城镇居民生活费用价格指数增长情况，参照在职职工工资增长情况对基本养老金进行适当调整，所需费用从基本养老保险基金中开支。

七、尚未实行基本养老保险基金省级统筹的地区，要积极创造条件，由目前的市、县统筹逐步过渡到省级统筹。实行省级统筹后，原有固定职工和劳动合同制职工的养老保险基金要逐步按统一比例提取，合并调剂使用。具体办法由各省、自治区、直辖市人民政府制定。

中央部属企业，除国家另有规定者外，都要参加所在地区的统筹。

八、企业补充养老保险由企业根据自身经济能力，为本企业职工建立，所需费用从企业自有资金中的奖励、福利基金内提取。个人储蓄性养老保险由职工根据个人收入情况自愿参加。国家提倡、鼓励企业实行补充养老保险和职工参加个人储蓄性养老保险，并在政策上给予指导。同时，允许试行将个人储蓄性养老保险与企业补充养老保险挂钩的办法。补充养老保险基金，由社会保险管理机构按国家技术监督局发布的社会保障号码（国家标准 GB11643－89）记入职工个人账户。

九、劳动部和地方各级劳动部门负责管理城镇企业（包括不在城镇的全民所有制企业）职工的养老保险工作。

劳动部门所属的社会保险管理机构，是非营利性的事业单位，经办基本养老保险和企业补充养老保险的具体业务，并受养老保险基金委员会委托，管理养老保险基金。

现已由人民保险公司经办的养老保险业务，可以维持现状不作变动。个人储蓄性养老保险由职工个人自愿选择经办机构。

十、社会保险管理机构可从养老保险基金中提取一定的管理服务费，具体的提取比例根据实际工作需要和节约的原则，由当地劳动部门提出，经同级财政部门审核，报养老保险基金委员会批准。管理服务费主要用于支付必要的行政和业务等费用。养老保险基金及管理服务费，不计征税费。

社会保险管理机构应根据国家的政策规定，建立健全基金管理的各项制度，编制养老保险基金和管理服务费收支的预、决算，报当地人民政府在预算中列收列支，并接受财政、审计、银行和工会的监督。

十一、本决定适用于全民所有制企业。城镇集体所有制企业可以参照执行；对外商投资企业中方职工、城镇私营企业职工和个体劳动者，也要逐步建立养老保险制度。具体办法由各省、自治区、直辖市人民政府制定。

十二、国家机关、事业单位和农村（含乡镇企业）的养老保险制度改革，分别由人事部、民政部负责，具体办法另行制定。

企业职工养老保险制度改革，是保障退休职工生活，维护社会安定的一项重要措施，对减轻国家和企业负担，促进经济体制改革以及合理引导消费有重要作用。这项工作政策性强，涉及面广，各级政府要切实加强领导，根据本决定的精神，结合实际抓紧制定具体的实施方案，积极稳妥地推进企业职工养老保险制度的改革。

附录5　关于深化企业职工养老保险制度改革的通知

国发〔1995〕6号

（1995年3月1日）

各省、自治区、直辖市人民政府，国务院各部委、各直属机构：

《国务院关于企业职工养老保险制度改革的决定》（国发〔1991〕33号）发布以来，各地区、各有关部门积极进行企业职工养老保险制度改革，在推进保险费用社会统筹、扩大保险范围、实行职工个人缴费制度和进行社会统筹与个人账户相结合试点等方面取得了一定成效，对保障企业离退休人员基本生活，维护社会稳定和促进经济发展发挥了重要作用。但是，由于这项改革尚处于探索阶段，现行的企业职工养老保险制度还不能适应建立社会主义市场经济体制的要求，必须进一步深化改革。根据《中共中央关于建立社会主义市场经济体制若干问题的决定》精神，经过调查研究和广泛征求意见，现就深化企业职工养老保险制度改革的有关问题通知如下：

一、企业职工养老保险制度改革的目标是：到本世纪末，基本建立起适应社会主义市场经济体制要求，适用城镇各类企业职工和个体劳动者，资金来源多渠道、保障方式多层次、社会统筹与个人账户相结合、权利与义务相对应、管理服务社会化的养老保险体系。基本养老保险应逐步做到对各类企业和劳动者统一制度、统一标准、统一管理和统一调剂使用基金。

二、深化企业职工养老保险制度改革的原则是：保障水平要与我国社会生产力发展水平及各方面的承受能力相适应；社会互济与自我保障相结合，公平与效率相结合；政策统一，管理法制化；行政管理与保险基金管理分开。

三、基本养老保险费用由企业和个人共同负担。实行社会统筹与个人账户相结合。在理顺分配关系，加快个人收入工资化、工资货币化进程的基础上，逐步提高个人缴费比例。提高个人缴费比例的幅度，由各省、自治区、直辖市人民政府根据本地区职工工资增长等情况确定。为适应各地区的不同情况，对实行社会统筹与个人账户相结合提出两个实施办法（见附件），由地、市（不含县级市）提出选择意见报省、自治区人民政府批准，直辖市由市人民政府选择，均报劳动部备案，各地区还可以结合本地实际，对两个实施办法进行修改完善。

四、为了保障企业离退休人员基本生活，各地区应当建立基本养老金正常调整机制。基本养老金可按当地职工上一年度平均工资增长率的一定比例进行调整，具体办法在国家政策指导下由省、自治区、直辖市人民政府确定。

五、国家在建立基本养老保险、保障离退休人员基本生活的同时，鼓励建立企业补充养老保险和个人储蓄性养老保险。企业按规定缴纳基本养老保险费后，可以在国家政策指导下，根据本单位经济效益情况，为职工建立补充养老保险。企业补充养老保险和个人储蓄性养老保险，由企业和个人自主选择经办机构。

六、各地区应充分考虑到养老保险制度改革是一件涉及长远的大事，对企业与个人缴纳养老保险费的比例、发放养老金的标准和基金积累率等问题，要从我国生产力水平比较低、人口众多且老龄化问题日益突出等实际情况出发，兼顾国家、企业、个人三者利益，兼顾目前利益和长远利益，在充分测算论证的基础上进行统筹安排。要严格控制基本养老保险费的收缴比例和基本养老金的发放水平，减轻企业和国家的负担。

七、要根据国家有关规定建立健全养老保险基金的预算管理和财务、会计制度，做好缴费记录和个人账户等基础工作，严格控制管理费的提取和使用，坚持专款专用原则，切实搞好基金管理，确保基金的安全并努力实现其保值增值。当前，养老保险基金的结余额，除留足两个月的支付费用外，80%左右应用于购买由国家发行的社会保险基金特种定向债券，任何单位和个人不得自行决定基金的其他用途。养老保险基金营运所得收益，全部并入基金并免征税费。

八、各地区和有关部门应积极创造条件，提高养老保险管理服务的社会化程度，逐步将企业发放养老金改为社会化发放，技术条件和基础工作较好的地区，可以实行由银行或者邮局直接发放；暂不具备条件的地区，可以由社会保险经办机构发放。社会保险经办机构也可以通过在大型企业设立派出机构等办法，对企业离退休人员进行管理服务。同时要充分发挥各方面的积极性，逐步将主要由企业管理离退休人员转为主要依托社区进行管理，提高社会化管理水平，切实减轻企业负担。

九、要实行社会保险行政管理与基金管理分开、执行机构与监督机构分设的管理体制。社会保险行政管理部门的主要任务是制订政策、规划，加强监督、指导。管理社会保险基金一律由社会保险经办机构负责。各地区和有关部门要设立由政府代表、企业代表、工会代表和离退休人员代表组成的社会保险监督委员会，加强对社会保险政策、法规执行情况和基金管理工作的监督。

十、已经国务院批准，由国务院有关部门和单位直接组织养老保险费用统筹的企业，仍参加主管部门和单位组织的统筹，但要按照社会统筹与个人账户相结合的原则进行改革。

十一、全国城镇企业职工养老保险工作由劳动部负责指导、监督，深化企业职工养老保险制度改革的工作亦由劳动部负责推动。国家体改委要积极参与，可选择一些地方进行深化改革的试点，劳动部要积极给予支持。国家计委、国家经贸委、财政部、中国人民银行等有关部门也应按照各自的职责协同配合，搞好深化改革的工作。

深化企业职工养老保险制度改革是一项十分重要的工作，对于完善社会保障体系，促进改革、发展和稳定具有重要意义。各地区、各有关部门对这项工作要高度重视，切实加强领导，精心组织实施，积极稳妥地推进，务求抓出实效。对深化改革中出现的新情况、新问题，要及时认真地研究解决，重大问题及时报告。

附件：一、企业职工基本养老保险社会统筹与个人账户相结合实施办法之一

二、企业职工基本养老保险社会统筹与个人账户相结合实施办法之二

附件一：企业职工基本养老保险社会统筹与个人账户相结合实施办法之一

一、基本养老保险费用的筹集

基本养老保险费用由单位和个人共同负担。

（一）个人缴纳养老保险费。

职工本人上一年度月平均工资为个人缴费工资基数。月平均工资应按国家统计局规定列入工资总额统计的项目计算，其中包括工资、奖金、津贴、补贴等收入。月平均工资超过当地职工平均工资200%或300%以上的部分，不计入个人缴费工资基数；低于当地职工平均工资60%的，按60%计入。

个人缴费的比例。自本办法实施之日起，职工按不低于个人缴费工资基数3%的比例缴费，以后一般每两年提高1个百分点，最终达到个人账户养老保险费的50%。已离退休人员个人不缴费。

个体工商户本人、私营企业主等非工薪收入者，可以当地上一年度职工月平均工资作为缴费的基数，并由个人按20%左右的费率缴费，其中4%左右进入社会统筹基金，16%左右进入个人账户。

（二）企业缴纳养老保险费。

企业按职工工资总额的一定比例缴纳基本养老保险费。为度过本地区人口老龄化高峰，各地应按照部分积累制的筹资模式，测定长期的统筹费率。目前可先按当地现行的统筹费率缴纳养老保险费，通过提高收缴率和扩大覆盖面等措施，力求统筹费率稳定在测定的标准上并有所下降，以逐步减轻企业负担。

（三）企业缴纳的基本养老保险费在税前列支，个人缴纳的养老保险费不计征个人所得税。基本养老保险基金发生困难时，由同级财政予以支持。

二、建立基本养老保险个人账户

（一）按照社会统筹与个人账户相结合的原则，由社会保险经办机构按照国家技术监督局发布的社会保障号码（国家标准 GB11643－89）或居民身份证号码，为参加基本养老保险的人员每人建立一个终身不变的基本养老保险个人账户。

（二）基本养老保险个人账户按职工工资收入 16%左右的费率记入，包括：

1. 职工本人缴纳的全部养老保险费。

2. 从企业缴纳的养老保险费中按个人缴费工资基数的一定比例划转记入的部分。

上述两项合计为 11%左右。随着个人缴费比例的提高，从企业划转记入的比例相应降低。

3. 从企业缴纳的养老保险费中按当地职工月平均工资的 5%左右划转记入的部分。

（三）基本养老保险个人账户的储存额按“养老基金保值率”计算利息。“养老基金保值率”根据银行的居民定期存款利率，并参考当地上一年度职工平均工资增长率确定。

（四）职工在同一地区范围内调动工作，不变换基本养老保险个人账户。职工由于各种原因中断工作，其个人账户予以保留。职工调动或中断工作前后个人账户的储存额可以累积计算，不间断计息。

（五）职工在不同地区之间调动工作，基本养老保险个人账户的全部储存额由调出地社会保险经办机构向调入地社会保险经办机构划转，调入地社会保险经办机构为其建立基本养老保险个人账户。

（六）职工基本养老保险个人账户的储存额，只能用于职工本人离退休后按月支付养老金，不能移做他用。

（七）职工在离退休前或者离退休后死亡，其基本养老保险个人账户的储存额尚未领取或未领取完，其余额中的个人缴费部分，按照规定发给职工指定的受益人或法定继承人；从企业缴纳的养老保险费中计入的部分，归入社会统筹基金。职工离退休后，基本养老保险个人账户的储存额已领取完毕时，由社会统筹基金按规定标准继续支付，直至其死亡。

（八）建立基本养老保险社会统筹基金。企业缴纳的养老保险费的一部分进入社会统筹基金。原有离退休人员的养老金、改革时已有一定工龄的职工离退休后的部分养老金、寿命长和收入低的职工的部分养老金，以及根据在职职工工资增长调整养老金水平所需资金，按规定从社会统筹基金中支付。

三、基本养老保险金计发办法

职工到达法定离退休年龄，凡个人缴费累计满 15 年，或本办法实施前参加工作连续工龄（包括缴费年限）满 10 年的人员，均可享受基本养老保险待遇，按月领取养老金。

为确保职工离退休后的基本生活，又能体现本人在职期间的贡献大小和个人缴费多少，实行基本养老保险金与个人缴费的年限和数额挂钩。相应的计发办法是，以个人账户累计储存额（包括本金和利息），按离退休后的预期平均寿命按月计发。

鉴于在职职工以前没有实行个人缴费，有些职工实行个人缴费后不久即将离退休，因此分别不同对象，采用不同的计发办法，以使新老养老保险制度有机衔接，平稳过渡。

（一）凡本办法实施后参加工作的职工，达到法定离退休年龄离退休时，一律按基本养老保险个人账户的储存额，按月支付基本养老金。计算公式为：

$$\text{月基本养老金}=\text{基本养老保险个人账户储存额}\div 120$$

（二）本办法实施前已经离退休的人员，仍按原来的办法计发养老金，同时享受改革后的养老金调整待遇。本办法实施前参加工作、实施后 3 年内达到法定离退休年龄离退休的职工，在按改革前原养老金计发办法计发的同时，再按缴费期个人账户累计储存额的一定比例增发养老金。计算公式为：

$$\begin{matrix}\text{月基本}\\\text{养老金}\end{matrix}=\begin{matrix}\text{按改革前原计发}\\\text{办法计发的养老金}\end{matrix}+\begin{matrix}\text{基本养老保险}\\\text{个人账户储存额}\end{matrix}\times\begin{matrix}\text{增发}\\\text{比例}\end{matrix}$$

确定增发比例的原则是，使同一工资水平的职工，后离退休的养老金比先离退休的略有增加，但差距不宜太大。

（三）本办法实施前参加工作、实施 3 年后达到法定离退休年龄离退休的职工，其在本办法实施前的工作年限可视同缴费年限，以职工个人账户中的储存额推算出全部工作年限的储存额，再除以 120，按月计发基本养老金。计算公式为：

$$\text{月基本养老金}=\begin{matrix}\text{基本养老保险}\\\text{个人账户储存额}\end{matrix}\times\text{系数}\div 120$$

设置系数是为了推算出其全部工作年限的储存额，以及合理调整过渡期间不同人员的养老金待遇。系数根据工龄和缴费年限制定。

少数职工按第（三）条计发的养老金如果低于按第（二）条计发的金额，可改按第（二）条计发。

（四）职工的离退休年龄，按现行规定不变。对国家规定可以提前离退休的从事高空、井下、高温、低温、有毒、有害工作和特别繁重体力劳动的职工，仍可按国家规定的离退休年龄执行，离退休时按本办法计发基本养老金。

（五）本办法实施后，职工获得劳动模范等称号时，由奖励单位给予一次性奖励或由单位为其办理补充养老保险，离退休时不另外提高基本养老金计发标准。对本办法实施前获得国家规定可享受养老保险优惠待遇的劳动模范等称号的职工，离退休时仍保留优惠待遇。

（六）离退休人员养老金最低标准，由地方政府制定。凡符合按月领取养老金条件的离退休人员，养老金达不到最低标准的，可补足到规定的养老金最低标准。

（七）本办法实施前参加工作、连续工龄（包括缴费年限）不满 10 年，或者本办法实施后参加工作、缴费不满 15 年，达到退休年龄的人员，按其基本养老保险个人账户中的全部储存额一次性支付给本人，同时终止养老保险关系。

（八）符合离休条件的人员，其离休待遇仍按国家现行规定执行。

附件二：企业职工基本养老保险社会统筹与个人账户相结合实施办法之二

一、基本养老保险费用的筹集

（一）职工本人上一年度月平均工资为个人缴纳基本养老保险费的基数（以下简称缴费工资基数）。企业以全部职工缴费工资基数之和为企业缴费工资基数。月平均工资应按国家统计局规定列入工资总额统计的项目计算，其中包括工资、奖金、津贴、补贴等收入。职工月平均工资低于当地职工平均工资60%的，按60%计算缴费工资基数；超过当地职工平均工资300%的部分不计入缴费工资基数，也不计入计发养老金的基数。

（二）基本养老保险费由企业和职工个人共同缴纳。企业和职工个人共同缴纳养老保险费的年限，称为“缴费年限”。实行个人缴费制度前，职工的连续工龄可视同缴费年限。

（三）企业按当地政府规定的比例缴费，并在税前列支。

职工按当地政府规定的比例缴费。个人缴纳的养老保险费不计征个人所得税。个人缴费比例随着职工工资收入的增长而逐步提高。具体比例由当地政府根据本地实际需要和职工承受能力确定。已离退休人员不缴纳养老保险费。

（四）个体工商户本人、私营企业主等非工薪收入者，可以当地全部职工月平均工资作为基数，缴纳基本养老保险费。缴费比例不超过当地企业缴费比例与个人缴费比例之和，具体比例由当地政府规定。缴费年限自开始缴费始，至到达法定退休年龄时止。

（五）社会统筹基金发生困难时，由同级财政予以支持。

二、建立基本养老保险个人账户

（一）按照社会统筹与个人账户相结合的原则，由社会保险经办机构按照国家技术监督局发布的社会保障号码（国家标准GB11643－89），为每个参加基本养老保险的人员建立基本养老保险个人账户。企业和个人缴纳的养老保险费逐月计入职工养老保险手册和个人账户。手册和个人账户由所在企业填写，社会保险经办机构定期审核，职工本人保管。职工离退休时，按照手册中记载的缴费工资和个人账户中的储存额（包括本金和利息）为其计发养老金。

（二）个人账户包括：

1. 职工个人缴费的全部或者一部分记入个人账户；

2. 企业缴费中，职工缴费工资基数高于当地职工平均工资200%以上至300%的部分，可以全部或者一部分记入个人账户；

3. 上述储存额的利息。

个人账户中还应当记录企业和职工个人的缴费工资基数以及缴费比例。

（三）个人账户中储存额的利息，按照养老保险基金营运的实际收益计算。

（四）职工在同一地区内调动工作，不变换个人账户。职工由于各种原因停止工作或失业而间断缴纳养老保险费的，其个人账户予以保留。职工调动或中断工作前后缴费年限可以累积计算，个人账户储存额不间断计息。

职工在不同地区之间调动工作，个人账户及其储存额应随同转移。

三、基本养老保险金计发办法

（一）缴费年限满10年及以上的，按以下办法计发养老金：

1. 社会性养老金：按当地职工平均工资的20%～25%计发，具体比例由当地政府确定。

2. 缴费性养老金：个人及企业缴费每满1年，按缴费工资基数的1.0%～1.4%计发，具体系数由当地政府确定。社会性养老金和缴费性养老金从养老保险社会统筹基金中支付，按月计发。

3. 个人账户养老金：记入基本养老保险个人账户的储存额（包括本金和利息）归个人所有，职工符合离退休条件离退休后，可以由本人选择一次或者多次或者按月领取。职工或离退休人员死亡后，其个人账户储存额的结余部分一次发给其指定的受益人或者法定继承人。职工未达到规定离退休条件但遇到非常特殊的困难时，经过申请、审查和批准，可以在个人账户中提前支取一部分费用，具体办法另行规定。

4. 随着个人账户养老金逐年增加，逐步冲减基本养老金中保留的各种补贴，以至缴费性养老金。逐步将基本养老金调整到与我国经济发展相适应的合理水平。

（二）缴费年限不满 10 年的，社会性养老金和缴费性养老金按缴费每满 1 年发给相当于两个月当地职工平均工资的养老金，一次付清。个人账户养老金按个人账户的储存额（包括本金和利息）计发，一次付清。

（三）职工的离退休年龄和离退休后其他待遇，暂不作变动。

从事高空、井下、高温、低温、有毒、有害工作和特别繁重体力劳动的职工，仍可按国家规定的离退休年龄执行，离退休时按本办法计发基本养老金。

（四）本办法实施后，职工获得劳动模范等称号时，由奖励单位给予一次性奖励或由本单位为其办理补充养老保险，离退休时不另外提高基本养老金计发标准。对本办法实施前获得国家规定可享受养老保险优惠待遇的劳动模范等称号的职工，离退休时仍保留原规定的优惠待遇。

（五）符合离休条件的人员，其离休待遇仍按国家现行规定执行。

附录6 关于建立统一的企业职工基本养老保险制度的决定

国发〔1997〕26号

（1997年7月16日颁布）

各省、自治区、直辖市人民政府，国务院各部委、各直属机构：

近年来，各地区和有关部门按照《国务院关于深化企业职工养老保险制度改革的通知》（国发〔1995〕6号）要求，制定了社会统筹与个人账户相结合的养老保险制度改革方案，建立了职工基本养老保险个人账户，促进了养老保险新机制的形成，保障了离退休人员的基本生活，企业职工养老保险制度改革取得了新的进展。但是，由于这项改革仍处在试点阶段，目前还存在基本养老保险制度不统一、企业负担重、统筹层次低、管理制度不健全等问题，必须按照党中央、国务院确定的目标和原则，进一步加快改革步伐，建立统一的企业职工基本养老保险制度，促进经济与社会健康发展。为此，国务院在总结近几年改革试点经验的基础上作出如下决定：

一、到本世纪末，要基本建立起适应社会主义市场经济体制要求，适用城镇各类企业职工和个体劳动者，资金来源多渠道、保障方式多层次、社会统筹与个人账户相结合、权利与义务相对应、管理服务社会化的养老保险体系。企业职工养老保险要贯彻社会互济与自我保障相结合、公平与效率相结合、行政管理与基金管理分开等原则，保障水平要与我国社会生产力发展水平及各方面的承受能力相适应。

二、各级人民政府要把社会保险事业纳入本地区国民经济与社会发展计划，贯彻基本养老保险只能保障退休人员基本生活的原则，把改革企业职工养老保险制度与建立多层次的社会保障体系紧密结合起来，确保离退休人员基本养老金和失业人员失业救济金的发放，积极推行城市居民最低生活保障制度。为使离退休人员的生活随着经济与社会发展不断得到改善，体现按劳分配原则和地区发展水平及企业经济效益的差异，各地区和有关部门要在国家政策指导下大力发展企业补充养老保险，同时发挥商业保险的补充作用。

三、企业缴纳基本养老保险费（以下简称企业缴费）的比例，一般不得超过企业工资总额的 20%（包括划入个人账户的部分），具体比例由省、自治区、直辖市人民政府确定。少数省、自治区、直辖市因离退休人数较多、养老保险负担过重，确需超过企业工资总额 20%的，应报劳动部、财政部审批。个人缴纳基本养老保险费（以下简称个人缴费）的比例，1997 年不得低于本人缴费工资的 4%，1998 年起每两年提高 1 个百分点，最终达到本人缴费工资的 8%。有条件的地区和工资增长较快的年份，个人缴费比例提高的速度应适当加快。

四、按本人缴费工资 11%的数额为职工建立基本养老保险个人账户，个人缴费全部记入个人账户，其余部分从企业缴费中划入。随着个人缴费比例的提高，企业划入的部分要逐步降至3%。个人账户储存额，每年参考银行同期存款利率计算利息。个人账户储存额只用于职工养老，不得提前支取。职工调动时，个人账户全部随同转移。职工或退休人员死亡，个人账户中的个人缴费部分可以继承。

五、本决定实施后参加工作的职工、个人缴费年限累计满15年的，退休后按月发给基本养老金。基本养老金由基础养老金和个人账户养老金组成。退休时的基础养老金月标准为省、自治区、直辖市或地（市）上年度职工月平均工资的20%，个人账户养老金月标准为本人账户储存额除以120。个人缴费年限累计不满15年的，退休后不享受基础养老金待遇，其个人账户储存额一次性支付给本人。

本决定实施前已经离退休的人员，仍按国家原来的规定发给养老金，同时执行养老金调整办法。各地区和有关部门要按照国家规定进一步完善基本养老金正常调整机制，认真抓好落实。

本决定实施前参加工作、实施后退休且个人缴费和视同缴费年限累计满15年的人员，按照新老办法平衡衔接、待遇水平基本平衡等原则，在发给基础养老金和个人账户养老金的基础上再确定过渡性养老金，过渡性养老金从养老保险基金中解决。具体办法，由劳动部会同有关部门制订并指导实施。

六、进一步扩大养老保险的覆盖范围，基本养老保险制度要逐步扩大到城镇所有企业及其职工。城镇个体劳动者也要逐步实行基本养老保险制度，其缴费比例和待遇水平由省、自治区、直辖市人民政府参照本决定精神确定。

七、抓紧制定企业职工养老保险基金管理条例，加强对养老保险基金的管理。基本养老保险基金实行收支两条线管理，要保证专款专用，全部用于职工养老保险，严禁挤占挪用和挥霍浪费。基金结余额，除预留相当于2个月的支付费用外，应全部购买国家债券和存入专户，严格禁止投入其他金融和经营性事业。要建立健全社会保险基金监督机构，财政、审计部门要依法加强监督，确保基金的安全。

八、为有利于提高基本养老保险基金的统筹层次和加强宏观调控，要逐步由县级统筹向省或省授权的地区统筹过渡。待全国基本实现省级统筹后，原经国务院批准由有关部门和单位组织统筹的企业，参加所在地区的社会统筹。

九、提高社会保险管理服务的社会化水平，尽快将目前由企业发放养老金改为社会化发放，积极创造条件将离退休人员的管理服务工作逐步由企业转向社会，减轻企业的社会事务负担。各级社会保险机构要进一步加强基础建设，改进和完善服务与管理工作，不断提高工作效率和服务质量，促进养老保险制度的改革。

十、实行企业化管理的事业单位，原则上按照企业养老保险制度执行。建立统一的企业职工基本养老保险制度是深化社会保险制度改革的重要步骤，关系改革、发展和稳定的全局。各地区和有关部门要予以高度重视，切实加强领导，精心组织实施。劳动部要会同国家体改委等有关部门加强工作指导和监督检查，及时研究解决工作中遇到的问题，确保本决定的贯彻实施。

附录7 国务院关于实行企业职工基本养老保险省级统筹和行业统筹移交地方管理有关问题的通知

国发（1998）28号

（1998年8月6日颁布）

各省、自治区、直辖市人民政府，国务院各部委、各直属机构：

为了深化企业职工养老保险制度改革，加强基本养老保险基金管理和调剂力度，确保企业离退休人员基本养老金的按时足额发放，国务院决定，加快实行企业职工基本养老保险省级统筹，并将铁道部、交通部、信息产业部（原邮电部部分）、水利部、民航总局、煤炭局（原煤炭部）、有色金属局（原中国有色金属工业总公司）、国家电力公司（原电力部）、中国石油天然气集团公司和中国石油化工集团公司（原石油天然气总公司部分）、银行系统（工商银行、农业银行、中国银行、建设银行、交通银行、中保集团）、中国建筑工程总公司组织的基本养老保险行业统筹移交地方管理。现就有关问题通知如下：

一、加快实行企业职工基本养老保险省级统筹

（一）1998年底以前，各省、自治区、直辖市（以下简称省、区、市）要实行企业职工基本养老保险省级统筹（以下简称省级统筹），建立基本养老保险基金省级调剂机

制，调剂金的比例以保证省、区、市范围内企业离退休人员基本养老金的按时足额发放为原则。到2000年，在省、区、市范围内，要基本实现统一企业缴纳基本养老保险费比例，统一管理和调度使用基本养老保险基金，对社会保险经办机构实行省级垂直管理。

（二）省级统筹的范围包括，省、区、市（含计划单列市、副省级省会城市、经济特区、开发区等）内的国有企业、集体企业、外商投资企业、私营企业等城镇各类企业及其职工。城镇个体经济组织及其从业人员也应参加基本养老保险并纳入省级统筹。

（三）从1998年9月1日起，目前实行基本养老保险基金差额缴拨的地区，要改变基金结算方式，对企业和职工个人全额征收基本养老保险费，对企业离退休人员全额支付基本养老金。各省、区、市要积极创造条件，加快实现企业离退休人员基本养老金的社会化发放，推进社会化管理进程。

二、按期完成基本养老保险行业统筹移交地方管理

（四）在1998年8月31日以前，实行基本养老保险行业统筹（以下简称行业统筹）企业的基本养老保险工作，按照先移交后调整的原则，全部移交省、区、市管理。从1998年9月1日起，由省、区、市社会保险经办机构负责收缴行业统筹企业基本养老保险费和发放离退休人员基本养老金。跨省、区、市的，按单位或其分支机构的注册登记地进行属地划分，其基本养老保险工作分别移交所在省、区、市社会保险经办机构管理。行业统筹在各省、区、市的省级社会保险经办机构暂予保留，待地方政府机构改革时再统筹研究。

（五）行业统筹移交地方管理后，1998年内，企业和职

工个人缴纳基本养老保险费的比例保持不变。从 1999 年起，调整企业缴纳基本养老保险费比例，起步时不低于企业工资总额的 13%，以后逐步过渡到与地方企业相同的比例。根据行业的具体情况，煤炭、银行、民航企业的过渡期为 5 年，其他行业企业的过渡期原则上为 3 年。从 1999 年 1 月 1 日起，职工个人缴纳基本养老保险费的比例按省、区、市确定的统一比例执行，一次到位。

从 1998 年 1 月 1 日起，统一按本人缴费工资 11%的数额调整或建立职工基本养老保险个人账户，移交前后的个人账户储存额合并计算。

（六）行业统筹移交地方管理后，原行业统筹企业已离退休人员的基本养老保险原待遇原则上维持不变，其中经原劳动部、财政部批准的统筹项目内的部分由省级统筹的基本养老保险基金支付，未列入统筹项目的部分由企业支付。行业统筹移交地方管理以后退休的人员，基本养老保险待遇按照省、区、市的办法执行，对于按原行业统筹计发办法计算高于按地方计发办法计算的部分，可由各省、区、市采用加发补贴的办法解决，所需费用从省级统筹的基本养老保险基金中支付，补贴的标准逐年调整，5 年后执行省、区、市的计发办法。

（七）行业统筹积累的基本养老保险基金，全部移交给省、区、市社会保险经办机构管理，其中存在省、区、市以下社会保险经办机构的，随同行业统筹移交地方管理一并移交给地方；存在中央部门的，主要用于解决移交过程中的地区不平衡问题。具体移交办法由劳动保障部、财政部统一研究制定并尽快下发。行业统筹企业建立的补充养老保险，要逐步加以规范，由劳动保障部审查同意的机构经办。补充养老保险积累的基金不移交地方。

（八）加快行业统筹移交地方管理，是实行省级统筹的重要保证。行业统筹移交地方管理的工作由劳动保障部会同财政部组织实施。行业统筹移交地方管理后，企业缴纳基本养老保险费的比例调整和对退休人员的补贴办法等，各省、区、市要报劳动保障部，劳动保障部与财政部同意后，由省、区、市人民政府批准实施。

三、加强领导，严肃纪律，确保按时足额发放企业离退休人员基本养老金

（九）各省、区、市人民政府、各有关部门和单位要统一认识，加强领导，积极稳妥地推进省级统筹和行业统筹移交地方管理的工作，要按照本通知规定的程序和进度，抓紧进行，认真落实。要严肃纪律，不能搞提前退休，不得擅自提高待遇，不准借交接之机挪用基本养老保险基金，对被挤占挪用的基本养老保险基金，要从严从快清查收回。各省、区、市人民政府要采取切实有效措施，按期建立省级统筹，保证基本养老保险基金在省、区、市范围内调剂使用，确保按时足额发放企业离退休人员的基本养老金，不得再发生新的拖欠，对以前拖欠的要逐步予以补发。对发放企业离退休人员基本养老金确有困难的地区，1998 年中央财政给予适当支持。

（十）实行省级统筹和行业统筹移交地方管理，时间紧、任务重、政策性强，涉及各方面利益的调整和社会的稳定，各省、区、市人民政府、各有关部门和单位要高度重视，精心组织实施。劳动保障部、财政部要加强指导，保证省级统筹和行业统筹移交地方管理工作的顺利完成。

附录8 关于建立基本养老保险省级统筹制度有关问题的通知

劳社部发〔1999〕37号

（1999年12月30日颁布）

各省、自治区、直辖市劳动（劳动和社会保障）厅（局），财政厅（局）：

党的十五届四中全会通过的《中共中央关于国有企业改革和发展若干重大问题的决定》提出，要“进一步完善基本养老保险省级统筹制度，增强基金调剂能力”。为贯彻落实中央决定精神，加快建立和完善企业职工基本养老保险省级统筹制度（以下简称省级统筹），现就有关问题通知如下：

一、各省、区、市要认真贯彻落实《国务院关于实行企业职工基本养老保险省级统筹和行业统筹移交地方管理有关问题的通知》（国发〔1998〕28号）精神，加快建立省级统筹制度，在省、区、市范围内统一管理和调度使用基本养老保险基金，统一企业和职工个人缴纳基本养老保险费的缴费基数和缴费比例，统一基本养老金的支付项目、计发办法和调整制度。尚未实现省级统筹的省份，须建立健全省级调剂金办法，并积极采取切实有效措施，逐步建立省级统筹制度。

二、各地要严格按照国家和省级政府规定的统筹项目和办法计发基本养老金，地（市）和企业自行增加的项目和提高的标准，不能作为省级统筹支付项目。目前仍实行职工工资总额和离退休费总额两个基数或按两项之和为基数缴纳基本养老保险费的地区，从2000年起改为按职工工资总额为基数缴纳基本养老保险费。要通过扩大基本养老保险覆盖范围、加强基金征缴和提高个人缴费比例等措施，逐步降低和统一企业缴费比例。目前在全省范围内统一企业缴费比例确有困难的，可由省级人民政府根据所辖地区经济发展和基本养老保险负担水平等因素划分若干档次（最多不超过5个），在条件相近的地区实行同一缴费比例，经过调整，逐步达到统一。

三、实行省级调剂金制度的地区，要在2000年内取消县（市）统筹，改为地（市）统筹或省级调剂；省级调剂金筹集规模应以保证全省、区、市企业离退休人员基本养老金按时足额发放为原则，筹集比例由各省、区、市人民政府确定。各省、区、市严格执行基本养老保险基金收支预决算管理，通过核定地（市）基本养老保险基金收支计划、严格执行基金上解下拨计划等措施和手段，保证省级调剂金上解到位。地（市）上缴调剂金后超计划征缴的基金，可全部或大部分留存在地（市），由地（市）管理和调剂使用；地（市）超计划支付的基金，主要由地（市）用留存的基金弥补，不足部分由同级政府解决。

要制定省级调剂金的管理使用办法，提高管理使用的透明度。调剂金的使用要与以下指标挂钩：（1）应缴省级调剂金上解率；（2）基本养老保险覆盖率；（3）基金征缴率；（4）基本养老金社会化发放率；（5）基本养老保险替代率；（6）企业欠费追缴率及挤占挪用基金回收率等。省级社会保险经办机构每年应向地（市）公布省级调剂金的收入、支出和结余情况。省级直接经办的基本养老保险基金应与省级调剂金分账管理。

四、各地要严格执行党中央、国务院关于将原行业统筹企业移交地方管理的有关决定，将原行业统筹企业纳入省级统筹，并在省级范围内实行基金调剂，确保其离退休人员基本养老金由省级社会服务机构按时足额发放，任何地区不得对原行业统筹企业实行封闭运行。

五、各级劳动保障部门要积极争取政府的支持，认真做好省级统筹以及扩大基本养老保险覆盖范围、强化基本养老保险基金全额征缴和确保基本养老金发放等项工作。各级劳动保障部门和财政部门要相互支持，加强合作。财政部门对社会保险经办机构的人员经费和各项业务经费给予必要的保证，并积极创造条件，支持省级统筹制度的建立。

各省、区、市规范省级统筹和建立省级调剂金的方案及具体实施办法要报劳动保障部和财政部备案。

附录9 关于对户籍不在参保地的人员办理退休手续有关问题的复函

劳社厅函〔2002〕190号

（2002年5月30日颁布）

上海市劳动和社会保障局：

你局《关于参加养老保险统筹但户籍不在参保地的人员办理退休手续等问题的请示》（沪劳保养字〔2002〕13号）收悉。经研究，答复如下：

一、参保人员因工作流动在不同地区参保的，不论户籍在何地，其在最后参保地的个人实际缴费年限，与在其他地区工作的实际缴费年限及符合国家规定的视同缴费年限，应合并计算，作为享受基本养老金的条件。

二、参保人员达到法定退休年龄时，其退休手续由其最后参保地的劳动保障部门负责办理，并由最后参保地的社会保险经办机构支付养老保险待遇。

三、在非户籍地参保的原行业统筹企业的职工，与原单位终止劳动合同并失业后，在实现再就业前，原参保地社会保险经办机构应保留其养老保险关系。在异地实现再就业的，原参保地社会保险经办机构应为其及时办理养老保险关系的转移手续，接受地的社会保险经办机构要及时为其接续基本养老保险关系。

附录10 国务院关于完善企业职工基本养老保险制度的决定

国发［2005］38号
（2005年12月3日颁布）

各省、自治区、直辖市人民政府，国务院各部委、各直属机构：

近年来，各地区和有关部门按照党中央、国务院关于完善企业职工基本养老保险制度的部署和要求，以确保企业离退休人员基本养老金按时足额发放为中心，努力扩大基本养老保险覆盖范围，切实加强基本养老保险基金征缴，积极推进企业退休人员社会化管理服务，各项工作取得明显成效，为促进改革、发展和维护社会稳定发挥了重要作用。但是，随着人口老龄化、就业方式多样化和城市化的发展，现行企业职工基本养老保险制度还存在个人账户没有做实、计发办法不尽合理、覆盖范围不够广泛等不适应的问题，需要加以改革和完善。为此，在充分调查研究和总结东北三省完善城镇社会保障体系试点经验的基础上，国务院对完善企业职工基本养老保险制度作出如下决定：

一、完善企业职工基本养老保险制度的指导思想和主要任务。以邓小平理论和“三个代表”重要思想为指导，认真贯彻党的十六大和十六届三中、四中、五中全会精神，按照落实科学发展观和构建社会主义和谐社会的要求，统筹考虑当前和长远的关系，坚持覆盖广泛、水平适当、结构合理、基金平衡的原则，完善政策，健全机制，加强管理，建立起适合我国国情，实现可持续发展的基本养老保险制度。主要任务是：确保基本养老金按时足额发放，保障离退休人员基本生活；逐步做实个人账户，完善社会统筹与个人账户相结合的基本制度；统一城镇个体工商户和灵活就业人员参保缴费政策，扩大覆盖范围；改革基本养老金计发办法，建立参保缴费的激励约束机制；根据经济发展水平和各方面承受能力，合理确定基本养老金水平；建立多层次养老保险体系，划清中央与地方、政府与企业及个人的责任；加强基本养老保险基金征缴和监管，完善多渠道筹资机制；进一步做好退休人员社会化管理工作，提高服务水平。

二、确保基本养老金按时足额发放。要继续把确保企业离退休人员基本养老金按时足额发放作为首要任务，进一步完善各项政策和工作机制，确保离退休人员基本养老金按时足额发放，不得发生新的基本养老金拖欠，切实保障离退休人员的合法权益。对过去拖欠的基本养老金，各地要根据《中共中央办公厅 国务院办公厅关于进一步做好补发拖欠基本养老金和企业调整工资工作的通知》要求，认真加以解决。

三、扩大基本养老保险覆盖范围。城镇各类企业职工、个体工商户和灵活就业人员都要参加企业职工基本养老保险。当前及今后一个时期，要以非公有制企业、城镇个体工商户和灵活就业人员参保工作为重点，扩大基本养老保险覆盖范围。要进一步落实国家有关社会保险补贴政策，帮助就业困难人员参保缴费。城镇个体工商户和灵活就业人员参加基本养老保险的缴费基数为当地上年度在岗职工平均工资，缴费比例为20%，其中8%记入个人账户，退休后按企业职工基本养老金计发办法计发基本养老金。

四、逐步做实个人账户。做实个人账户，积累基本养老保险基金，是应对人口老龄化的重要举措，也是实现企业职工基本养老保险制度可持续发展的重要保证。要继续抓好东北三省做实个人账户试点工作，抓紧研究制订其他地区扩大做实个人账户试点的具体方案，报国务院批准后实施。国家制订个人账户基金管理和投资运营办法，实现保值增值。

五、加强基本养老保险基金征缴与监管。要全面落实《社会保险费征缴暂行条例》的各项规定，严格执行社会保险登记和缴费申报制度，强化社会保险稽核和劳动保障监察执法工作，努力提高征缴率。凡是参加企业职工基本养老保险的单位和个人，都必须按时足额缴纳基本养老保险费；对拒缴、瞒报少缴基本养老保险费的，要依法处理；对欠缴基本养老保险费的，要采取各种措施，加大追缴力度，确保基本养老保险基金应收尽收。各地要按照建立公共财政的要求，积极调整财政支出结构，加大对社会保障的资金投入。

基本养老保险基金要纳入财政专户，实行收支两条线管理，严禁挤占挪用。要制定和完善社会保险基金监督管理的法律法规，实现依法监督。各省、自治区、直辖市人民政府要完善工作机制，保证基金监管制度的顺利实施。要继续发挥审计监督、社会监督和舆论监督的作用，共同维护基金安全。

六、改革基本养老金计发办法。为与做实个人账户相衔接，从2006年1月1日起，个人账户的规模统一由本人缴费工资的11%调整为8%，全部由个人缴费形成，单位缴费不再划入个人账户。同时，进一步完善鼓励职工参保缴费的激励约束机制，相应调整基本养老金计发办法。

《国务院关于建立统一的企业职工基本养老保险制度的决定》（国发［1997］26号）实施后参加工作、缴费年限（含视同缴费年限，下同）累计满15年的人员，退休后按月发给基本养老金。基本养老金由基础养老金和个人账户养老金组成。退休时的基础养老金月标准以当地上年度在岗职工月平均工资和本人指数化月平均缴费工资的平均值为基数，缴费每满1年发给1%。个人账户养老金月标准为个人账户储存额除以计发月数，计发月数根据职工退休时城镇人口平均预期寿命、本人退休年龄、利息等因素确定。

国发［1997］26号文件实施前参加工作、本决定实施后退休且缴费年限累计满15年的人员，在发给基础养老金和个人账户养老金的基础上，再发给过渡性养老金。各省、自治区、直辖市人民政府要按照待遇水平合理衔接、新老政策平稳过渡的原则，在认真测算的基础上，制订具体的过渡办法，并报劳动保障部、财政部备案。

本决定实施后到达退休年龄但缴费年限累计不满15年的人员，不发给基础养老金；个人账户储存额一次性支付给本人，终止基本养老保险关系。

本决定实施前已经离退休的人员，仍按国家原来的规定发给基本养老金，同时执行基本养老金调整办法。

七、建立基本养老金正常调整机制。根据职工工资和物价变动等情况，国务院适时调整企业退休人员基本养老金水平，调整幅度为省、自治区、直辖市当地企业在岗职工平均工资年增长率的一定比例。各地根据本地实际情况提出具体调整方案，报劳动保障部、财政部审批后实施。

八、加快提高统筹层次。进一步加强省级基金预算管理，明确省、市、县各级人民政府的责任，建立健全省级基金调剂制度，加大基金调剂力度。在完善市级统筹的基础上，尽快提高统筹层次，实现省级统筹，为构建全国统一的劳动力市场和促进人员合理流动创造条件。

九、发展企业年金。为建立多层次的养老保险体系，增强企业的人才竞争能力，更好地保障企业职工退休后的生活，具备条件的企业可为职工建立企业年金。企业年金基金实行完全积累，采取市场化的方式进行管理和运营。要切实做好企业年金基金监管工作，实现规范运作，切实维护企业和职工的利益。

十、做好退休人员社会化管理服务工作。要按照建立独立于企业事业单位之外社会保障体系的要求，继续做好企业退休人员社会化管理工作。要加强街道、社区劳动保障工作平台建设，加快公共老年服务设施和服务网络建设，条件具备的地方，可开展老年护理服务，兴建退休人员公寓，为退休人员提供更多更好的服务，不断提高退休人员的生活质量。

十一、不断提高社会保险管理服务水平。要高度重视社会保险经办能力建设，加快社会保障信息服务网络建设步伐，建立高效运转的经办管理服务体系，把社会保险的政策落到实处。各级社会保险经办机构要完善管理制度，制定技术标准，规范业务流程，实现规范化、信息化和专业化管理。同时，要加强人员培训，提高政治和业务素质，不断提高工作效率和服务质量。

完善企业职工基本养老保险制度是构建社会主义和谐社会的重要内容，事关改革发展稳定的大局。各地区和有关部门要高度重视，加强领导，精心组织实施，研究制订具体的实施意见和办法，并报劳动保障部备案。劳动保障部要会同有关部门加强指导和监督检查，及时研究解决工作中遇到的问题，确保本决定的贯彻实施。

本决定自发布之日起实施，已有规定与本决定不一致的，按本决定执行。

参考文献

（以在书中出现的先后为序）

1. 胡鞍钢. 利国利民、长治久安的奠基石——关于建立全国统一基本社会保障制度、开征社会保障税的建议 [J]. 改革，2001 (4).
2. 林治芬. 我国养老保险的地区差异及其转移支付 [J]. 财经研究，2002 (5).
3. 朱庆芳. 1993 年各省市区社会保障水平的比较与评价 [J]. 社会学研究，1995 (5).
4. 冯兰瑞. 论社会保障管理体制的统与分 [J]. 改革，1994 (4).
5. 冯兰瑞. 再论社会保障管理体制的统与分 [J]. 改革，1996 (2).
6. 王东进. 中国社会保障制度的改革与发展 [M]. 北京：法律出版社，2001.
7. 王东进. 深化我国社会保障制度改革 [J]. 管理世界，1997 (2).
8. 莫玲娜、郑卒. 对我国统一社会保障制度若干问题的思考 [J]. 南京经济学院学报，1999 (4).
9. 杨阳腾. 深圳社会保险改革的调查. www.homeway.com.cn.
10. 李京文. 借鉴国际经验，建立具有中国特色的社会保障制度. 中国社会科学院研究生院学报，1998（5）.
11. 刘智峰. 第七次革命——1998 年中国政府机构改革备忘录（上）[M]. 北京：经济日报出版社，1998.
12. 李卫平. 中国农村健康保障的选择 [M]. 北京：中国财政经济出版社，2002.
13. 张晓青. 劳动就业和社会保障综合指标体系的构建 [J]. 南方人口，2002（1）.
14. 黄范章. 建立全国统一的社会保障制度 [J]. 中国工业经济，1993（4）.
15. 黄范章. 从建立全国社会保障基金到“基金所有制” [J]. 中国工业经济，2000（10）.
16. 冯兰瑞. 社会保障社会化与养老基金省级统筹 [J]. 中国社会保障，2002（10）.
17. 石忆邵、王克强. 长江三角洲地区协调发展的特征及问题探讨 [J]. 同济大学学报（社会科学版），2002（6）.
18. 吴永红. 试论我国区域经济发展中的社会保障制度 [J]. 经济师，2002（1）.
19. 夏禹龙、冯之浚. 梯度理论和区域经济 [J]. 研究与建议，1982（8）.
20. 顾朝林. 城市经济区理论与应用 [M]. 长春：吉林科学出版社，1991.
21. 国际货币基金组织. 世界经济展望 [M]. 北京：中国金融出版社，1991.
22. 张蕴岭等. 西欧的区域发展 [M]. 北京：中国展望出版社，1998.
23. 韦伟. 中国经济发展中的区域差异与区域协调 [M]. 合肥：安徽人民出版社，1995.

24. 殷存毅．区域协调发展：一种制度性的分析［J］．清华评论，2004（2）．

25. 唐士其著．国家与社会的关系［M］．北京：北京大学出版社，1998.

26. 钟仁耀．养老保险改革国际比较研究［M］．上海：上海财经大学出版社，2004.

27. 胡鞍钢、邹平．社会与发展——中国社会发展地区差距研究［M］．杭州：浙江人民出版社，2000.

28. 王绍光．分权的底线［J］．战略与管理，1995（2）．

29. 周太忠．德国居民社会保障中的地区差别［J］．管理科学文摘，1994（2）．

30. 汤大华等．市政府管理［M］．北京：中国广播电视出版社，1998.

31. 张立荣．中外行政制度比较［M］．北京：经济日报出版社，1989.

32. 卢洪友．中国分税制财政体制改革的十大成效．玖玖税网，http：//www. 99tax. com/html/2004 - 7 - 22/1806. htm.

33. 王全兴．社会保障财政制度研究．经济法网，http：//www. economiclaws. net/tonggao/list. asp? id＝703.

34. 樊勇明、杜莉．公共经济学［M］．上海：复旦大学出版社，2001 .

35. “中国社会保障体系研究”课题组．中国社会保障制度改革：反思与重构［J］．社会学研究，2000（6）．

36. 中国社会科学院中国社会保险制度研究课题组．中国社会保险制度研究［J］．中国社会科学，1999（4）．

37. 林治芬．社会保障管理体制改革的现实思考［J］．辽宁经济，1998（3）.
38. 林毓铭. 中国社会保障制度可持续发展的分析与评估. 武汉大学博士学位论文，2004.
39. 郑功成等. 中国社会保障制度变迁与评估［M］. 北京：中国人民大学出版社，2002.
40. 卢艳等：中国区域经济发展差异的实证研究与R/S分析［J］. 地域研究与开发，2002（3）.
41. 王军等. 保定市区域差异及区域协调发展研究［J］. 经济地理，2002（5）.
42. 李吉芝. 辽宁省区域经济差异与区域协调发展的初步研究［J］. 中国人口·资源与环境，2004（2）.
43. 王伶、沈玉志. 中国社会保障机制的改建——基于辽宁省养老保险制度的透视［J］. 技术经济，2003（12）.
44. 杨丹芳. 我国统账结合的养老保险模式中一些制度设计的经济思考. http：//www. cuebacc. com/asp3/check _ id. asp? id＝6882.
45. 中国人民大学劳动人事学院和比利时根特大学法学院. 欧盟一体化过程中的劳动力市场与社会保障政策：中欧比较研究［M］. 北京：中国人民大学出版社，1999.
46. 冯兰瑞. 社会保障管理体制必须统一［J］. 理论前沿，1994（18）.
47. 王国军. 中国城乡社会保障制度衔接初探［J］. 战略与管理，2000（2）.
48. 景天魁. 中国社会保障的理念基础［J］. 吉林大学社会科学学报，2003（3）.
49. 萧明同. 社会保障税制与政府责任的国际比较［J］. 福建税务，2002（1）.

50. 郑秉文. 欧盟国家社会养老的制度选择及其前景——兼论"名义账户"制对欧盟的适用性 [J]. 欧洲研究, 2003 (2).
51. 封进. 中国养老保险体系改革的福利经济学分析 [J]. 经济研究, 2004 (2).
52. 孙久鹏. 中国社会保障管理体制改革方向研究 [J]. 经济学家, 1996 (4).
53. 莫泰基. 个人账户养老保障的功能剖析 [J]. 社会保障制度, 2001 (2).
54. 李京文. 借鉴国际经验, 建立具有中国特色的社会保障制度 [J]. 中国社会科学院研究生院学报, 1998 (5).
55. 曹信邦. 建立我国中央社会保障公积金的构想 [J]. 经济体制改革, 1998 (5).
56. 国务院发展研究中心社会保障课题组. 分离体制转轨成本, 建立可持续发展制度——世纪之交的中国养老保障制度改革研究报告 [J]. 管理世界, 2000 (6).
57. 李绍光. 养老保险的困境与出路 [J]. 经济社会体制比较, 2000 (3).
58. 赵殿国. 养老保险制度改革向何处去 [J]. 科学决策, 2004 (2).
59. 约翰·B·威廉姆森 (美)、孙策. 中国养老保险制度改革: 从 FDC 层次向 NDC 层次转换 [J]. 社会经济体制比较, 2004 (3).
60. 郑秉文. 欧亚六国社会保障"名义账户"制利弊及启示 [J]. 世界经济与政治, 2003 (5).
61. 邸东辉. 中国养老保险改革取向 [J]. 中国改革, 2001 (7).

62. 胡鞍钢．中国存在两种制度四种社会．江苏经济报，2002 年 2 月 27 日．
63. 邓大松、李珍．社会保障问题研究（2002）［M］．武汉：武汉出版社，2003．
64. 李珍．社会保障理论［M］．北京：中国劳动保障出版社，2001．
65. 陈五川．城市居民最低生活保障制度的若干问题与对策．武汉大学硕士学位论文，2004．
66. 林义．农村社会保障模式国际比较及其研究（内部资料）．
67. 李红光．深圳劫贫济富的社保政策．北京大军经济观察研究中心网，www. dajun. com. cn．
68. 刘志英．中国城乡贫富差距与社会保障制度［J］．江汉论坛，2004（3）．
69. 李珍、黎民．武汉大学公共管理（MPA）论丛［M］．武汉：崇文书局，2005．
70. 景天魁．城乡统筹的社会保障：思路与对策［J］．思想战线，2004（1）．
71. 韩传峰．浅论我国地区差距与区域经济的协调发展．武汉大学硕士学位论文，2004．
72. 胡鞍钢等．第二次转型：国家制度建设［M］．北京：清华大学出版社，2003．
73. 国家统计局小康研究课题组．中国小康进程进入冲刺阶段．中国信息报，2000 年 11 月 27 日．
74. 梁万泉．对我国城乡差别的剖析［J］．天府新论，2003（1）．
75. 葛延风等．中国机关事业单位养老金制度改革研究［M］．北京：外文出版社，2003．

图书在版编目(CIP)数据

我国区域基本养老保险协调发展研究/吴湘玲著．—武汉：武汉大学出版社，2006.8
(公共管理博士文库)
ISBN 7-307-05110-9

Ⅰ．我…　Ⅱ．吴…　Ⅲ．城镇—养老保险—研究—中国　Ⅳ．F842.67

中国版本图书馆 CIP 数据核字(2006)第 063718 号

责任编辑：沈建英　　责任校对：王　建　　版式设计：支　笛

出版发行：武汉大学出版社　(430072　武昌　珞珈山)
(电子邮件：wdp4@whu.edu.cn 网址：www.wdp.com.cn)
印刷：湖北省通山县九宫印务有限公司
开本：880×1230　1/32　印张：11.125　字数：238 千字　插页：1
版次：2006 年 8 月第 1 版　　2006 年 8 月第 1 次印刷
ISBN 7-307-05110-9/F・996　　定价：17.00 元

版权所有，不得翻印；凡购买我社的图书，如有缺页、倒页、脱页等质量问题，请与当地图书销售部门联系调换。

76. 顾益康、邵峰. 全面推进城乡一体化改革. 中国农村经济，2003（1）.
77. 张菊良. 完善我国现行政府间财政转移支付制度的若干思考 [J]. 广东商学院学报，2000（3）.
78. 庹丹亚. 我省农村养老保险工作将从民政部门移交到劳动保障部门. 楚天都市报，2005年5月8日.
79. 杨翠迎，庹国柱. 建立农民社会养老金保险计划的经济社会条件的实证分析 [J]. 中国农业观察，1997（5）.
80. 杨燕绥等. 建立农村养老保障的战略意义 [J]. 战略与管理，2004（3）.
81. 李珍. 社会保障制度与经济发展 [M]. 武汉：武汉大学出版社，1998.
82. Yan Wang. In Old Age Security：Pension Reform in China. World Bank，Washington DC，1997.
83. Y Wang，D Xu，Z Wang，F Zhai. Implicit Pension Debt，Transition Cost，Options and Impact of China's Pension Reform. World Bank Policy Research Working Paper，2001.
84. Dimitri Vittas. Regulatory Controversies of Private Pension Funds，World Bank Working Papers，1998.
85. Robert Palacios，Montserrat Pallares - Miralles. International Patterns of Pension Provision. World Bank Social Protection Discussion Paper Series，April 2000，No. 0009.